सिफर से शिखर तक

क्षमता-विस्तार और उपलब्धियों की असमाप्त कथा

सिफर से शिखर तक

क्षमता-विस्तार और उपलब्धियों की असमाप्त कथा

ए.पी. मिश्र

लोकभारती प्रकाशन

इलाहाबाद नयी दिल्ली पटना कोलकाता

लोकभारती प्रकाशन
पहली मंजिल, दरबारी बिल्डिंग, महात्मा गांधी मार्ग
इलाहाबाद-211 001
वेबसाइट : www.lokbhartiprakashan.com
ईमेल : info@lokbhartiprakashan.com
शाखाएँ : 1-बी, नेताजी सुभाष मार्ग, दरियागंज
नई दिल्ली-110 002
अशोक राजपथ, साइंस कॉलेज के सामने
पटना-800 006
36 ए, शेक्सपियर सरणी, कोलकाता-700 017

पहला संस्करण : 2014

बी.के. ऑफसेट
नवीन शाहदरा
दिल्ली-110032 द्वारा मुद्रित

SIFAR SE SHIKHAR TAK
Kshamata-vistar aur uplabdhiyon ki asmapt katha
by A.P. Mishra

ISBN : 978-81-8031-929-7

मूल्य : ₹ 400

मां की अशेष स्मृति को
जिन्होंने दुसह्य अभावों के बीच
मुझे इस अनुभूति से आपूरित रखा कि
मैं किसी बड़े आदमी से भी बड़ा हूं।

स्मृतिशेष पिता को
जिन्होंने मेरे रोम-रोम में
राम-भक्ति की पौध का रोपण किया और
पर-दु:खकातरता और मानवीय सरोकारों जैसे
उदार जीवन-मूल्यों से परिचित कराया।

और
उत्तर प्रदेश के ऊर्जस्वी मुख्यमंत्री
माननीय श्री अखिलेश यादव जी को
जिनके बारे में इसके सिवाय और क्या कहूं कि-
बुलंदियों के बड़े से बड़े निशां को छुआ।
जब तुमने गोद में उठाया तो आसमां को छुआ॥

यह पुस्तक क्यों?

परमात्मा और पिता के बाद मेरे जीवन को सबसे अधिक प्रभावित करने वाले परमपूज्य, श्रद्धास्पद, रामचरित के मर्मज्ञ और इस पुस्तक को शीर्षक तथा इसे लिखने की प्रेरणा देने वाले ब्रह्मलीन स्वामी अंगदजी महाराज ने एक बार किसी प्रसंग में एक कथा सुनाई थी, वह इस प्रकार है–

एक राजा के पास एक अत्यंत निर्धन व्यक्ति जीविका की याचना लेकर पहुंचा। राजा ने उसे काम पर रख लिया। वह व्यक्ति निर्धन अवश्य था लेकिन उसमें ईमानदारी, निष्ठा और काम के प्रति लगन भरपूर थी। राजा को उसके इन गुणों ने प्रभावित किया और उत्तरोत्तर उसकी हैसियत में वृद्धि होती गई। राजा उसके ऊपर अटूट विश्वास करने लगे और ऐसा होने पर न केवल दरबार में बल्कि समाज में भी उसका यश और सम्मान बढ़ता जा रहा था। अब समाज में जब आपका सम्मान और मरतबा बढ़ता है तो ईर्ष्या करने वाले लोगों का पैदा होना भी स्वाभाविक ही है। लोगों ने बहुत खोजा लेकिन उन्हें ऐसा एक भी कारण खोजने से नहीं मिला जिसके आधार पर वह राजा से उस व्यक्ति के खिलाफ कोई शिकायत कर पाते। तभी एक ने खोज निकाला कि वह व्यक्ति नियम से रोज शाम को घोड़े पर आता है, राजा द्वारा दिए गए महल में नहीं बल्कि अपनी पुरानी कुठरिया में जाता है और लगभग आधा घंटा रुक कर फिर अपने महल में चला जाता है। दरबारियों ने इस बात की सूचना तत्काल राजा को दी और आशंका प्रकट की कि हो न हो यह व्यक्ति दिन भर में लोगों से जो मालमता उगाहता है उसे अपनी कुठरिया में जमा करने आता है। राजा का खुफिया विभाग सक्रिय हुआ और उसने पाया कि कोठरी में रोज जाने की सूचना एकदम सही थी।

एक दिन जब वह व्यक्ति दरबार में व्यस्त था, राजा ने उसकी कुठरिया की गहन तलाशी लेने के लिए आदमी भेजे। लोग तो इसी

आदेश की प्रतीक्षा में थे। उन्होंने तलाशी लेने के लिए कुठरिया की पूरी जमीन खोद डाली और दीवारों को खोखला कर डाला। कुठरिया में उस व्यक्ति के पुराने, मलिन, फटे हुए कपड़ों और एक आइने के सिवाय कुछ नहीं मिला। राजा को इसकी सूचना दे दी गई। राजा ने अगले दिन दरबार में बिना बताए घर की तलाशी लिए जाने पर खेद प्रकट किया और व्यक्ति से जानना चाहा कि वह रोज शाम को अपनी कोठरी में क्या करने जाता है? उस व्यक्ति ने बताया कि सच है कि मैं रोज शाम को अपनी कोठरी में जाता हूं। आपने जो राजसी कपड़े मुझे दे रखे हैं, उन्हें उतारता हूं और जिन फटे-पुराने कपड़ों को पहन कर मैं आपके पास काम मांगने आया था उनको पहन कर मैं अपने आप को शीशे में देखता हूं और अपने आपसे पूछता हूं कि मैं कहीं अपना पुराना रूप और पुराने दिन भूल तो नहीं गया हूं।

इस किताब को लिखते समय अंगदजी महाराज द्वारा सुनाई गई यह कहानी मुझे बराबर याद आती रही, यह किताब क्यों लिखी गई, इसके बारे में इससे ज्यादा और मैं क्या कहूं?

—ए.पी. मिश्र

देश और विदेश के विभिन्न मंचों पर अभिनीत हो रहे नाटकों से भरा उन्नीस सौ तिरपन का साल!

जिनका सूरज दुनिया में कभी नहीं डूबता था, भारत में उनके सूरज को अस्त हुए छह साल बीत चुके थे। यों सालों की गुलामी के बाद नई-नई मिली आजादी में छह साल तो इस बात पर विश्वास करने के लिए भी नाकाफी लग रहे थे कि हम वाकई आजाद हो गए हैं। लेकिन लोग खुले में सांस लेने की अहमियत समझ रहे थे और उत्साह तथा उमंग से भरे हुए थे। प्रभात-फेरियां निकाले जाने का सिलसिला जारी था भले ही अब उनमें 'इन्कलाब जिंदाबाद' और 'अंग्रेजो, भारत छोड़ो' के नारों की जगह गुरुवाणी और कबीर तथा दादू के भजन सुनाई देते थे। बड़े-बुजुर्ग उन प्रभात-फेरियों के जरिए वातावरण में आजादी के पर्व का-सा उत्साह भरते रहते थे और सबको याद दिलाते रहते थे कि हजारों साल की आयु वाले भारत देश का यह शैशवकाल है जहां वास्तविक इन्कलाब लाने यानी जन-जन के विकास और उसकी आकांक्षाओं की पूर्ति के लिए प्रयास और ईमानदार प्रयासों के प्रति बहुत सावधान रहने की आवश्यकता है। महात्मा गांधी को संसार से विदा हुए भी छह साल हो गए थे लेकिन 'जे पीड़ पराई जाणे रे' की अनुगूंज वातावरण में ताजा थी।

भारत सचमुच गांवों में बसता था क्योंकि गांवों में रहने वालों को गांव सुरक्षा देने वाला, ममतालु और अपना घर लगता था, शहर में मकान बनवाने के विचार को ही वह अपनी शान के खिलाफ और बेघर होने जैसा मानते थे। ढेंकुल, रहट, हाथा, बेंड़ी और चोड़ा जैसे सिंचाई के पारंपरिक साधन थे जो खेतों में पानी की पूर्ति करते थे। बरसात में जब कुएं लबालब भर जाते थे तब बड़े से लेकर छोटे तक यह सोच कर आनंदित हो उठते थे कि कुएं से पानी अंजुरी में भर कर भी पीया जा सकता है। छींट कर बीज बोने की प्रणाली समाप्त हो चुकी थी और हल के पीछे कूंड में बीज डालना भी समाप्त हो चुका था। अब डिबलर प्रणाली चलन में थी जिसमें लकड़ी से बने एक छेददार यंत्र के जरिए खेत में सुराख बनाया जाता था और एक-एक बीज उस छेद के जरिए जमीन में बोया जाता था। समय इतना

सस्ता था कि किसी को कोई हड़बड़ी नहीं रहती थी। घी एक रुपए सेर जरूर था लेकिन घी खानेवाला बड़ा आदमी माना जाता था। लोग जौ और चना जैसे मोटे अनाज पर गुजारा करते थे। गेहूं की रोटी कुछ संपन्न लोगों को ही मयस्सर थी क्योंकि उसकी पैदावार बहुत कम होती थी। पांच रुपए के गेहूं का बोझ लेकर पैदल चलना भारी जान पड़ता था। डेढ़ सौ रुपए की सायकिल खरीद कर जब कोई गांव पहुंचता था तो सायकिल देखने के लिए भीड़ जुट जाती थी। कार तब किसी अजूबे जैसी चीज थी क्योंकि उनकी संख्या बहुत ही कम हुआ करती थी और उस पर ज्यादातर बड़े सरकारी अधिकारी ही चला करते थे। भयंकर अभावों और निर्धनता में भी जो जहां था अपनी स्थिति से संतुष्ट था। रातोरात अमीर बन जाने के बारे में तो कोई सोच भी नहीं सकता था। मनुष्य तब तक मनुष्य ही था क्योंकि कालाबाजारी या मुनाफाखोरी जैसे हथकंडे उसने नहीं सीखे थे, भले ही सोना बाजार में डेढ़ सौ रुपए तोला था। देश में कारखानों को विकास के मंदिरों की संज्ञा देने वाले देश के पहले प्रधानमंत्री पंडित जवाहर लाल नेहरू आधुनिक भारत की रूपरेखा तैयार करने में जुटे हुए थे। उनसे किसी राजनीतिक विवाद को लेकर राजर्षि पुरुषोत्तम दास टंडन कांग्रेस से अलग हो गए थे। पंडित गोविंद वल्लभ पंत के नेतृत्व में जमींदारी उन्मूलन की तैयारियां शुरू हो चुकी थीं। पंडित नेहरू भ्रष्टाचार करने वाले को सबसे नजदीक के बिजली के खंभे से लटका देने की घोषणा कर चुके थे हालांकि टी.टी. कृष्णामचारी का मामला सामने आने पर उन्होंने यह कह कर देशवासियों को संतोष करने की सलाह दी कि देश का पैसा देश में ही है, कहीं बाहर नहीं गया। इंडियन एयरलाइंस की स्थापना और एयर इंडिया का राष्ट्रीयकरण भी उसी साल हुआ। एडमंड हिलेरी और उनके शेरपा तेन जिंग ने पहली बार एवरेस्ट पर फतह हासिल की। देश में पहले पिछड़ा वर्ग आयोग का गठन हुआ और उन्नीस सौ तिरपन में ही देश में पहली पंचवर्षीय योजना लागू की गई जिसका उद्‌देश्य देश का योजनाबद्ध ढंग से विकास करना था।

इधर देश लंबे संघर्ष के बाद अलसाया-सा थकान उतार रहा था और पूरे दमखम के साथ उठ कर खड़े होने की जद्‌दोजहद में उतर रहा था, उधर उन्नीस सौ तिरपन में एलिजाबेथ द्वितीय इंग्लैंड की महारानी के पद पर सिंहासनारूढ़ हो रही थीं। सोवियत यूनियन के प्रधानमंत्री जोसेफ स्टालिन की मृत्यु भी उसी साल हुई। संयुक्त राष्ट्र अमरीका द्वारा सोवियत यूनियन को परमाणु युद्ध शुरू कर दिए जाने की धमकी के बाद दक्षिण कोरिया और उत्तर कोरिया के बीच चार सालों से चल रहा युद्ध समाप्त हुआ। संयुक्त राष्ट्र के सुप्रीम कोर्ट ने विश्व में पहली बार काम के अधिकार का कानून लागू किया। संयुक्त राष्ट्र में पहली बार एक हजार एक सौ पचहत्तर डालर में रंगीन टेलीविजन की बिक्री हुई। उन्नीस सौ तिरपन में ही न्यूयार्क में तीन रंगों वाली यातायात की सिग्नल प्रणाली की शुरुआत हुई, उसी

साल अमेरिका में पोलियो के टीके का सफल परीक्षण हुआ और वैज्ञानिकों ने पता लगाया कि सिगरेट पीने से कैंसर होता है।

देश और दुनिया में जब तमाम हलचल मची हुई थी तब अपने आसपास के संसार की चालों से एकदम नावाकिफ लेकिन घटनाओं के गुनगुने ताप को भीतर ही भीतर अनुभव करते और जैसे बेजारी में ऊंघते-से उन्नीस सौ तिरपन के गांवों का जीवन एकदम सामान्य था जिसमें उल्लेख करने योग्य कुछ भी नहीं था। जीवन-यापन कठिन था लेकिन गरीबी और अभावों को जब अपनी नियति मान लिया जाए तो बहुत सारी कठिनाइयों से पार पाना आसान जान पड़ने लगता होगा। चूंकि बाहर की दुनिया से बहुत सारे लोगों का बहुत ज्यादा संपर्क नहीं था इसलिए गरीबी के कोढ़ पर तुलना की खाज भी नहीं उठती होगी। सभी गांवों में कुछ संपन्न लोग भी रहे होंगे जिनकी संपन्नता को अभावों से जूझता आम आदमी उनके पूर्वजन्म के पुण्यों का प्रसाद मान कर संतोष कर लेता रहा होगा और अगले जनम में उनके जैसा बन पाने के लिए अपने आप को धरम-करम में लगाए रखता होगा। सारे गांवों की एक सी ही कहानी थी जिसमें बहुत ज्यादा उलटफेर की गुंजायश नहीं पाई जाती होगी।

लखनऊ से गोरखपुर की दिशा में 120 किलोमीटर चलने के बाद स्थान आएगा-गोंडा। लोक-विश्वास के अनुसार रामायण काल में भगवान श्री राम की गायों के इस क्षेत्र में चरने के लिए आने के कारण इस क्षेत्र को गोनार्द के नाम से भी जाना जाता था। गायों को बांधने और गोशाला के संदर्भ को लेकर कुछ लोगों के मतानुसार इस क्षेत्र को गोअड्डा कहा जाता था। यही गोअड्डा कालान्तर में बदलते-बदलते गोंडा कहलाने लगा। स्थानीय लोगों को आप इसे गोंड़ा पुकारते आज भी सुन सकते हैं। गोंडा से गोंडा-बहराइच राजमार्ग पर पश्चिम की ओर चौबीस किलोमीटर चलने पर जो गांव मिलेगा उसे कोचवा के नाम से पुकारा जाता है। गोंडा और बहराइच की सीमा पर गोंडा जिले का आखिरी गांव। दोनों जिलों को अलग करती है बिसुही नदी जो आगे जा कर घाघरा नदी से मिल जाती है। घाघरा का उद्गम स्थल बहराइच है।

कोचवा गांव का एक पुरवा है खन्ता पुरवा। बारह-चौदह घरों का पुरवा जिसमें मिली-जुली जातियों के लोग रहते थे। एक-दूसरे के सिर्फ नाम ही नहीं, एक-दूसरे के दुःख-सुख से भी सबका गहरा परिचय रहता था। इसी पुरवे में रहता था पंडित शिवनारायण मिश्र उर्फ मुन्ना मिश्र और उनकी पत्नी श्रीमती राजपति देवी का परिवार। मेरा जन्म इसी परिवार में हुआ था। मेरे पिता पंडित शिवनारायण मिश्र पूरे इलाके में मुन्ना मिसिर के नाम से जाने जाते थे। सीधे-सादे, अदम्य

जिजीविषा के स्वामी और बेहद स्वाभिमानी पंडित मुन्ना मिश्र। शायद ऐसा समय इस धरती पर कभी नहीं आया जब ऐसे गुणों वाला व्यक्ति सबसे ज्यादा परेशानी में न पड़ा हो। मेरे गांव के बगल भैरमपुर में किसी कामता नाम के आदमी की हत्या हो गई। किसी ने, बल्कि किसी ने क्या शायद हत्यारों ने ही, मेरे पिता का नाम मुल्जिमों में डलवा दिया। गांव-जवार और नाते-रिश्तेदारों के सामने अविश्वसनीय लेकिन अपने पूरे नंगे रूप में एक गंभीर और चुनौती देती स्थिति सामने खड़ी थी। मुन्ना मिसिर और हत्या? यह बात किसी के गले के नीचे उतर नहीं रही थी लेकिन बात लोगों के नहीं जब तक न्यायालय के गले में फांस बन कर न अटके तब तक इस संकट से छुटकारा नहीं मिलने वाला था। पिता के धैर्य की कठिन परीक्षा थी। रामचरितमानस उनके जीवन का आधार था। मानस की चौपाइयां उन्हें रास्ता दिखाती थीं, जीवन को विवेकपूर्ण ढंग से जीने का सलीका सिखाती थीं और हर संकट में उनका सहारा बन कर साथ खड़ी रहती थीं। प्रभु राम ने जो कुछ भी दिया उसे प्रभु के आशीर्वादस्वरूप सहर्ष स्वीकार करने की मानसिकता ने उनके धैर्य को कभी डिगने नहीं दिया। होश संभालने के बाद मैंने उनका तकियाकलाम अक्सर उनके मुंह से सुना था–'राजा दैव बाद'। अर्थात राजा यानी जिसके पास वह काम करते हैं उसकी और दैव यानी प्रभु जो सर्वशक्तिमान हैं की अनुमति होने पर ही वह कोई काम करते हैं। मुसलमानों के 'इंशाअल्लाह' की तर्ज पर उनका 'राजा दैव बाद' उनकी पहचान के साथ जुड़ गया था। उन्होंने सहज ही मान लिया कि जन्म लेने के बाद तीन-तीन, चार-चार साल जीवित रख कर दो लड़कों और एक लड़की को चेचक के बहाने अपने पास बुला लेने वाले प्रभु राम अभी मानव हत्या के कलंक का दुःख देकर उनकी और परीक्षा लेना चाहते हैं। 'हारिए न हिम्मत बिसारिए न हरिनाम' जिसके जीवन का मूलमंत्र रहा हो मेरे उन पिता को मुकदमे के कारण एक वर्ष का मानसिक संताप तो अवश्य झेलना पड़ा लेकिन झूठ बहुत दूर तक चल नहीं पाया और निचली अदालत ने ही उन्हें बाइज्जत बरी कर दिया।

मेरे पिता ने कक्षा दो तक शिक्षा पाई थी। उनके पिता यानी मेरे पितामह पंडित रामसुमिरन मिश्र ने जमाने में आने वाली गिरावट को शायद पहले ही भांप लिया था। उन्होंने समाज को अंग्रेजों के समय से देखा था और वो अनुमान लगा पा रहे थे कि आने वाले समय में मनुष्य का जमीर किन अतल गहराइयों में गिरने जा रहा है। वह शायद साफ देख पा रहे थे कि एक दिन ऐसा आने वाला है जब जिसके पास जितना ही धन होगा उसे वह उतना ही कम लगेगा। धन ही एक ऐसी चीज होगी जो कभी किसी के पास ज्यादा नहीं होगी। उनके पास परिवार के उदर भरने के लिए ज्वार, बाजरा, कोदों और सांवां जैसे मोटे अनाज थे और थीं कुछ भैंसें जिनका दूध परिवार के काम आता था, वह बेचा नहीं जाता था। सदाचार और

नेकनीयती का दामन मजबूती से थामे मेरे पितामह में केवल नैतिक बल ही नहीं था, उनमें अदम्य शारीरिक शक्ति भी थी। उस समय के लोग आज भी याद करते हैं कि एक बार पुरवा में दाग कर छोड़ा गया एक भैंसा उनके पीछे पड़ गया। उससे जान बचा कर भागने के बजाय वह उस क्रुद्ध और आक्रामक भैंसे से भिड़ गए। भैंसे ने उनकी जांघ पर अपने सींग घुसा कर उन्हें घायल जरूर कर दिया लेकिन उन्होंने भी उसे पछाड़ा और भगा कर ही दम लिया।

वह चाहते थे कि उनकी संतान मुन्ना भी उन्हीं की तरह का पुरुष बने जिसकी अपनी किसी करनी से न कभी वह खुद शर्मिंदा हो और न परिवार। पितामह को विरासत में बेहद गरीबी मिली थी। बेटा कमाने लायक बने, घर में पैसा आए और घर के हालात सुधरें इसकी सबसे ज्यादा जरूरत उन्हीं को थी। लेकिन वह नहीं चाहते थे कि उनका पुत्र घर में कभी कोई पाप की कमाई लेकर आए। यह कोई कमजोर की अहिंसा नहीं थी। वह जिन नैतिक मूल्यों में विश्वास करते थे उसकी स्थापना की शुरुआत उन्होंने अपने घर से की। उपदेश देने के बजाय उदाहरण प्रस्तुत कर दिया। और उदाहरण भी ऐसा जिसके बारे में कोई सोच भी नहीं सकता था। उन्होंने सोचा कि बेटा पढ़ेगा तो नौकरी करेगा और नौकरी करेगा तो रिश्वत जरूर ही लेगा जिसे वह लाख कोशिश करके भी रोक नहीं पाएंगे और तब पुरखे नरक चले जाएंगे। उन्हें गरीबी, अभाव और कष्ट मंजूर थे लेकिन यह पाप उन्हें किसी भी कीमत पर मंजूर नहीं था। एक ही उपाय था कि उसको दूसरे दर्जे से ज्यादा पढ़ने ही न दिया जाए। आज के समय में इस सोच को दिमागी दिवालियापन, सनक और अपने आप को ईमानदार दिखाने के पाखंड के रूप में देखा जाएगा लेकिन इस एक बात से उस समय के कम से कम एक आदमी का पता हमें जरूर मिलता है जो आने वाले वक्त के लिए बुरी तरह चिंतित रहा होगा। मेरे पिता की दूसरी कक्षा के बाद पढ़ाई छुड़ा दी गई।

पिता की स्कूली पढ़ाई तो कक्षा दो तक ही हुई थी लेकिन उनको ईश्वरप्रदत्त मेधा प्राप्त थी। वह गांव में भैंस चराते, दूध निकालते और लोगों से होने वाली मेल-मुलाकातों के बीच अपनी पारखी निगाहों से मनुष्यों का आकलन करते युवा हुए थे। जीवन की पाठशाला से अर्जित चीजों की उनकी समझ और संभावनाओं के आधार पर होतव्यता के सटीक आकलन की उनकी शक्ति ने उन्हें गोंडा के मशहूर वकील रामलाल गुप्ता के पास पहुंचा दिया। पिता उनके मुंशी हो गए। बहुत जल्दी वह समय आ गया जब अक्सर वकील साहब उनसे मामलों को लेकर सलाह-मशवरा करने लगे और वह पाते कि पंडित मुन्ना मिश्र के पास स्थितियों को देखते हुए आकलन करने और कहीं-कहीं तो तैयार मसौदे में महत्वपूर्ण सुझाव देने की जबरदस्त काबिलियत है। ये अलग बात है कि मुंशी को मिलने वाला पारिश्रमिक वकील की मेहरबानी ही तय करती थी फिर भी पिता हर महीने दस-

पन्द्रह रुपए ले ही आते थे जिससे घोर दरिद्रता से जूझ रहे तीन परिवारों की गाड़ी सामान्य रूप से किसी तरह घिसट-घिसट कर चल ही जाती थी। वह अक्सर कहते कि मेरी राय पर अमल करके वकील गुप्ताजी मुकदमा जीत जाते हैं तो दो सौ रुपिया पाते हैं लेकिन मेरे हिस्से में कभी-कभी दो रुपए भी नहीं आते। पिता के पास किताबी ज्ञान नहीं था लेकिन उनके पास दुनियावी ज्ञान के साथ-साथ नैतिकता, स्वाभिमान और संवेदना की ऐसी अकूत पूंजी थी जिसके बल पर वह कहीं भी और किसी भी व्यक्ति के सामने टिके रहने का साहस रखते थे।

सन् 1958-59 की बात है। आज की ही तरह उस जमाने में भी बाग और जमीनें व्यक्ति की भी हुआ करती थीं और राज्य की भी। खेत, जमीन और बागों के मालिक को जमींदार कहा जाता था। व्यक्ति के पास जितना धन होता था वह उतने ही खेत, बाग और जमीन खरीदता था। आदमी की हैसियत और समाज में उसके मरतबे का पैमाना यही जमीन हुआ करती थी। किसी-किसी के पास तो कई-कई गांवों की जमींदारी होती थी और वह जब बात करते थे तो प्रसंग हो या न हो, इस बात का उल्लेख अपनी उन्नासिका के साथ अवश्य किया करते थे। जमींदारी उन्मूलन कानून का तब तक कहीं पता नहीं था और भूमि हदबंदी भी कोई चीज हो सकती है, इसके बारे में किसी के मन में कोई विचार तक नहीं था। बहुत सी जमीन सरकार के मालिकाना हक की होती थी जिसका वह अपनी प्राथमिकता और आवश्यकता के अनुसार उपयोग करती थी। जिस बात का मैं जिक्र कर रहा हूं वह बात, राज्य सरकार से परमिट प्राप्त करने के बाद ठेकेदार द्वारा सरकारी जमीन पर लगे बाग के पेड़ों को काटने से संबंधित है।

मेरे घर के सामने आम का एक बहुत बड़ा बाग था। आम के उन पेड़ों पर जब बौर आता तो लोग कहते हुए सुने जाते-'बौर आ गया है' लेकिन उनके कहने से जो बात कानों तक पहुंचती थी उसका रूप कुछ ऐसा हो जाता मानों कह रहे हों कि-'बौरा गया है'। जिस साल बौर ज्यादा आता बड़े-बुजुर्ग कहते अबकी फसल अच्छी होगी। गर्मियों के मौसम से आंधी भी बहुत आती। अनुभवी लोग चिंतित हो कर कहते कि सारा बौर गिर जाएगा। फसल खराब हो जाएगी। जब पेड़ों पर नन्हीं-नन्हीं अमिया लगतीं तो उनके आसपास बुलबुलें मंडराने लगतीं। और, कोयल की कूक का तो मतलब ही होता है आम का मौसम। आमों का इंतिजार जितना मनुष्यों को होता उतना ही तोतों को भी होता। उनके झुंड के झुंड अमियों को ही कुतरने के लिए बेसब्र हो जाते। ऐसा माना जाता है जिस आम को तोता कुतर ले या कोयल जिस पर पाद दे वह आम मीठा हो जाता है। ऐसे आम कोयलपद्दी कहे जाते हैं। अमियों और बच्चे-बच्चियों का तो रिश्ता बहुत पुराना है। तोते द्वारा कुतर कर पेड़ के नीचे गिरा दी गई अमियों को बटोरना, गुलेल से अमियों को नीचे गिराना, खट्टी अमियों को नमक लगा कर खाना और भरी

दुपहरी में बाग के रखवाले द्वारा लाठी लेकर दौड़ाए जाने की गतिविधियों से बाग गुलजार रहता।

काफी पेड़ कट चुके थे तब भी कुछ बच रहे थे। पेड़ों पर जब आरा चलता तो लकड़ी कटने की आवाज पिता को भीतर तक हिला देती। उन्हें लगता जैसे यह पेड़ नहीं कोई मनुष्य है जो काटे जाने पर उठ रही मर्मांतक पीड़ा से कराह रहा है। उनके मन में ठेकेदारों और उसके कारकुनों के प्रति गहरी नफरत भर गई जो इतने हृदयहीन थे कि वे पेड़ों का रोना सुन ही नहीं पा रहे थे। जब हरे-भरे पेड़ अररा कर तेज आवाज के साथ जमीन पर गिरते तो वह उन्हें पेड़ की आखिरी चीख जैसी लगती। उन्हें लगता जैसे किसी निहत्थे को बहुत सारे लोगों ने घेर कर निर्दयतापूर्वक मार डाला हो और मरने से पहले वह इतने दिनों तक कराह-कराह कर लोगों से मदद की गुहार लगाता रहा हो। वह महसूस करते कि उन वृक्षों में तब तक बहुत जीवन शेष था लेकिन उन्हें समय से बहुत पहले ही मार दिया जाता है। ऐसे वृक्षों को पिता मन ही मन प्रणाम करके श्रद्धांजलि देते और आंसू भरी आंखों विदा देते। और जब एक दिन यह असह्य हो गया तो उन्होंने पेड़ काटे जाने के विरोध में राज्य के विरुद्ध मुकदमा दायर कर दिया। गोंडा की अदालत में राज्य बनाम शिवनारायण मिश्र का मुकदमा शुरू हुआ।

'हुजूर, शिवनारायण मिश्र का इन बागों पर कोई मालिकाना हक नहीं है,' राज्य के वकील ने मुकदमे की ग्राह्यता पर ही सवालिया निशान लगा दिया।

जज ने पिता से पूछा-'आपका बाग पर मालिकाना हक है?'

'नहीं, मैं इन बागों का मालिक नहीं हूं,' मुद्दई श्री शिवनारायण मिश्र अर्थात मेरे पिता ने जवाब दिया।

'हुजूर, बाग के पेड़ भी इनके नहीं हैं,' राज्य के वकील ने कहा।

'सरकारी वकील एकदम ठीक कह रहे हैं। बाग के पेड़ भी मेरे नहीं हैं,' पिता ने स्वीकार किया।

'बाग से हो कर इनका रास्ता भी नहीं है जिससे इनको किसी तरह की असुविधा हो रही हो। ये वादी क्यों हैं यही समझ से परे की बात है। इस मुकदमे को तुरंत खारिज कर दिया जाना चाहिए,' राज्य के वकील ने मुकदमे के औचित्य को सिद्ध करने में पिता के असफल रहने पर अदालत से प्रार्थना की।

'आपको कुछ कहना है?' न्यायाधीश ने पिता से मुखातिब हो कर पूछा।

'जी हुजूर। एक बात मैं वकील साहब से पूछता हूं कि क्या जब किसी के यहां कोई बेटा जन्म लेता है तब राज्य सरकार पता लगाने जाती है?' मेरे पिता ने राज्य के वकील से सवाल किया।

'जवाब दीजिए, वकील साहब।' न्यायाधीश ने राज्य के वकील से कहा।

'जी नहीं,' सरकारी वकील ने जवाब दिया।

'क्या जब वह पैदा हुआ लड़का बड़ा होने लगता है तब राज्य उसके बारे में पता लगाता है?' पिता ने अगला सवाल किया।

'नहीं, राज्य ऐसा नहीं करता,' वकील ने कहा।

'क्या जब वह लड़का युवा हो जाता है तब वह कहां नौकरी कर रहा है या क्या कर रहा है, इसके बारे में राज्य पता लगाता है?' पिता ने पूछा।

'नहीं, राज्य ऐसा भी नहीं करता,' सरकारी वकील ने पिता के बेतुके से लगते सवालों के जवाब में उकता कर कहा।

'लेकिन उसी बेटे की अगर पिता हत्या कर देता है तो राज्य हस्तक्षेप करता है या नहीं?' पिता ने पूछ लिया जिसके जवाब में सरकारी वकील तत्काल 'नहीं' का जवाब नहीं दे पाया।

'बोलिए वकील साहब, जवाब दीजिए,' राज्य के वकील के चुप रह जाने पर न्यायाधीश ने कहा।

'जी हुजूर, ऐसा होने पर राज्य हत्यारे पिता के विरुद्ध भारतीय दंड संहिता के अन्तर्गत धारा 302 का मुकदमा कायम करेगी।'

'यह ऐसा ही मामला है हुजूर जिसमें हरे-भरे पेड़ों को काटा जा रहा है और राज्य कोई हस्तक्षेप नहीं कर रहा है,' पिता ने अदालत को अपनी व्यथा बताई और मुकदमे के औचित्य को सिद्ध कर दिया।

तर्क बुद्धि का व्यापार है जबकि भावुकता हृदय की पूंजी है। मेरे पिता वृक्ष को जीवित पुत्र के रूपक में प्रस्तुत कर रहे थे क्योंकि वृक्ष के बारे में सोचते हुए वह आपाद्मस्तक हृदय बन गए थे। न्यायालय, भावनाओं में नहीं बहती। उसे तो अपने निर्णय के निर्धारण के लिए ठोस सबूत चाहिए होते हैं। पिता ने अदालत को अपनी भावनाओं को भी, तर्क की दृष्टि से देखने पर विवश कर दिया जहां से देखने पर न्यायाधीश को वादी का पक्ष ही न्यायोचित जान पड़ने लगा, भले ही वह भावुकता से ओतप्रोत था।

न्यायालय ने पिता के पक्ष में फैसला सुनाते हुए डिक्री दे दी। क्षेत्र के लेखपाल को अदालत की तरफ से चेतावनी जारी हुई और शेष बचे पेड़ कटने से बच गए।

घर में पैसा था ही नहीं कि उसे दांत से पकड़ा जाए। जो चीजें घर में थीं उन्हीं को संजो कर रखने की चिंता करनी पड़ती थी क्योंकि चीजों को दोबारा खरीद पाने की स्थिति कब बन पाएगी, कहा नहीं जा सकता था। मुझे याद है, मैं तीन-चार साल का रहा हूंगा। गोंडा और बहराइच का मार्ग बनाया जा रहा था। उस जमाने में सड़कों को बनाने में हॉटमिक्स्ड प्लांट का प्रयोग

शुरू नहीं हुआ था। रोड-रोलर को चलाने के लिए तारकोल से काले पड़ चुके चिमनीदार इंजन का इस्तेमाल हुआ करता था जिससे धुआं तो निकलता ही था आवश्यकता पड़ने पर सीटी भी बजाई जा सकती थी। मैंने अपनी मां को सूप और डलिया उस तारकोल में डुबोते हुए देखा जो सड़क बनाने में इस्तेमाल करने के लिए गरम करके सड़क के किनारे रखा रहता था। तारकोल की पर्त चढ़ जाने से सूप और डलिया लंबे समय तक काम में आने के लिए मजबूत बन गए थे।

मेरे पितामह पंडित राम सुमिरन मिश्र के दो विवाह हुए थे। पहली पत्नी से तीन लड़के थे जो एक साथ रहते थे और दूसरी पत्नी के दो बेटों के अपने-अपने परिवार थे। तीनों परिवारों के पालन-पोषण का जिम्मा मेरे पिता ने उठाया हुआ था। घोर गरीबी और अभाव के बीच पिता ही तीनों परिवारों के लिए एकमात्र आश्वस्ति थे। सभी परिवारों के लिए सावन-भादों के महीने सबसे कठिन होते थे। जो थोड़ा-बहुत गेहूं पैदा होता था वह तब तक खा कर खत्म हो चुका होता था और उसके बाद कोदों और सांवां जैसे न खाए जा सकने वाले अनाजों का ही आसरा होता था। सांवां आषाढ़-सावन में बोया जाता था जो भादों में कट जाता था। गेहूं का आटा भी जब घर में होता उसे खुले हाथों खर्च करने से बचा जाता था। गेहूं को पीसने के बाद उसे खूब सारे पानी में घोल कर खूब पतली लप्सी तैयार की जाती थी और उसमें खूब सारा नमक डाल दिया जाता था। ज्यादा नमक का फायदा यह होता था कि एक तो सभी लोग लप्सी कम खाते थे और दूसरे नमक की अधिकता से प्यास ज्यादा लगती थी और खूब पानी पीने से पेट भर जाता था। लप्सी के पतली होने और उसमें झोंके गए नमक के पीछे की असलियत को बच्चे तो नहीं लेकिन बड़ी उम्र के सारे लोग खूब अच्छी तरह जानते थे लेकिन सच्चाई से आंखें चुराते हुए अनजान बने रहने का ढोंग करते रहते।

मेरे पिता और उनके भाइयों के बीच घर का बंटवारा बहुत पहले ही हो चुका था। यों देखा जाए तो बांटने के लिए गरीबी और विपन्नता के अलावा और रखा ही क्या था? सबके चूल्हे अलग-अलग थे लेकिन दिलों की ऊष्मा सबमें एक जैसी थी। परिवार में बंटवारा हो जाने के बाद भी हर व्यक्ति दूसरे के सुख के लिए चिंतित हो, ऐसा बहुत कम देखने को मिलता है। आज का समय होता तो पिता अपनी कमाई से अपने अकेले परिवार का बड़े आराम से लालन-पालन करके खुश रह सकते थे लेकिन यह वो समय था जब आदमी को केवल अपने अकेले की खुशी से खुशी मिलती ही नहीं थी। वह रामलाल गुप्त के साथ कचहरी के कामकाज के लिए गोंडा जाते और लौटते समय अगर कुछ लाते तो तीन परिवारों के हिसाब से लाते। सबके हिस्से में बहुत कम-कम आता लेकिन वह कमी पारस्परिक प्रेम और एक दूसरे का खयाल रखने के भाव से पूरी हो जाती। मेरी मां

ने बहुत अभाव देखे थे। घर-गृहस्थी के छकड़े को घसीटते-घसीटते उनकी कमर दोहरी हो गई थी। पति जब रामलाल गुप्त के यहां नौकर हो गए तो उन्हें आस बंधी थी कि अब वह अपनी पीठ सीधी करके जरा आराम पाएंगी। लेकिन उन्हें नहीं पता था कि तीनों परिवारों की जिम्मेदारी का जुआ उठाने के लिए पति अपने कंधे झुका देंगे। कुछ दिन तो उन्होंने सहा लेकिन फिर उन्होंने इसका विरोध करना शुरू कर दिया। एक मां के लिए अपने बच्चों से बढ़ कर और कुछ नहीं होता, भले ही वह इस बात का ढिंढोरा पीटती न घूमती हो। कभी-कभी तो उसको भी इस बात पर आश्चर्य होता है कि बच्चों के सामने उसने अपने पति को भी जाने कब दूसरे नंबर पर सरका दिया है। मां को महसूस होता कि उनके बेटों का हक मारा जा रहा है। पिता घर में कलह नहीं चाहते थे लेकिन मां की बात मानना भी उनके लिए संभव नहीं था। बाद में गोंडा से आते समय सस्ते में मिलने वाली पेठे की मिठाई, आम, खरबूजा या कभी-कभी कपड़ा आदि उसी तरह आता रहा लेकिन दो हिस्से घर में घुसने से पहले ही, जहां पहुंचने थे चुपचाप पहुंच जाते थे।

वकील रामलाल गुप्त का बस्ता ढोते-ढोते मेरे पिता कानून की बारीकियां और दांव-पेच भी जानने लगे थे लेकिन वह तो सिर्फ मुंशी थे, वकील तो थे नहीं। लोग उनके पास कानूनी सलाह लेने के लिए आते-मुफ्त कानूनी सलाह, क्योंकि फीस का हकदार तो सिर्फ वकील होता है और वकील थे रामलाल गुप्त। पिता को रामलाल गुप्त जो कुछ देते थे उसी को उन्होंने अपना प्राप्य माना जो उन्हें संतोष देने के लिए काफी था। उन्होंने कभी किसी को निराश नहीं किया और जितनी बन पड़ी लोगों की सेवा करते रहे।

घर में नए मेहमान के आगमन की आहट थी।

दो बेटे और एक बेटी खो चुकने के बाद पिता के लिए संतान के जन्म का प्रसंग आशंकाएं लेकर आता था। जैसे कोई निष्ठुर किसी बच्चे के हाथ में कोई खिलौना दे और कुछ समय बाद सताने के लिए उससे छीन ले। वह मां के बारे में सोचते होंगे तो बहुत देर तक उनसे सोचा नहीं जाता होगा। उनके पास तो फिर रामलाल गुप्त का बैठका और अदालत में बिछा हुआ तखत था जहां पहुंच कर वह जरा देर को अपने दुःख को भुला सकते थे लेकिन मां भाग कर कहां जा सकती थी। उसने जिसने नौ महीने अपने गर्भ में शिशु नहीं उम्मीद को पाला हो उसे कैसा लगता होगा जब वह एक दिन अपनी संतान का मरा मुंह देखती रही होगी। और वह भी एक नहीं, तीन-तीन बार। संतान जिसका भीतर से लातें मारना आह्लादित कर जाता था कैसे देखती रही होंगी वह उनके निश्चेष्ट शव? अपने बोलों से घर भर को गुलजार रखने वाली संतानों को कैसे वह देखती रही होंगी जल समाधि के

लिए ले जाए जाते हुए। कौन जाने इस चौथी बार की जच्चगी को लेकर उनके सीने में कोई गोला सा अंटका हुआ जान पड़ता रहा हो और प्रभु से आने वाले को जिलाए रखने के लिए प्रार्थना के बोल तक न फूट पा रहे हों गले से।

बताते हैं, बुधवार, 2 जुलाई, 1953 को सवेरे सवा आठ बजे मेरी मां ने मुझको जन्म दिया।

अल्ट्रासोनोग्राफी भी कोई चीज होती है, इसे गांव क्या शहर में भी कोई नहीं जानता था। शिशु-जन्म एक अनदेखे और अनिश्चित परिणाम के सामने आने का उत्सुकता से भरा रोमांच होता था। जैसे-जैसे पेट का आकार बढ़ता जाता तमाम लोग अपने अनुमान लगाने की विशेषज्ञता सिद्ध करने के लिए बताने लगते कि जच्चा के चेहरे पर तेज है, लड़की होगी या चेहरा मुरझाया हुआ है लड़का होगा। कोई सलाह देता कि बासी रोटी खाने से बच्चे के बाल घने और मजबूत होंगे, कोई बताता कि कच्चा नारियल खाने से बच्चे का रंग गोरा होता है। गोरे रंग के प्रति तब भी घनघोर आकर्षण था इसलिए संतान के गोरी होने के नुस्खों की भरमार हुआ करती। बेटी पैदा होने पर चेहरे तब भी लटक जाया करते थे और बेटे की पैदायश पर खुशी, फूल की थाली पीटते चेहरे के पोर-पोर से झरने लगती थी। उस समय भी बेटा वंशबेल को आगे बढ़ाने वाला होने के कारण विशेष लाड़-प्यार और एक तरह से जैसे सम्मान का अधिकारी हुआ करता था और बेटी की पैदायश पर यह कह कर संतोष किया जाता था कि घर में लक्ष्मी आई हैं, भले ही मन में आता हो कि लक्ष्मी आई जरूर हैं लेकिन घर की लक्ष्मी लेकर जाने के लिए आई हैं।

तीन संतानों के असमय काल-कवलित होने ने सबके मनोमस्तिष्क को अवसाद के ऐसे घटाटोप अंधकार से ढंक रखा था कि संतान जन्म के समाचार की कोई किरन उसे भेद पाने में सफल नहीं हो पा रही थी। लोग बताते हैं कि मेरी मां ने सौरी समाप्त होने के बाद पहला काम किया कि मेरी नाक और कान छिदवा दिए। डिठौने के तौर पर यह टोटका करते हुए वह मुतमईन थीं कि नाक-कान छिदे बालक को देख कर गांव-जवार में लोग उसको लड़की-लड़की कह कर चिढ़ाएंगे जरूर लेकिन बेटे पर किसी की बुरी नजर असर नहीं करेगी। भला नाक-कान छिदे और कान के छेद में सींक डाले लड़का कौन बड़ा सुंदर लगेगा कि किसी की नजर लगे। मेरे चेहरे को विरूपित करके वह किसी हद तक आश्वस्त हो आई थी। मेरी मां पिछली सन्तानों के असमय ही काल-कवलित हो जाने के कारण हमेशा आशंकाओं में जीने लगी थीं। वह प्रत्येक वर्ष संतान के कल्याण के लिए मनाए जाने वाले हलछठ पर्व की पूजा के लिए तीन किलोमीटर

चल कर अपने मायके जाने लगीं। उनका यह क्रम उनके जीवन के अंतिम वर्ष तक जारी रहा। मां की पूजा के बहाने मुझे भी मामा के घर जाने को मिलता था। वहां एक और आकर्षण था जो मुझे खींचता था। घर की दीवार में बने ताक पर आल्हा की कई किताबें रखी होतीं जिन्हें पढ़ना मुझे बहुत अच्छा लगता। बेला का ब्याह, माड़ौ की लड़ाई और ऊदल का ब्याह पढ़ते-पढ़ते आल्हा मुझे बहुत प्रीतिकर लगने लगा। मेरे एक ही मामा, गिरिधारी मामा आल्हा गाने के बहुत शौकीन थे। वह हृष्ट-पुष्ट शरीर के थे और लाठी लेकर चलते थे और बहुत शानदार लगते थे।

पिता ने मेरा नाम रखा-अजुध्या यानी अयोध्या यानी अयोध्या प्रसाद मिश्र।

मेरा नामकरण करते हुए उन्होंने विचार किया होगा कि केवल प्रभु का नाम नहीं, जहां प्रभु निवास करें उस नगरी को ही अपने आसपास बसा लें। नामकरण करते हुए उन्होंने सोचा होगा कि वह जब-जब अपने बेटे को देखेंगे तो उनको स्मरण रहेगा कि बेटे के रूप में उनके सम्मुख एक जीता-जागता, पुण्यों से पल्लवित और प्रात: स्मरणीय नगर है जिसके प्रत्येक स्थान पर भगवान राम विराजमान हैं। वह बेटे के इस देह-नगर को जहां कहीं भी स्पर्श करेंगे राजा रामचंद्र के चरणों के स्पर्श का सुख पा रहे होंगे। पिता के पिता जीवित थे, उनके सामने अपने बेटे को गोद में उठाना अपने पिता बनने की घोषणा करने की निर्लज्जता करने जैसा हुआ करता था। उस समय के समाज में दिन के उजाले में पत्नी का चेहरा देखना तक मुमकिन नहीं था। रात के अंधेरे में सबके सो जाने के बाद पुरुष चुपचाप बगैर कोई आहट किए चोरी से अपनी पत्नी के पास जाया करते थे। दिन में घूंघट और रात में अंधेरा। विवाह के काफी समय बाद तक पति-पत्नी एक दूसरे के चेहरे ठीक से नहीं पहचानते थे, भले ही वे कई संतानों के माता-पिता बन गए हों। आज के समय में इसे जरूर ही पिछड़ापन कहा जाएगा लेकिन इस कम समय की मेल-मुलाकात से पत्नी या चाहे स्त्री कह लें, के प्रति आकर्षण बहुत लंबे समय तक बना रहता था। अपनी पत्नी की बहुत चिंता करने वाले को परिवार और समाज में बहुत अच्छी निगाहों से नहीं देखा जाता था। घर की स्त्रियों के मामलों में रुचि लेने वाले पुरुषों को मेहरा कहा जाता था और लोक में उनके लिए शब्द प्रचलित था-मौगड़ा। पुरुषों और स्त्रियों के काम बंटे हुए थे। पुरुष घर के बाहर के काम करता था और घर के भीतर की सारी जिम्मेदारियां स्त्री उठाती थी। पुरुषों को स्त्रियों को घर के भीतर होने वाली दिक्कतों की कोई जानकारी अक्सर नहीं होती थी। सास, देवरानी और जिठानी पास रखे बर्तनों की तरह टकराती जरूर थीं लेकिन पुरुषों तक अव्वल तो उन टकराहटों की आवाज पहुंचती ही नहीं थी और अगर कभी पहुंच भी जाए तो यथासंभव उनको अनसुना कर दिया जाता था क्योंकि अपनी पत्नी का पक्ष लेकर किसी से विवाद करना बेशर्मी मानी जाती थी। रात-भर मांएं शिशु को बिस्तर पर इधर-उधर खिसकाती

रहती थीं और शिशु द्वारा गीले किए गए बिस्तर पर खुद और सूखी जगह पर शिशु को लिटा कर 'खुद गीले में लेट कर बच्चे को सूखे में सुलाने' के मुहावरे को चरितार्थ करती रहती थीं। दो-तीन बरस तक बच्चे नंगे ही रहते थे और घर की बड़ी-बूढ़ियां भावावेग में बच्चे के शिश्न को अंगुलियों से पकड़ कर चूमा करती थीं क्योंकि लड़के से ही वंशबेल आगे बढ़ने वाली होती है।

कभी न रुकने वाला समय अपनी गति से भाग रहा था। मैं लगभग पांच बरस का था। ताऊ स्व. पंडित भगीरथ मिश्र ने एक दिन मेरी अंगुली पकड़ी और घर से करीब ढाई फर्लांग दूर गांव की प्रायमरी पाठशाला जयरामपुरवा में ले जा कर पहले दर्जे में मेरा दाखिला करवा दिया। रजिस्टर में लिखने के लिए अंदाजे से बता दिया 13 फरवरी, 1953 जबकि वास्तविक जन्मतिथि थी 2 जुलाई, 1953। अगले दिन से मैं तखती और बुदका ले कर स्कूल जाने लगा। शीशे के बने बुदका में खड़िया से बना सफेद घोल होता था जो स्याही के तौर पर काम आता था और किलक की कलम उसमें डुबो-डुबो कर तखती पर उससे लिखा जाता था। लकड़ी की बनी तखती को बुदका का पेंदे वाला हिस्सा घिस-घिस कर घोटा जाता था। तखती के चिकनी हो जाने पर उस पर सफेद लिखावट उभरती थी। सरकंडे से बनी कलम को छीलने के बाद उसकी नोक को किसी कठोर सतह पर एक खास कोण से रख कर चाकू से काटा जाता था। इस तरह काटी गई कलम को चलाने का एक अनुशासन हुआ करता था जिसके कारण लिखे अक्षर सुंदर बनते थे। बाद के दिनों में कलम का यही अनुशासन हिन्दी के लिए पीतल और अंग्रेजी के लिए तांबे की बनी जी निब के साथ चला आया। ये निबें लकड़ी या प्लास्टिक के होल्डरों में लगती थीं और दावात में भरी रोशनाई में डुबो कर लिखाई होती थी।

स्कूल में विद्यारम्भ अ आ इ ई से ही होना था, हुआ। लेकिन अज्ञानवश या मेरे मन में जाने क्या आया, मैंने छोटा अ उल्टा लिख दिया। उस लिखे हुए को अगर शीशे के सामने रखा जाता तो शीशे में उसका प्रतिबिंब वैसा ही दिखाई देता जैसा गुरुजी ने लिखने को बताया था। वह 'अ' आजकल लिखा जाने वाला 'अ' नहीं था। वह 'अ' उस प्रकार का था जिसमें एक जरा सा अन्तर करके 'प्र' अक्षर बनाया जा सकता है। लेकिन वहां शीशे पर दिखाई देने वाला प्रतिबिंब नहीं तखती पर लिखा हुआ अ दिखाई देना जरूरी था। गुरुजी का एक जोरदार थप्पड़ मेरे गाल पर पड़ा और गोरे-गुलाबी गाल पर अंगुलियां छप गईं। वह पहला और आखिरी मौका था जब मुझे पढ़ाई-लिखाई के मामले में किसी प्रकार का दंड मिला था। लेकिन गुरुजी के एक थप्पड़ ने मुझको हमेशा के लिए सचेत कर दिया।

मैं दूसरे दर्जे में पहुंच गया। अब मैं छह-सात साल का बालक था। मोटा झोटा खाना, घर के कामों में हाथ बंटाना, पढ़ाई करना और रविवार के दिन जब स्कूल में अवकाश होता, भैंसों को चराना मेरा जीवन था।

मेरा एक सहपाठी था, दुर्गा। हम दोनों एक साथ स्कूल जाते और लौटते। एक दिन शाम को जब हम दोनों लौट रहे थे तो देखा कि पास के चने के खेत में दो छोटी लड़कियां साग चुन रही थीं। उन लड़कियों ने मुझे और दुर्गा को देख कर आपस में कुछ कहा। दुर्गा ने उन लड़कियों की उस बात का, जिसे सुनना भी संभव नहीं था, यह भाष्य किया कि वे दोनों मुझको पसंद कर रही थीं। दुर्गा के लिए यह असह्य था कि दोनों लड़कियां मुझे पसंद करें और उसे एक भी लड़की न चाहे। हालांकि किसी लड़की का किसी लड़के को पसन्द करने का क्या मतलब होता है, इस बात से हम दोनों ही अनजान थे लेकिन दुर्गा ने मुझे ये कह-कह कर परेशान करना शुरू कर दिया कि वह लड़कियों वाली बात मेरे घर में बता देगा। उसमें बता देने जैसी कोई बात नहीं थी लेकिन मैं डर गया। लड़के और लड़की में क्या संबंध होता है यह न मुझे पता था और न दुर्गा को, लेकिन इतना दोनों ही जानते थे कि कुछ न कुछ जरूर ऐसा होता है जिसको सबकी नजरों से छिपाना जरूरी होता है। दुर्गा ने जब देखा कि मैं उसकी इस धमकी से डर रहा हूं तो उसने मेरा भयादोहन शुरू कर दिया। अपना मुंह बंद रखने के एवज में दुर्गा अपनी तखती की घोटाई मुझसे कराता और इसके अलावा भी जो काम उसको समझ में आता मुझसे करवाता। ब्लैकमेल का यह सिलसिला काफी दिनों तक चलता रहा। आखिर मैं बुरी तरह परेशान हो गया और मैंने कोई भी काम करने से यह कह कर इंकार कर दिया कि दुर्गा को जिससे जो कहना हो, कह दे वो किसी से डरते नहीं हैं। दुर्गा ने भी जब देखा कि मुझ पर उसकी धमकियों का अब कोई असर नहीं पड़ता तो वह भी शांत हो गया क्योंकि लड़की का जिक्र या उसके बारे में कोई बात जितनी मुझे डांट-फटकार दिलाने के लिए काफी थी उतनी ही दुर्गा के लिए भी। यों क्या तो लड़की का जिक्र होता, क्या किसी बात पर घर वाले कान देते और क्या कोई सजा मिलती, लेकिन मेरे मन में एक अव्यक्त सा शर्म का भाव था और यह खयाल था कि लड़की के द्वारा पसंद किया जाना गंदी बात होती है। और जाहिर है कि गंदी बात के लिए तो सजा मिलती ही। शातिरदिमाग दुर्गा काफी दिनों तक मेरी इसी कमजोरी का फायदा उठाता रहा।

गोंडा से चालीस किलोमीटर दूर है बहराइच। प्राचीन वेदों में यह क्षेत्र गंधर्व-वन के नाम से वर्णित है। माना जाता है कि ब्रह्माजी ने ऋषियों की तपस्या के लिए वहां एक घने जंगल का विकास किया था जिसको नाम दिया ब्रह्माइच। यही कालान्तर में बदलते-बदलते बहराइच हो गया।

आज बहराइच की प्रसिद्धि किसी गंधर्व-वन के कारण नहीं है। आज वह

जाना जाता है गाजी बाबा के नाम से। वहां मई के महीने में सालाना उर्स के मौके पर गाजी मियां का मेला लगता है।

बहराइच में तीन किलोमीटर उत्तर में स्थित इस दरगाह में पुण्यलाभ अर्जित करने और गाजी मियां के मेले में शामिल होने के लिए मई महीने में जत्थे के जत्थे मेरे गांव से हो कर गुजरते। अपने पूरे परिवार के साथ वे लोग पैदल चलते और अक्सर शाम के समय गांव के पास एक बाग में रात बिताने के लिए डेरा जमाते। इसे देवरानी-जिठानी की बगिया कहा जाता था। मेरे घर से कुछ दूरी पर इस बगिया में चार कुएं थे जिससे श्रद्धालुओं को बड़ी सुविधा हो जाती थी। अपने-अपने निशान लेकर वहां आने वाले लोग तीन ईंटों के अस्थायी चूल्हों पर खाना बनाते, खाते और सो जाते। बड़े सवेरे उनकी बहराइच की यात्रा फिर शुरू हो जाती।

मुझको उनके आने और वहां से जाने की प्रतीक्षा रहती। वहां आने वाली औरतें अपने पैसे अपनी धोती के पल्लू के किनारे गांठ में बांध कर आती थीं। वह खूंट किसी न किसी कारण खुलती थी और एलॉय यानी मिश्र धातु या पीतल की अधन्नी या इकन्नी जमीन पर गिर ही जाती थी। जहां अंधकार का साम्राज्य हो वहां एक-आध सिक्का कौन खोज सकता था। लेकिन मैं जब रात में गिरे उन सिक्कों को खोजने बड़े सवेरे बगिया में जाता तो सूर्य देवता मेरी पूरी मदद करते क्योंकि अक्सर मुझे उन लोगों के ठहरने की जगह पर कुछ पैसे मिल ही जाते। मैं उन पड़े मिले पैसों से लेमनचूस और कंपट खाता।

कक्षा एक से पांच तक मैं अपने जयरामपुरवा गांव के स्कूल में पढ़ता रहा। पटरे की जांघिया और कमीज पहन बुदका और तख्ती के साथ रोज स्कूल में हाजिर रहता। मुझे स्कूल जाने में आनंद मिलता इसलिए मैं कभी स्कूल से गैरहाजिर नहीं होता। स्कूल के प्रधानाचार्य पंडित शम्भू दत्त मिश्र जी मेरी प्रशंसा करते अघाते नहीं थे। हमेशा अच्छे नंबरों से पास होने वाले मुझ बालक को जितना आनंद पढ़ाई में आता, उतना ही मजा घर की भैंसें चराने में आता। भैंसों को मैं मैदान में चरने छोड़ देता और पत्थर के टुकड़ों से पेड़ पर लगे फलों पर निशाना साधता, खासकर आम के पेड़ों पर। कुछ ही दिनों में मेरा निशाना अचूक हो गया। बाहें छोटी थीं तो क्या और पकड़ाई में आने वाला पत्थर छोटा होता था तो क्या, फुनगी पर भी लगा हुआ आम मेरे पैरों पर आ गिरता। आम और आम के बागों के प्रति मेरे मन में एक खास तरह का आकर्षण पैदा हो रहा था, आम खाने में मैं हद दर्जे का लालची बनता जा रहा था, मुझको वह आदमी बहुत बड़ा आदमी जान पड़ता जो उन बागों का मालिक था, और वह होता भी था। इस

सारे खेल–तमाशे के बीच मेरे भीतर रविवार की प्रतीक्षा की एक धुन भी लगातार बजती रहती क्योंकि उस दिन पिता का साथ मिलता जो शनिवार की रात गोंडा से गांव आते।

मेरी एक बुआ थीं जो गौना होने से पहले ही विधवा हो गई थीं। वह अपनी ससुराल नहीं गईं और ताउम्र अपने भाई यानी मेरे पिता के पास ही रहीं। बुआ के तो जैसे प्राण ही मुझमें बसते थे। जब मैं कुछ न कर रहा होता तो अपनी स्नेहिल बुआ के पास होता। अक्सर बुआ आसपास दीख पड़ते बगुलों को संबोधित करते हुए कहतीं–'ए बगुला, भैया केरे बप्पा कैहन घरे भेजि देव।' यह उनके मन की कातर पुकार होती। मैं अक्सर पाता कि बुआ के ऐसा कहने के अगले ही दिन पिताजी घर आ जाते। बुआ पूरे सप्ताह भाई की प्रतीक्षा की अकुलाहट में बगुलों से भाई को घर भेजने की प्रार्थना के बहाने उनको याद करतीं और मुझको लगता कि ये बगुले हैं जो पिता को घर भेज देते हैं। पिता गोंडा से जो कुछ लाते उसका लालच तो होता ही लेकिन मेरे मन में उससे भी ज्यादा लालच पिता के साथ का होता जो सोमवार की सवेरे समाप्त हो जाने वाला होता। मैंने एक बार पिता से पयागपुर के दशहरे के मेले के बारे में सुना था। तभी से मेरे मन में हर समय पयागपुर जाने की धुन सवार रहने लगी थी। पिता गोंडा से गांव आते तो किराए पर मिलने वाली सायकिल से आते और वह सिर्फ इसीलिए कि मुझे सायकिल की सैर कराएंगे। मैं सायकिल के डंडे पर बैठ जाता और कहता–'चलौ पयागपुर' और पिता मुझको लेकर चल पड़ते। पयागपुर कोचवा से आठ मील की दूरी पर है। जरा दूर चलने के बाद पिता कहते–'लो आ गया पयागपुर'। मैं चार बरस का था। दूरी की बहुत ठीक–ठीक जानकारी न होने पर भी इतना तो पता ही होता कि अभी पयागपुर नहीं आया है। मैं मचल जाता–'नहीं, अभी पयागपुर नहीं आया है।' पिता को मुझे सायकिल पर थोड़ी देर और घुमाए बिना छुटकारा नहीं मिलता। गर्मी की छुट्टियां होतीं तो पिता के पास गोंडा जाने का आकर्षण यह सोच कर दोगुना हो जाता कि वहां हलुआ खाने को मिलेगा। एक हलुवे वाला 'हलुआ गरम हलुआ' की आवाजें लगाता हुआ सड़क से गुजरता। उसका हलुआ उसके मुखसुख के कारण 'हउआ लो हउआ' जैसा कुछ सुनाई देता। दो नए पैसे का थोड़ा सा हलुआ वह पलाश के पत्ते पर रख कर देता और उसके ऊपर गरी का बुरादा बुरक देता। कभी–कभी एक–आध चिरौंची भी देखने को मिल जाती थी। जिस दिन ज्यादा खाने का मन होता उस दिन उस हलुआ विक्रेता को गुजर जाने देकर दूसरे फेरीवाले का इन्तजार करता जो गुड़ का हलुआ बेचने आया करता था। उससे उतने ही पैसे में थोड़ा ज्यादा हलुआ मिल जाया करता था।

घर की गरीबी के हालात ने मेरे संपूर्ण विकास के लिए किसी तरह के पौष्टिक आहार या मुगली घुट्टी 555 की स्थितियां तो नहीं बनने दी थीं लेकिन

प्रातः पूजा के समय पिता जो राम कथा के अमृत की बूंदें मेरे कानों में टपकाते थे उससे मेरे मन में राम नाम के किसी अबूझ और विराट चरित्र के प्रति जिज्ञासा भरी श्रद्धा का अंकुरण होने लगा था। पिता के कपड़ों से एक अलग तरह की खुशबू आती जान पड़ती जो मुझे बहुत प्रिय लगती।

पिता से भगवान राम की कहानियां सुनते, भैंस चराते और पेड़ों से आम तोड़ते मैंने कोचवा के स्कूल से पांचवीं कक्षा तक की पढ़ाई पूरी कर ली। अब मैं नौ-दस साल की उम्र में कैशोर्य की दहलीज पर दस्तक दे रहा था।

कोचवा गांव से तीन मील की दूरी पर है कस्बा कौड़िया। 1965 में वहां के गंगा प्रसाद मिश्री लाल विद्यालय में कक्षा छह में मेरा नाम लिखवाया गया।

मेरी सुबह अब पहले से कहीं ज्यादा जल्दी होने लगी। मेरी नींद मां के चक्की चलाने की आवाज से खुलती। यह जमीन पर बिछे पुआल की गरमाई का मोह त्यागने और ओढ़ी हुई कथरी को एक तरफ फेंक देने का समय होता। मैं देखता कि जाड़ा, गर्मी या बरसात मां के तन पर केवल एक धोती रहती। यों मेरे लिए यह कोई विशेष बात नहीं थी क्योंकि मेरे पास भी पटरे के एक जांघिए और एक कमीज के अलावा कुछ नहीं था। मां-बेटे की इस समानता के कारण इस तरफ कभी ध्यान ही नहीं गया कि इसके अलावा कुछ और भी होना चाहिए या हो सकता है। परिवार के लोगों का पेट भरने के लिए मां नियम से रोज तड़के उठ कर चक्की पर गेहूं और कभी मक्का और ज्वार जैसे मोटे अनाज पीसती। चक्की के दोनों पाटों के आपस में घिसने के कारण निकलने वाली वह घनन-घनन मेरे लिए अलार्म का काम करती। मेरा नित्य-कर्म केवल शौच जाना, दातून और स्नान करना ही नहीं था। मेरे नित्य-कर्म में भैंसों और बैलों को उनके बंधने वाले स्थान से खोल कर बाहर नांद तक लाना, उनके लिए सानी-भूसा करना और बंधने वाली जगह पर एकत्र गोबर को उठा कर खेत में फेंकना भी शामिल था। जब तक ये कार्य पूरे होते, मां मोटे आकार का एक टिक्कड़ एक गंदे से कपड़े में बांध कर मुझे देने के लिए तैयार कर चुकी होतीं। यह दिन भर का खाना होता जिसे मैं अपने झोले में रखी किताब-कापियों के बीच सहेज लेता। मैं तीन मील पैदल चलने के लिए अपनी पिंडलियों को तैयार कर लेता और चल पड़ता। थकने के बारे में सोचना भी मेरे लिए वर्जित था क्योंकि जाते समय अगर थकने के बारे में सोच लेता तो लौटते समय क्या कह कर पैरों को ताकत देता? जाड़े के दिनों में जब नंगे तलुवे ओस से भीग रहे होते तो मुझे आता हुआ सूरज बीच रास्ते में कहीं मिलता और लौटते समय तक वह जाने की तैयारी कर रहा होता। सूरज तो दिन भर चलने के बाद थक कर आराम करने जा सकता था लेकिन मुझको तो तीन मील पैदल चल कर लौटने के बाद ढिबरी की रोशनी में उस दिन का सबक याद करना होता। उन्हीं दिनों मैंने मां की बनाई हुई मोटी रोटी के अलावा कौड़िया में एक और चीज

का स्वाद चखा और वह थी–खोए की गुझिया। यह गुझिया होली में बनने वाली गुझिया से एकदम भिन्न होती थी। होली की गुझिया में मैदे के अंदर खोवा भरा जाता है और बाद में उसे घी में तलते हैं। यह गुझिया शुद्ध खोए की होती थी जिसको हलवाई खोवा अपनी हथेली में लेने के बाद मुट्ठी भींच कर बनाता था। एक आने की दो मिलने वाली गुझिया को खरीदने के लिए मैं अपने सातवीं और आठवीं क्लास के सहपाठी बालक राम से पैसे उधार लेता और पिता के आने पर उसका उधार चुकता कर देता। छठी क्लास में मेरे अध्यापक और चचेरे बड़े भाई थे श्री ठाकुर प्रसाद मिश्र। वह स्कूल से लौटते समय मुझे अपने साथ ले लेते। ठाकुर प्रसाद जी अपने रूमाल में ताजी सब्जियां खरीद कर बांध लेते और रूमाल मुझे पकड़ा देते। खुद वह आराम से चलते और सब्जियों को देख–देख कर ललचाता हुआ मैं उनके साथ–साथ। उस जमाने में पासिंग शो नाम की सिगरेट आया करती थी जिसकी डिब्बी पर ऊंचा सा हैट लगाए एक आदमी की तस्वीर छपी रहती थी। मेरे मन में आया कि शायद यह सिगरेट पीने से मैं भी उसी तस्वीर वाले आदमी की तरह कद्दावर हो जाऊंगा। एक लड़का जिसका नाम वकील था, जो बाद में ट्रयूबवेल मैकेनिक बना, की मुझे संगत मिल गई और मैंने एक सिगरेट पी। लेकिन जैसा कि होना था पहली बार धुआं गले में पहुंचा तो तेज खांसी उठी और सिगरेट का शौक मुझको पकड़ नहीं पाया।

मैं सातवें दर्जे में था। मेरे स्कूल में एक अध्यापक थे जिनका तखल्लुस था 'आजाद'। वह अवधी में कविताएं लिखते थे। उनकी कविताएं जीवन के बेहद करीब थीं जिनको सुनते हुए लगता था कि आजाद साहब हमारे आसपास के ही किसी व्यक्ति के बारे में कह रहे हैं। काव्य का पहला संस्कार पिता से मिला मानस पारायण द्वारा और अन्य कविता और शेरो–शायरी की तरफ रुझान हुआ मुहम्मद इस्माइल 'आजाद' साहब की कविताएं सुन कर। उन्होंने मुझे क्लास में पढ़ाया तो नहीं था लेकिन मैं कभी–कभी अनुरोध करके उनसे कविताएं सुनता। कविता में आए हुए उनके चरित्र देर तक दिमाग से निकलते नहीं थे। मैं उनसे बहुत अधिक कविताएं तो सुन नहीं पाया क्योंकि आठवीं क्लास से मेरा स्कूल ही बदल गया लेकिन आजाद साहब की कविताएं लोगों की जबान पर रहती थीं और कहीं न कहीं और किसी न किसी के मुंह से सुनने को मिलती रहती थीं। आजाद साहब की एक कविता सुन कर तो मुझे लगता रहा कि मनुष्य की निर्धनता और उसकी विवशता का इससे अच्छा चित्रण और कुछ नहीं हो सकता। मुहम्मद इस्माइल 'आजाद कौड़ियावी' साहब की एक कविता के कुछ बंद आज भी याद रह गए हैं–

हमहूं मनइन कै लरिका हन
हमहुक भगवान बनाइन है

हमहू उर मां नौ मास रहेन
हमरेउ जनमे टठिया बाजी
हमरेउ छट्ठी बरहिउ मइहां
सोहर गाइस बुढ़िया आजी
मुलु हाय गरीबी सउरिन मां
महतारी चना चबाइन हैं।

जब बदरा बरसै झमर झमर
बरसै हमरे घरकै फरका
भेड़हा भागै दबाय लरिका
गेहूं चाउर तौ बहुत दूर
जोंधरिउ हमका नाहीं नसीब
सतुआ पर उमिरि कटै आधी
बिधि कै है अस रचना अजीब
यहि दुरगतिया से मउत भली
नाहक मां दैब जियाइन है
मनई हुइकै मनई से जब
हम हाथ पसारे मांगित है
भगवान तुहिन सांचुइ बोलेयव
का मनईन अस हम लागित है?

उन्हीं दिनों की बात है। एक दिन किसी ने क्लास में आकर मुझसे कहा कि कोई मुझसे मिलने आया है। मैं क्लास से बाहर आया। दो लोग मेरी प्रतीक्षा में खड़े थे। एक को तो मैंने पहचाना, वह मेरी मौसी के देवर थे लेकिन दूसरे व्यक्ति को मैं नहीं पहचान सका क्योंकि उससे पहले उन्हें कभी देखा नहीं था। उस अपरिचित व्यक्ति ने पूछा–'कउने किलास में पढ़त हौ?' मैंने बताया। उस व्यक्ति ने कहा–'ठीक है, खूब मन लगा कर पढ़ौ'। और वे दोनों चले गए। मैं भी अपने क्लास में लौट गया। सोचने लगा कि मन लगा कर तो पढ़ ही रहा हूं फिर ये बात कहने की क्या जरूरत आ पड़ी। मैं नहीं जान पाया कि मौसी के देवर के साथ आने वाले व्यक्ति वरदेखुआ थे जो विवाह के लिए मुझे देखने आए थे।

तेरह वर्षीय और सातवीं कक्षा के किशोर विद्यार्थी का 8 मई, 1966 को उस दिन आए उन अपरिचित व्यक्ति श्री राम प्रसाद तिवारी की कन्या रानी तिवारी से विवाह हो गया।

मेरे लिए विवाह का मतलब था नए कपड़े बनना, सबके आकर्षण का केंद्र होना और दूल्हे राजा संबोधन के अनुरूप सचमुच विवाह संपन्न होने तक किसी

राजा-महाराजा की तरह व्यवहार करने का अवसर मिलना। 'कुडुम-कुडुम की झइयम झइयम' वाली डुगडुगी और ढोल के साथ मुझे पीनस में बैठा कर तीन दिन की बारात रानी तिवारी के गांव धोबहा राय लोहारपुरवा के लिए रवाना हुई जो कोचवा गांव से बारह मील दूर था। पीले रंग का चारजामा कसे, सिर पर मौर रखे, मियाना में बैठे और चार कहारों के कंधों पर सवार मेरे लिए इस अवसर का महत्व सिर्फ इतना था कि मैं उस समय बहुत महत्वपूर्ण व्यक्ति था। बारात शाम को उठी और सही रास्ता न मालूम होने के कारण भटक गई। अंधेरे में रास्ता दिखाने के लिए गैस के हण्डे तो थे नहीं और अंधेरा घना हो तो कभी-कभी रास्ता मालूम होते हुए भी भटक जाने का खतरा बना रहता है। फिर वहां तो न किसी को ठीक से रास्ता पता था और न कोई गांव का पता बताने वाला था। उधर कन्या पक्ष के तिवारी जी परेशान कि बारात कहां रह गई और इधर वर पक्ष के मिश्र जी सही रास्ता पाने की कोशिश में इधर-उधर भटक रहे थे। काफी देर के बाद बारात अपने ठिकाने पर पहुंची। शरबत से बारात का स्वागत हुआ और रात में विवाह संपन्न हुआ। दूसरे दिन वर को बासी खिलाने की रस्म अदा की जानी थी। मैंने पहले से सोची-समझी योजना के तहत खाने से इंकार कर दिया। दरअसल मुझे किसी ने बता दिया था कि मेरी सास के पास गिन्नियां हैं जिसकी मांग मैं बासी खाने के समय कर सकता हूं। और यह भी कि जब तक गिन्नी न मिले, मैं खाऊं नहीं। मैंने खाने से इंकार करते हुए गिन्नी देने की मांग की। मेरी मांग पूरी नहीं की गई। फिर मैंने अपनी मनपसंद चीज सायकिल देने की मांग की, उसे भी अस्वीकार कर दिया गया। मैं इस घोर अपमान से जल उठा। मैंने बासी खाने की रस्म तो किसी तरह मन मार कर पूरी कर दी लेकिन ससुराल वालों के प्रति मेरे मन में भयानक क्रोध बैठ गया। मैं तीन-चार साल तक अपनी ससुराल झांकने तक नहीं गया। साल भर बाद गौना हुआ और पत्नी रानी मिश्र मेरे घर आ गईं। कुछ समय बाद सास के निधन का समाचार मिला लेकिन बासी खाने वाले दिन अपनी बात खाली जाने के अपमान को मैं भूला नहीं था। इस दु:खद अवसर पर भी मैं ससुराल जाने के लिए अपने आप को तैयार नहीं कर पाया।

पत्नी के गौने के बाद ही गांव में कनबतियां शुरू हो गईं कि 'गौना हो कर मेहरारू आ गई, अब अजोध्या क्या पढ़ाई-लिखाई करेंगे?' लोग अपने जीवनानुभव से जानते थे कि एक युवा होती देह में पुकार अगर जाग जाए या पहले से ही मौजूद पुकार को सुनने वाली अगर उपलब्ध करा दी जाए तो आंख, नाक और कान अपने चारों तरफ की और आवाजों को सुनना बंद कर देते हैं। स्त्री पदार्थ की निकटता और सारे पदार्थों से दूर कर देने की भरपूर क्षमता रखती है। मेरे मन में स्त्री को लेकर कोई आसक्ति नहीं थी। मेरे दिन का सारा समय छह मील की पदयात्रा करते और स्कूल में पढ़ाई करते बीतता। घर लौट कर उस दिन का सबक

दोहराने और सो जाने के अलावा मुझे ध्यान भी नहीं आता था कि हाड़-मांस की एक लड़की भी साथ रहती है। और फिर, मेरे पिता ने तमाम कथा-कहानियों के बहाने से बता रखा था कि मनुष्य को किसी भी हाल में, किसी भी स्थिति में और कुछ भी कर के अपने लक्ष्य से निगाहें नहीं हटानी चाहिए। लगातार अच्छे नंबरों से पास होने और अध्यापकों से मिलने वाली प्रशंसा से मेरे हौसले बुलन्द थे। पिता की सीख मेरे लिए गुरुमंत्र थी और पत्नी जीवन को भरा-भरा सा महसूस कराने वाली एक अच्छी मित्र। ओस से भीगी, दिन-भर सूरज के ताप से जली या बरसात से रपटीली हो गई जमीन मेरे नंगे पैरों को कोचवा से कौड़िया की दूरी तय करने से कभी एक दिन भी नहीं रोक पाई। माघ-पूस के हाड़ कंपा देने वाले जाड़े से मेरे एक पतली सूती कमीज से ढंके शरीर ने एक ऐसा रिश्ता बना लिया था कि मौसम एक मुझको छोड़ और सब पर भारी पड़ता। तेज लू चलती, गर्म हवा के बगूले उठते लेकिन मेरे शरीर को वे छू भी न पाते। मैं बरसात में अपने सिर को भीगने से बचाने के लिए बस्ता सिर पर रख लेने वालों में से नहीं था। मैं बस्ते को बगल में दबा कर भरसक किताब-कापियों को भीगने से बचाने की कोशिश करता क्योंकि मैं जानता था कि सिर तो भीगेगा और सूख जाएगा, उसे कोई नुकसान नहीं पहुंचेगा लेकिन कापी-किताबों के भीगने का नुकसान तो बहुत बड़ा हो जाएगा। मौसम और मेरे बीच जैसे निरन्तर एक होड़ सी चला करती कि कौन किसको पराजित करता है। मुझको स्कूल जाने का नशा था। स्कूल जैसे मुझे हर समय अपने पास आने के लिए इशारे करता-सा जान पड़ता।

यही वह समय था जब पिता मेरे मन-मस्तिष्क में रामचरित मानस के पौधे का रोपण कर रहे थे। कभी-कभी मुझे अपने पास बुला कर बैठाते और मानस की कोई चौपाई सुना कर पूछते-'इसका अर्थ जानते हो?' मेरे इंकार करने पर वह उस चौपाई का अर्थ बताते और मेरे मन में ज्यादा और ज्यादा जानने की इच्छा जगाते।

नौवें दर्जे तक कौड़िया के स्कूल में पढ़ने के बाद मुझको अंत:प्रेरणा हुई कि अब आगे की पढ़ाई किसी शहर में रह कर करनी चाहिए। तब तक मैंने कोई शहर नहीं देखा था लेकिन शहर और वहां की सुविधाओं और माहौल को लेकर मेरे मन में एक आश्वस्ति थी जो पता नहीं कैसे मेरे दिलो-दिमाग में पैदा हुई थी। जो सबसे निकट शहर था, वह था गोंडा। 1968 में गोंडा के टॉमसन कॉलेज में मैंने दसवें दर्जे में नाम लिखवाया। मेरे पास एक मैली चादर थी और मोड़ कर तकिए के तौर पर इस्तेमाल करने लायक एक बांह थी जिसके सहारे मैं गांव छोड़ कर शहर आ गया था। अब समस्या थी कि रात में सोने के लिए फर्श कहां मिलेगी? पिता रामलाल गुप्त के मुंशी थे ही। गुप्ता सदन की एक छोटी सी कोठरी में पिता रहते थे उन्हीं के साथ मैं भी रहने लगा। पिता दिन भर रामलाल गुप्त के साथ कचहरी में फंसे रहते और शाम को घर लौटते तो जरा देर बाद मुअक्किलों का

आना शुरू हो जाता। मुझको वहां रहने के एवज में रामलाल गुप्त के भतीजे राकेश को पढ़ाना भी होता था। राकेश को पढ़ाने और अपनी पढ़ाई करने के साथ-साथ मुझे खाना भी बनाना होता था। दो पैसे का बैंगन, एक पैसे का मसाला लेकर मैं बैंगन की झोलदार सब्जी बना लेता और तीन-चार रोटियां सेंक लेता जिनसे पिता-पुत्र का काम चल जाता। कभी-कभी कोई मुअक्किल भी रात में वहीं रुक जाता तो उसके हिसाब से सब्जी में पानी बढ़ा दिया जाता और दो रोटियां और सेंक ली जातीं। गांव में लोगों ने सुना तो पेशनगोई की कि जैसे मुन्ना महाराज रामलाल गुप्त के मुंशी हैं उसी तरह अयोध्या भी राकेश गुप्ता के मुंशी हो जाएंगे।

रामलाल गुप्त के मकान में रहते हुए मेरे सामने एक बड़ी समस्या नहाने की थी। एक सीढ़ी के नीचे एक नल लगा हुआ था। वहां इतनी भी जगह नहीं थी कि कोई आदमी खड़ा हो सके। वहां बाल्टी रख कर पानी तो भरा जा सकता था लेकिन किसी के खड़े हो कर नहाने की जरा भी गुंजायश नहीं थी। सीढ़ी के नीचे किसी तरह घुस कर मुझे आधे मिनट में नहा लेना होता था क्योंकि तेज धार से गिरते पानी की आवाज रामलाल गुप्त के भाई गुरुप्रसाद गुप्ता के कानों में पड़ जाती तो वह चिल्लाने लगते कि-'इतना पानी खर्च कर दिया। पानी के पैसे पड़ते हैं, वो कौन देगा?' साबुन से सर्वथा अपरिचित मैं नहाते समय धार धीमी रखता ताकि पानी गिरने की आवाज न हो और बेहद पतली सी धार के नीचे जल्दी से बदन गीला करता और जैसे चोरी करके भाग रहा होऊं, अपनी कोठरी में पहुंच कर सांस लेता।

राकेश को मैं पढ़ाता तो था मगर हम दोनों में मित्रता भी थी। पिता गांव गए हुए थे। एक रात हम दोनों ने घर से गायब हो कर फिल्म देखने का कार्यक्रम बनाया। राकेश ने बहुत सी पिक्चरें देख रखी थीं लेकिन मेरे लिए फिल्म देखने का यह दूसरा मौका था। अब सोचना यह था कि क्या इंतजाम किया जाए कि अगर रात में कोई देखने आ जाए तो उसे यह पता न लगे कि दोनों घर से गायब हैं। याद नहीं कि यह मेरी बुद्धि थी या राकेश की, हम दोनों ने अपने बिस्तरों पर मसनद (गावतकिया) को खाट की लंबाई में इस तरह रखा और उस पर इस तरह रजाई उढ़ा दी कि देखने वाले को एक नजर में यही लगे कि एक खाट पर अयोध्या और दूसरी पर राकेश रजाई से मुंह ढंके सो रहे हैं। फिर दिक्कत थी कि घर का मुख्य द्वार तो बंद हो जाता है घर से बाहर कैसे निकला जाएगा। दोनों ने लगभग दस-बारह फुट ऊंची सड़क की ओर खुलने वाली बालकनी से छलांग लगाने की योजना बनाई। और इस तरह जान की बाजी लगा कर मैंने उस दिन जीवन की दूसरी फिल्म देखी-मंझली दीदी। इससे एक साल पहले कौड़िया से आकर पहली फिल्म 'हमराज' देख चुका था।

कॉलेज में हिन्दी के अध्यापक श्री वासुदेव मिश्र मेरे परिश्रम और मेधा से

प्रभावित थे और मुझे पितृवत् स्नेह देते थे। उन्होंने मुझको कॉलेज की वार्षिक पत्रिका के संपादक मंडल में सम्मिलित किया। वहीं एक अन्य अध्यापक श्री रामबहादुर मिश्र मुझको आगे बढ़ते देखते तो उन्हें ईर्ष्या जैसी होती। हालांकि वह मेरे गांव के ही थे, उन्हें तो प्रसन्न होना चाहिए था कि उनके गांव का एक लड़का प्रगति कर रहा था। इससे उलट उन्हें यह देख कर कुछ खराब लगता कि उनके गांव का लड़का अच्छा विद्यार्थी सिद्ध हो रहा था, अध्यापकों का प्रिय बनता जा रहा था और बहुमुखी प्रतिभा का धनी था। दसवें दर्जे में प्रवेश के समय उन्होंने यह कह कर मेरे प्रवेश का विरोध किया था कि चूंकि मैंने नवें दर्जे की पढ़ाई टामसन कॉलेज से नहीं की है इसलिए मुझे दसवें दर्जे में प्रवेश नहीं दिया जा सकता। लेकिन मुझको श्री राम बहादुर मिश्र बहुत अच्छे लगते क्योंकि वह बहुत मजाकिया थे। एक बार उन्होंने विद्यार्थियों से कहा कि अगर लिखते समय 'व' और 'ब' अक्षरों में कोई भ्रम हो तो व का पेट काट कर उसे ब बनाने के बजाय उस खाली जगह को स्याही से पूरा भर दो, परीक्षक उसे पढ़ कर जान लेगा कि तुम क्या कहना चाहते हो। फिर उन्होंने कहा कि–'लेकिन एक बात याद रखना, अगर कॉपी मैं जांच रहा हूंगा तो ऐसा करने वाले को जीरो दूंगा क्योंकि मैं जान जाऊंगा कि इस लड़के को न व आता है और न ब।'

1969 में मैं दसवें दर्जे में था। उस वर्ष गांधी जन्मशती मनाई जा रही थी। मुझे अपने कॉलेज की तरफ से गोंडा के रेलवे कालोनी गांधी इंटर कॉलेज में आयोजित एक निबंध लेखन प्रतियोगिता में भाग लेने भेजा गया। इस जिला स्तरीय प्रतियोगिता में मुझे पहला पुरस्कार मिला। पुरस्कारस्वरूप मुझे मिला, संपूर्ण गांधी वाङ्मय। महात्मा गांधी को पढ़ कर मेरे जीवन में एक नई चेतना का विस्तार हो रहा था। सत्य, अहिंसा और करुणा जैसे बड़े मानवीय मूल्यों से मेरा पहली बार साक्षात्कार हो रहा था।

टॉमसन कॉलेज में गोंडा के अनेक अधिकारियों, वकीलों और धनाढ्य लोगों के बच्चे पढ़ते थे। उनके पास बहुत सारे गर्म कपड़े थे जिन्हें वो बदल-बदल कर पहनते। उनके बीच जाड़े में ठिठुरता हुआ मैं सोचता कि अगर मेरे पास भी एक कोट होता तो कितना अच्छा होता। मगर मैं अपने पिता की आर्थिक स्थिति जानता था, इसलिए उनसे कहने की हिम्मत नहीं जुटा पाता था। आखिर एक दिन मैंने अपने पिता से कोट की बात कही। पिता ने कहा कि उनके पास तो पैसा नहीं है, वह इस बारे में अपने दूर के एक रिश्तेदार राघवराम तिवारी से बात करते हैं। राघवराम तिवारी ने मुझे साठ रुपए का एक कोट सिलवा दिया। जीवन के उस पहले कोट को पहन कर मुझको महसूस हुआ कि जैसे शीत से कांपते शरीर को किसी ने चारों ओर से बाहों में जकड़ कर उसमें गरमाई भर दी है।

1969 में यू पी बोर्ड के हाईस्कूल का इम्तिहान देकर मैं अपने गांव कोचवा

लौट आया। पिता के साथ गांव के गलियारे से गुजरते हुए मैंने एक छोटी सी बच्ची को देखा जिसका शरीर कुपोषित था, बदन पर कोई कपड़ा नहीं था, बाल उलझे हुए थे और उसकी नाक बह रही थी। मैं उसके लिए और कुछ नहीं तो इतना तो कर ही सकता था कि बिना घिनाए उसकी बहती हुई नाक अपनी अंगुलियों में लेकर उससे दूर फेंक दूं। मैंने ऐसा ही किया। पिता मुझे ऐसा करते बड़े गौर से देख रहे थे। मेरी अंगुलियों में लसटा गंदा-गंदा पोटा देख कर पिता ने कहा- 'अच्छा बहुत गांधी न बनो।' उसी साल मेरी पहली संतान ने जन्म लिया था। मेरा मन अपने गांव में ही रमता था। मैं गोंडा में रह कर पढ़ जरूर रहा था लेकिन छुट्टियां होते ही मैं अपने गांव भाग जाता था। अपने गांव के प्रति यह आकर्षण मेरे लिए इतना दुर्दमनीय, अनिर्वचनीय और प्रगाढ़ था जिसके सामने मैं किसी बड़े से बड़े प्रलोभन को ठुकरा सकता था।

उन दिनों शहरों में आधी रात के बाद हॉकर 'हाईस्कूल का रिजल्ट आ गया' की तेज आवाजें लगाते हुए निकला करते थे। रात के सन्नाटे में यह आवाज बहुत तेज और किसी हद तक आतंकित करने वाली लगती थी। कुछेक घर-परिवार की बड़ी-बूढ़ियां हाईस्कूल परीक्षा में बैठे अपने नाती-पोतों को हंसी-हंसी में शाम से ही अपने पोपले मुंह से यह कह-कह कर डराने लगतीं कि-'आज तो भइया कतल की रात है।' हॉकर की आवाज सुनते ही लोग अपने-अपने घरों से निकल पड़ते थे और अपना रोल नंबर देखने के लिए एक ही अखबार पर कई-कई विद्यार्थी जुट जाते थे। गांव इस हलचल से दूर खबर के खुद चल कर गांव तक आने की प्रतीक्षा करता हुआ आराम से सोता रहता हालांकि गांव में रहने वाले विद्यार्थी जानते जरूर थे कि आज रिजल्ट आउट होने वाला है।

उस दिन गांव से मैं किसी की सायकिल मांग कर घर से निकला। रास्ते में मुझे एक लड़का मिला जो गोंडा से आ रहा था और उसके हाथ में रिजल्ट वाला अखबार था। मैंने अखबार में अपना रिजल्ट देखा और उदास हो गया। मैंने लड़के को बताया कि मैं फेल हो गया हूं। लड़के ने मुझसे मेरा रोल नंबर पूछा और टॉमसन कॉलेज गोंडा के रिजल्ट को एक बार फिर से देखा। लड़के ने मुझको बताया कि मैं तो फर्स्ट डिवीजन में पास हुआ हूं और पूछा कि मैं कैसे कह रहा था कि फेल हो गया हूं? मैंने बताया कि मैंने अपना रोल नंबर 319031 देखा तो था लेकिन रोल नंबर के सामने 'एफ' लिखा था, और एफ माने होता है-फेल, तो मैंने मान लिया कि मैं फेल हो गया हूं। लड़के ने बताया कि 'एफ' का मतलब होता है फर्स्ट और यह भी कि फेल विद्यार्थियों के रोल नंबर अखबार में नहीं निकलते। मेरे लिए यह एक बिलकुल नई जानकारी थी।

प्रथम श्रेणी में पास होने की क्या महत्ता है, मुझको नहीं पता था। मैं तो सिर्फ पास या फेल जानता था। यह तो जब कॉलेज में अध्यापकों, सहपाठियों और

तमाम मिलने-जुलने वालों ने बताया कि प्रथम श्रेणी में पास होना बहुत बड़ी उपलब्धि है तब मुझको भी लगा कि मुझे बहुत बड़ी सफलता मिली है और यह अहसास भी जागा कि मेरे सामने एक बड़ी चुनौती खड़ी है जिसका मुझे सामना करना है। यह चुनौती थी हाईस्कूल की ही तरह यू पी बोर्ड की इंटरमीडिएट परीक्षा भी प्रथम श्रेणी में पास करना।

मैं जान रहा था कि इस चुनौती का सामना मैं रामलाल गुप्त के 'गुप्ता सदन' में रह कर नहीं कर सकूंगा। किसी प्रकार की सुख-सुविधा से तो मेरा परिचय यों भी नहीं था लेकिन वहां पढ़ाई के लिए वातावरण जैसी न्यूनतम आवश्यकता का भी घोर अभाव था जो मुझे अपनी राह का सबसे बड़ा रोड़ा जान पड़ता था।

मुवक्किलों की भीड़ के शोरो-गुल और उनकी सेवा-टहल के साथ-साथ घर में रहने के एवज में घर के बहुत सारे कामों को अंजाम देते हुए मुझे मुमकिन नहीं लग रहा था कि मैं आगे की कठिन पढ़ाई के लिए पूरा समय निकाल सकूंगा। हाईस्कूल की सफलता ने मेरे परों में नई परवाज के लिए ताकत भर दी थी और जबान को कामयाबी की चाट लगा दी थी। मुझे जरूरत थी उड़ान भरने के लिए उन बंधनों को काटने की जो मेरे पैरों को बांधे हुए थे। हाईस्कूल की पढ़ाई के लिए रामलाल गुप्त के घर में मुझको जो शरण मिली थी उसके लिए मेरे मन में कृतज्ञता का भाव तो था लेकिन मैं देख रहा था कि उस माहौल में रहते हुए विज्ञान के विषय लेकर इंटरमीडिएट में प्रथम श्रेणी लाना मुश्किल ही नहीं नामुमकिन होगा। मैं खुद अपने जीवन में आ रहे परिवर्तनों को देख रहा था। प्रशंसाओं ने मेरे भीतर अपने कुछ होने का अहसास भर दिया था, शहर आकर मुझको लगा कि यह दुनिया बहुत दूर की चीज नहीं है।

अभावों ने न तो मुझे कभी हीन भावना से भरा और न निराश किया। मुझे लगता कि मुझसे भी खराब स्थिति में तमाम लोग होंगे जिनके जीवन में खुश होने के लिए कोई बहाना नहीं होगा फिर मेरे पास तो एक ऐसा लक्ष्य है जिसको पाने की राह में किसी भी प्रकार के विचार को आने की इजाजत ही नहीं होनी चाहिए। रामलाल गुप्त जी के मकान के सामने, जहां मैं पिता के साथ रहता था, गोली और भगौती की परचून की दूकानें थीं। शाम को पिता कचहरी से लौटते तो आठ या हद से हद बारह आने का जिन्स खरीदने के हालात बनते। चार आने का चावल, दो आने की दाल, पांच पैसे का मसाला (उन दिनों अशोक मसाले की छोटी-छोटी कागज की पुड़िया आया करती थीं) और एक आने की लकड़ी रोज दोनों वक्त खरीदी जाती। अस्पताल में दी जाने वाली दवा की वह शीशी जिसमें खुराक के निशान बने होते हैं, एक आने का तेल खरीदने के काम आती। इतना सारा सामान केवल एक टाइम के भोजन के लिए होता था। अगले टाइम के भोजन के लिए सामान फिर खरीदना होता था। कभी-कभी मां जब घर के अभावों से परेशान हो

जातीं तो गांव जाने पर पिता को उलाहना देते हुए कहतीं–'तुम्हारे लिए तो वहां गोली और भगौती हैं, यहां हमारे लिए कौन बैठा है?' गोली और भगौती के नाम पर वह ताना इसलिए देती थीं क्योंकि ये दोनों दूकानदार पिता को पैसा न रहने पर उधार भी दिया करते थे।

हाईस्कूल की परीक्षा प्रथम श्रेणी में उत्तीर्ण करने के कारण मैं लोगों, खासकर टॉमसन कॉलेज के अध्यापकों का बहुत प्रिय हो गया था। अध्यापकों को मुझसे बहुत उम्मीदें थीं। कॉलेज में हिन्दी के अध्यापक थे श्री वासुदेव मिश्र। वह मुझसे आत्मिक निकटता महसूस करते और पढ़ाई-लिखाई और घर-परिवार के बारे में अक्सर पूछते रहते थे। एक दिन उन्होंने पूछ लिया कि मैं कहां रहता हूं। मैंने बताया और अनुरोध भी किया कि रहने की अगर कहीं और व्यवस्था हो जाए तो मुझे अध्ययन में सुविधा हो जाएगी। वासुदेव जी ने बताया कि उनके रिश्ते का एक भाई बिजली विभाग में पेट्रोलमैन है और हायडिल की कालोनी के एक क्वार्टर में रहता है। उन्होंने बताया कि सुखदेव मिश्र नाम का उनका वह भाई ड्यूटी करने के बाद गांव चला जाता है इसलिए उसका क्वार्टर खाली ही रहता है। मैं चाहूं तो वहां रहने की व्यवस्था हो जाएगी। मेरे न चाहने का तो कोई सवाल ही नहीं था।

मैं गुप्ता सदन से उठ कर हायडिल कालोनी में पेट्रोलमैन श्री सुखदेव मिश्र के क्वार्टर में आ गया। क्वार्टर में सिर्फ एक कमरा था और कमरे के सामने थोड़ी सी जगह जहां अरगनी बांध कर सूखने के लिए कपड़े डाले जा सकते थे और अंगीठी को सुलगने के लिए हवा खिलाई जा सकती थी। क्वार्टर पुकारे जाने वाले उस मकान में न गुसलखाना था और न शौचालय। नहाने और पानी की अन्य जरूरतों को पूरा करने के लिए घर से बाहर एक सार्वजनिक नल लगा था और शौच के लिए जगह क्वार्टर में रहने वाले को खुद ही खोजनी थी। कमरे में एक झिलंगी सी चारपाई पड़ी थी जिस पर लेटने पर पीठ धनुषाकार होकर जमीन से जा लगती थी। मेरी पीठ के लिए जमीन हमेशा ही हाजिर मिलती रही थी। वहां रामलाल गुप्त की कुठरिया की फर्श थी और यहां सुखदेव मिश्र के कमरे में चारपाई होते हुए भी कठोर जमीन की गड़न मेरुदंड को महसूस हो रही थी। लेकिन मेरे पास इन बातों को सोचने का समय नहीं था। मुझे अब पूरे मन-प्राण से अपनी पढ़ाई में जुटना था। सारा दिन कॉलेज में रहने के बाद मुझे आठ-दस घंटे की पढ़ाई करनी थी। मेरी दिनचर्या में समयसाध्य खाना बनाना भी शामिल था और इसके लिए भी मुझे सीमित समय से ही समय निकालना था। इसके लिए मैंने एक तरकीब निकाली, कि मैं हमेशा धुली हुई मसूर की दाल ही बनाने लगा क्योंकि उसके गलने में समय बहुत कम लगता था। फिर सबकुछ बहुत आसान हो गया क्योंकि मसूर की धुली हुई एक कटोरी दाल के पकने और दो रोटियों के सिंकने में समय ही कितना लगता!

प्रभु ने ऐसी बुद्धि दी थी कि मेरे लिए अपना लक्ष्य हमेशा पहले नंबर पर रहता आया था और उसमें किसी प्रकार के विचलन की अनुमति मैं खुद को भी देने को तैयार नहीं होता था। चाहे एक संतान उत्पन्न हो जाने के बाद स्त्री के प्रति लालसा जनित दुर्दमनीय आकर्षण हो या एक ही दाल रोज खाने से परेशान स्वादेंद्रियों की ओर से कुछ और स्वादिष्ट और परिवर्तित खाद्य दिए जाने की मांग का आग्रह हो, मैं वीतरागी की तरह अपनी धुन में रमा रहता और सिर्फ एक ही पुकार सुनता कि मुझे इंटरमीडिएट की परीक्षा भी प्रथम श्रेणी में उत्तीर्ण करनी है। मैं जानता था कि शरीर को चलाने के लिए पेट का भरा होना जरूरी होता है और पेट भर रहा था। इससे ज्यादा मुझे और चाहिए भी क्या था!

यू. पी. बोर्ड की 1971 की इंटरमीडिंट की परीक्षा में 99697 रोल नंबर वाला मैं फिर प्रथम श्रेणी में पास हुआ। इस बार 'एफ' से फेल होता है जैसी कोई द्विविधा नहीं थी। सवेरे चार बजे गोंडा स्टेशन पर खुद जाकर मैंने अपना रिजल्ट देखा था। कुछ दिनों बाद शौच से निवृत्त हो कर मैं अपना लोटा धोने सार्वजनिक नल पर पहुंचा तो वहीं कभी-कभी मिलने वाले अशोक नाम के लड़के से भेंट हो गई। उसने कहा कि, सुना है तुम इंटर में फर्स्ट डिवीजन में पास हुए हो। अब आगे क्या करोगे? मैंने बताया कि मैं बी.एससी. करना चाहता हूं। अशोक ने कहा, बी.एससी. करने से क्या फायदा होगा। तुम इंजीनियरिंग पढ़ो। 'यह क्या होता है?' मैंने पूछा। इंजीनियरिंग क्या होती है इस बात का सही जवाब तो अशोक के पास भी नहीं था लेकिन उसने इतना जरूर कहा कि यह बहुत ऊंचे दर्जे की पढ़ाई होती है। अशोक ने यह भी बताया कि और जगहों के एडमिशन तो समाप्त हो चुके हैं लेकिन नैनीताल के पंतनगर और गोरखपुर के मदन मोहन मालवीय इंजीनियरिंग कॉलेज में अभी प्रवेश चल रहे हैं।

मैंने पिता से अपना इरादा बताया। पिता ने गोरखपुर के लिए पैसेंजर ट्रेन लेकर जाने वाले एक परिचित गार्ड से बात की और 15-20 रुपए देकर उन्हीं गार्ड के साथ मेरे गोरखपुर जाने की व्यवस्था कर दी। गोंडा-गोरखपुर लूप लाइन पर बलरामपुर और तुलसीपुर होते हुए रात-भर का सफर तय करके मैं सवेरे गोरखपुर पहुंच गया।

कोचवा, कौड़िया, गोंडा और अब गोरखपुर। मेरे लिए गोंडा का रेलवे स्टेशन ही बहुत बड़ा था लेकिन पूर्वोत्तर रेलवे का मुख्यालय होने के कारण गोरखपुर का स्टेशन तो मेरी किसी कल्पना से भी बहुत बड़ा था। रात को स्टेशन पर मिलने की बात तय करके गार्ड साहब ने मुझको फाटक से पार करा दिया। स्टेशन से बाहर निकलने के बाद मालकिन होटल पहुंच कर मैं अली नगर का रास्ता पूछ रहा था। दरअसल यहां भी रामलाल गुप्त ही मेरे काम आए थे। रामलाल गुप्त के साले जो वकील थे, अली नगर में चरनलाल चौराहे पर पुरुषोत्तम दास रईस की कोठी के

सामने एक मकान में रहते थे। पूछते-पूछते मैं रामलाल गुप्त के साले के घर जा पहुंचा। वहां तैयार होने के बाद मैं इंजीनियरिंग कॉलेज के लिए घर से निकला।

कई सिनेमा हॉल होने की वजह से उस सड़क को सिनेमा रोड कहा जाता है जिस पर चलता हुआ मैं गोलघर पहुंच गया। उस समय भी जबकि गोरखपुर में मॉल संस्कृति का आगमन नहीं हुआ था, गोलघर को गोरखपुर का सबसे आधुनिक बाजार कहा जाता था। उर्दू बाजार और अन्य बाजारों की तुलना में गोलघर की दूकानें ज्यादा सजी-बजी दिखाई देती थीं। गोलघर में मुझे कई दूकानों पर इंजीनियरिंग वर्क्स के साइनबोर्ड लगे हुए दिखे। दूकानों के बाहर आटा चक्की से लेकर थ्रेशर, हलर और खेती-किसानी के काम में आने वाली कई तरह की, ज्यादातर हरे पेंट से रंगी, मशीनें रखी हुई थीं। चोरी से बचाने के लिए मशीनों को मोटी-मोटी जंजीरों से एक-दूसरे से बांध कर रखा गया था। मैंने मशीनें देखीं और सिर उठा कर साइनबोर्ड देखा। गोंडा में अशोक द्वारा बोला गया 'इंजीनियरिंग' शब्द तुरंत मेरे दिमाग में कौंध गया। मैं जान गया कि इंजीनियरिंग पढ़ने के बाद मुझे इन्हीं में से किसी एक दूकान में नौकरी मिल जाएगी।

यह पढ़ाई के शुरुआती पांच वर्षों के दौरान कोचवा और कौड़िया के बीच रोज छह किलोमीटर के हिसाब से लगभग साढ़े बारह हजार किलोमीटर की दूरी पैदल तय करने का अभ्यास ही था कि मैंने अली नगर से पूछते-पूछते मदन मोहन इंजीनियरिंग कॉलेज की दस किलोमीटर की दूरी कब तय कर ली, मुझे भी पता नहीं लगा। कॉलेज के इतने बड़े परिसर को देख कर मैं सच कहूं तो जैसे ठगा-सा रह गया। कहां जाऊं किससे पूछूं, कुछ समय तो इसी असमंजस में बीता। फिर मैं ऑफिस पहुंचा और बी.ई. का फार्म मांगा। काउन्टर पर बैठे भगवान बाबू ने कहा-'पोस्टल ऑर्डर लेकर आओ।' मुझे केवल पोस्टकार्ड और लिफाफे की ही जानकारी थी। मैंने पूछा-'वो क्या होता है?' भगवान बाबू ने बताया कि पोस्टल आर्डर डाकखाने से मिलेगा जो इंजीनियरिंग कॉलेज परिसर में ही है। 10 या शायद 15 रुपए के पोस्टल आर्डर पर प्रवेश फार्म मिला जिसको भर कर मैंने ऑफिस में जमा कर दिया। गार्ड साहब पैसेंजर गाड़ी लेकर रात को वापस गोंडा जाने वाले थे। मैं निश्चित समय पर स्टेशन पहुंच गया और रात-भर का सफर पूरा करके अगले दिन सवेरे फिर गोंडा वापस आ गया।

यह वह समय था जब इंजीनियरिंग या मेडिकल कॉलेज में दाखिले इंटरमीडिएट परीक्षा की मेरिट के आधार पर हुआ करते थे। मैं फॉर्म जमा करके गोंडा लौट आया। मुझे किसी चीज की प्रतीक्षा भी नहीं थी। और जब प्रतीक्षा नहीं थी तो किसी तरह की उत्कंठा भी नहीं थी। दस बारह दिन बाद गांव में एक टेलीग्राम पहुंचा। उन दिनों टेलीग्राम के संदेश टाइपराइटर पर टाइप किए जाते थे और संदेशों की पतली-पतली पट्टियां काट कर संबंधित व्यक्ति को भेजे जाने

वाले तार पर चिपकाई जाती थीं।

तार उन दिनों अधिकतर अशुभ समाचारों को लेकर ही आते थे। डाकिए की आवाज पर एक बार तो घर में सबके दिल धड़क उठे लेकिन जल्दी ही मालूम हो गया कि तार के जरिए सूचना दी गई है कि मुझको गोरखपुर के मदन मोहन मालवीय इंजीनियरिंग कॉलेज में बी.ई. में प्रवेश मिल गया है।

अब सबसे बड़ा सवाल सामने खड़ा था कि प्रवेश के लिए जो छह सौ बहत्तर रुपए की फीस जमा होनी थी उसका इंतजाम कैसे हो? जहां एक-एक पैसे की भयानक तंगी हो वहां पिता निष्कंप विश्वास में थे कि-'राजा दैव बाद, परमात्मा कुछ न कुछ इंतजाम करेंगे ही।' प्रवेश की अंतिम तिथि पास आती जा रही थी और रुपए के इंतजाम का कहीं दूर-दूर तक पता नहीं था। छह सौ बहत्तर रुपए की रकम बहुत बड़ी थी, किसी से उधार भी नहीं ली जा सकती थी और किसी से उधार ले भी लेते तो चुकाते कहां से? रामलाल गुप्त के यहां से जो कुछ मिलता था, उससे घर ही किसी तरह चल रहा था, यही बहुत था।

मेरे परिवार के पास छह आम के पेड़ थे जो पुश्तैनी थे। उन पेड़ों को उनके गुणों के आधार पर नाम दिए गए थे। खट्टावा, बड़ा सिंधौरी और छोटा सिंधौरी जैसे नामों से उन पेड़ों को पहचाना जाता था। पेड़ों के आम खाए तो जाते ही थे उनसे मां कचावट और अमावट भी बनातीं जो आम का मौसम बीत जाने के बाद भी पानी पीने के काम आता। अमावट पके हुए आमों से बनता जबकि कचावट कच्चे आमों से बनाया जाता।

जुलाई का महीना था। रात तेज आंधी आई और तूफानी बारिश हुई। सवेरे पिता ने आकर मुझे जगाया और कहा-'तुम्हारी फीस का इंतजाम हो गया।' मैं कुछ समझ नहीं पाया। पिता ने बताया कि कल रात की आंधी में बड़ा सिन्धौरी और छोटा सिन्धौरी गिर गए हैं। मुझे अपने घर के आम के ये पेड़ बहुत प्रिय थे। पेड़ों का इस तरह जाना मुझे बहुत खराब लगा। पेड़ों ने अपने आप को धराशायी करके जैसे मेरे प्रेम का प्रतिदान दे दिया था। दोनों पेड़ चार सौ रुपए दे गए। अब शेष थी दो सौ बहत्तर रुपए की राशि। मां के पास पैरों में पहनने के लिए चांदी के कड़े और कुछ लच्छे थे और गले में पहनने के लिए चांदी की एक हंसुली भी। सोने के गहने के नाम पर नाक की एक कील थी। मां अपनी चीजें सुरक्षित रखने के लिए पड़ोसियों, परशुराम और हीरा लाल के घर में रखा करती थीं। उन्होंने प्रस्ताव रखा कि इन चीजों को बेच कर मेरी फीस जमा कर दी जाए। उनके प्रस्ताव को पिता ने अस्वीकार कर दिया। उन्होंने सौ रुपए रामलाल गुप्त से लेने की बात कही, सौ रुपए अपने एक दूर के रिश्तेदार श्री पूजाराम तिवारी से लिये और शेष बहत्तर रुपए की राशि के इंतजाम का जिम्मा अपने ऊपर लिया।

वह 1971 की जुलाई का महीना था। पूजा राम तिवारी मुझे लेकर गोरखपुर

गए। फीस जमा करके वह वापस गांव चले गए। पहले जब मैं इंजीनियरिंग कॉलेज फार्म जमा करने आया था तब भी इतना बड़ा परिसर देख कर चकित रह गया था। इस बार जब मैं प्रवेश लेने आया तब नए सिरे से हक्का-बक्का था। दूर-दूर तक फैले हुए मैदान, लंबी सड़कें, विभिन्न विभागों के बड़े-बड़े भवन, विद्यार्थियों के इधर-उधर डोलते झुंड और इन सबके बीच अकेले गांव और कस्बे के अनुभव वाला मैं सोच रहा था कि मैं यहां कैसे रहूंगा और कैसे पढ़ूंगा। एडमीशन से पहले मैं धोती-कमीज और चप्पलें पहनता था। मेरे मन में अपने को लेकर कोई हीन भावना नहीं थी लेकिन सीनियर्स को रैगिंग के लिए मैं सबसे उपयुक्त व्यक्ति लगता था। मुझको हॉस्टल में जो कमरा मिला उसमें मेरे साथ दो और लड़कों को भी रहना था। जीवन में पहली बार मैंने देखा कि अपना कहने को एक कमरा भी होता है, लेटने के लिए एक साफ-सुथरा बिस्तर भी होता है और पढ़ने-लिखने के लिए अलग मेज-कुर्सी होती है। और तो और, पांचू नाम का एक आदमी था जो मेरे गंदे कपड़े धोने के लिए था जिसकी मैंने कभी कल्पना भी नहीं की थी हालांकि मुझको पांचू की सेवा लेने का हफ्ते में सिर्फ एक ही दिन मिलता था। इंजीनियरिंग कॉलेज के प्रथम वर्ष के छात्रों के लिए सफेद रंग की कमीज और सफेद रंग की पैंट की यूनीफार्म अनिवार्य थी। इसके साथ काले रंग का जूता। मुझको जूते पहनने का कोई अभ्यास नहीं था इसलिए जूता पैरों में बहुत काटता था। मेरे पास सफेद रंग की एक कमीज और एक ही पैंट थी। पूरे सप्ताह पहनने के बाद शनिवार को पांचू उसे धो देते थे जिससे कि सोमवार से अगले शनिवार तक उसे फिर पहना जा सके। एक बार गोरखपुर से गोंडा जाते हुए गोलघर से स्टेशन को जाने वाली सड़क पर जमीन पर कपड़ों के कटपीस बेचने वाले को देख कर मैंने सोचा कि धोने के बाद कमीज तो जल्दी सूख जाती है लेकिन पैंट को सूखने में समय लगता है। मैंने उसी पटरी की दूकान से बीस या तीस रुपए में सफेद पैंट का एक कपड़ा खरीद लिया। उसी जगह पर पटरी के किनारे चप्पलें भी बिक रही थीं। मैंने पांच या सात रुपए की एक जोड़ी चप्पल भी खरीद लीं। गाड़ी में सीटों के बीच की जगह में अखबार बिछा कर मैं लेट गया इस इत्मीनान के साथ कि घर पहुंच कर सबको दिखाएंगे कि हम कितना सस्ता और बढ़िया सामान खरीद लाए हैं। पैंट एक धुलाई के बाद घुटने पर फूल गई और वहीं से फट गई और चप्पलों का तला तो गोरखपुर से चल कर गोंडा स्टेशन पर उतरते समय ही उखडा हुआ पाया गया।

इंटरमीडिएट के प्राप्तांकों के आधार पर मुझको नब्बे रुपए प्रति माह की छात्रवृत्ति मिलती थी जो राज्य सरकार सीमित साधनों के बावजूद पढ़ाई में उत्कृष्ट प्रदर्शन करने वाले छात्रों को छात्र ऋण योजना के तहत देती थी। मैंने पहली बार जो फीस अपने पास से जमा की थी उसमें पढ़ाई और हॉस्टल में रहने का खर्च भी

शामिल था। खाने के लिए प्रति माह एक सौ रुपए और जमा करने होते थे। छात्रवृत्ति की धनराशि प्रत्येक माह न आ कर एकमुश्त आती थी। मैं दूसरे साल में था। छात्रवृत्ति के नौ सौ रुपए मुझे मिले थे। घर से चिट्ठी आई थी जिसके लिफाफे में मैंने रुपए रख कर पैंट की जेब में डाले और किसी की सायकिल मांग कर कूड़ाघाट की तरफ निकल गया। मेरा इरादा उन रुपयों से कुछ खाने-पीने का था और बाकी रुपयों से मुझे फीस जमा करनी थी। जेब में इतने सारे रुपए थे, गर्मी के मौसम की शाम की आनंद देने वाली हवा थी और मन पूरी तरह निश्चिंत था। मैंने शायद दस या बारह रुपए खर्च किए और वापस हॉस्टल लौट आया। कमरे पर पहुंच कर जेब में हाथ डाला तो सन्न रह गया। रुपयों वाला लिफाफा कहीं गिर गया था। मुझको ऐसा लगा जैसे मुझे किसी ने सरेराह लूट लिया हो। मैं उल्टे पांव उन रास्तों पर गया जहां से हो कर लौटा था। लिफाफा कहीं नहीं मिला। आंखों में आंसू लिये मैं कमरे में वापस लौट आया। सारी रात आंखों में कट गई। सवेरा होते ही मैं फिर उन रास्तों पर गया। सड़क के किनारे लिफाफा पड़ा दिखाई दे गया। मेरी खुशी का कोई ठिकाना न रहा। दौड़ कर लिफाफा उठाया तो पाया कि लिफाफा तो था लेकिन खाली था, उसमें रुपए नहीं थे। एक आस जो लिफाफे को देख कर जगी थी, चकनाचूर हो गई।

हॉस्टल के सारे लड़कों द्वारा जमा किए गए रुपयों से मेस चलता था जिसमें दोनों समय का खाना और नाश्ता शामिल था। खाने का समय तो निर्धारित था ही, खाना समाप्त करने की अवधि भी तय थी। दिन का खाना बीस मिनट में खाने के बाद तुरंत क्लास में हाजिर होना पड़ता था। इसी तरह रात का खाना भी जल्दी से जल्दी निबटाना होता था। दिन में खाना परोसने वाला आदमी चावल एक तश्तरी से परोसता था। वह चावल सिर्फ एक बार ही देता था। दोबारा मांगने पर भी चावल नहीं मिलता था और जबरदस्ती ले लिया तो जुर्माना अलग से देना पड़ता। इसके पीछे हो सकता है कारण चावल का महंगा रहना रहा हो या यह विचार कि दिन में ज्यादा चावल खाने से पेट भारी हो जाएगा और नींद आएगी। खाने का भुगतान प्रति डाइट के हिसाब से होता। मैं कभी-कभी खाना गोल कर जाता ताकि पैसा बच सके। भोजन की यह व्यवस्था सहकारिता पर आधारित थी। हॉस्टल में रहने वाले सभी विद्यार्थी पैसे जमा करते और किसी एक विद्यार्थी को खाद्य सामग्री खरीदने की जिम्मेदारी सौंपी जाती। खाना बनाने और उसे परोसने का काम कॉलेज के कर्मचारी करते। गरीबी सारे अवगुणों की खान कही जाती है। गरीबी बड़े से बड़े अटल चरित्र के मन को भी डिगाने में अक्सर सफल हो जाती है। मैंने एकाधिक बार सामान की खरीद से कुछ बचे पैसे लौटाने के बजाय अपने पास रख लिये और अपने ऊपर खर्च किए। मुझे हर इतवार को शहर जाकर फिल्म देखने का शौक लग गया था।

नाश्ते के समय तो कम लेकिन खाने के समय डाइनिंग हॉल का वातावरण बहुत गुलजार रहता। बड़े से हॉल में लंबी सी मेज होती जिसके दोनों तरफ कुर्सियां लगी होतीं जिन पर बैठ कर सब लड़के एक साथ खाना खाते, नाश्ता करते और बातें करते। मैं बी.टेक के दूसरे वर्ष में था। वह चीनी पर कंट्रोल का जमाना था। गैरकंट्रोल की चीनी बाजार में बहुत महंगी बिकती थी। मैं मीठा खाने के मामले में बहुत लालची था। हॉस्टल में मेरे कमरे के साथ वाले कमरे में सहपाठी राजाराम शर्मा रहता था। उसके पिता सहायक विकास अधिकारी थे जिन्हें चीनी आसानी से उपलब्ध थी। राजाराम जब घर से लौटता तो खजूर छाप डालडा के प्लास्टिक के डिब्बे में चीनी भर कर लाता। डिब्बे में एक चम्मच पड़ा रहता जिससे वह चीनी फांकता रहता। मैं भी मौके की ताक में रहता। जब भी राजाराम कमरे में न होता, मैं उसके कमरे में जाता और चम्मच से चीनी फांक कर डिब्बा यथास्थान रख कर कमरे से निकल जाता। एक बार राजाराम को शरारत सूझी। उसने मुझे सबक सिखाने के लिए एक दिन सारी चीनी बाहर निकाल ली और उसकी जगह नमक भर दिया। नमक के ऊपर एक परत चीनी की जमा दी। मैं इससे अनजान उसके कमरे में गया और चम्मच को खूब नीचे तक धंसा कर 'चीनी' निकाली और जल्दी से फांक गया। ऐसा लगा जैसे किसी ने पूरे मुंह में आग लगा दी हो। थू-थू करते हुए पानी पीने के लिए अपने कमरे में भागा। उस दिन के बाद से मैंने राजाराम की चीनी खाने से तौबा कर ली।

लड़के आए दिन खाना अच्छा न होने को लेकर शिकायत करते लेकिन मुझको लगता कि जाने कैसे लोग हैं कि इतने अच्छे और स्वादिष्ट खाने की शिकायत करते रहते हैं। मैंने भरपेट और इतना अच्छा खाना जीवन में पहली बार खाया था। मुझको हॉस्टल में खाना खाते हुए कौड़िया के अपने वो दिन बहुत याद आते जब छुट्टियों में मैं अपनी मुंहबोली बहन और बुआ के घर पहुनाई करने इस लालच से जाया करता था कि उनके घर में गेहूं की रोटी और धान का भात खाने को मिलेगा। हॉस्टल में रहते हुए वह पहला रक्षाबंधन का पर्व था। मेस में त्योहार का स्पेशल खाना बना था। मैंने इतना स्वादिष्ट खाना खाया तो रो पड़ा। मेरे इस रोने के पीछे अच्छे खाने के साथ-साथ घर के सब लोगों की याद भी कारण थी जिनसे दूर रहते हुए मुझे कुछ समय हो चुका था, खासकर गांव की याद मुझे बहुत सताती।

हॉस्टल में रहने वाले पहले साल के लड़कों को सीनियर लड़के रैगिंग करके बेहद परेशान कर देते। मैं भी इससे बच नहीं सका। कभी मुझे मुर्गा बनने को कहा जाता जो मैं जीवन में कभी बना ही नहीं था। सीनियर पहले खुद बनके दिखाते और फिर मुझसे बनने को कहते। मुझको बनना पड़ता। एक बार कुछ सीनियर्स ने घेर लिया और आदेश दिया-'गो आउट ऑफ द रूम, नॉक द डोर एंड कम

इनसाइड।' मुझको कमरे से बाहर जाने और अन्दर आने की बात तो समझ में आई लेकिन 'नॉक द डोर' मेरी समझ में नहीं आया। सीनियर ने अपना आदेश फिर दोहराया, मैं फिर भी अपनी जगह पर खड़ा रहा। अंत में एक सीनियर ने मुझे अपने साथ ले जाकर अपने कहे हुए को कर के दिखाया, तब कहीं जाकर मैं वैसा कर सका। यहां तक तो ठीक था लेकिन जब एक रात सीनियर्स ने पहले साल के लड़कों के सारे कपड़े उतरवा कर नंगी परेड करवाई उस दिन मैं बहुत व्यथित हो उठा। सबके सामने निर्वस्त्र होने का भी कोई दिन आ सकता है, मैंने कभी कल्पना भी नहीं की थी। छिह कैसी निर्लज्जता! मेरा जी करता कि मैं अपने सीनियर्स का गला दबा दूं या अगर वैसा न कर सकूं तो रहने के लिए यहां से कहीं और चला जाऊं। मैंने विकल्प चुन लिया था। मैंने पिता से कहा कि यहां हॉस्टल में तमाम दिक्कतें हैं जिनकी वजह से मुझे अपने रहने का कोई और इंतजाम करना होगा। मैं मारे शर्म के नंगी परेड की बात पिता से छिपा ले गया।

मेस की एक घटना याद आती है। एक दिन सवेरे नाश्ता करते समय मेरे साथ बैठे एक मित्र ने देखा कि एक सीनियर स्लाइस के बीच में दबा कर फुल फ्राइड अंडा खा रहा है। उसे देख कर मेरे मित्र ने भी वैसा ही अंडा लाने को कहा। उसके सामने जरा देर में एक स्लाइस पर हाफफ्राई अण्डा और सादी स्लाइस आ गई। उसने सादी स्लाइस हाफ फ्राई अंडे पर रख कर जैसे ही खाने के लिए दांतों के बीच रख कर दबाया, हाफ फ्राई अंडा फच्च से फूट कर उसकी कमीज पर आ गिरा।

गांव में पिता के एक परिचित थे ठाकुर दयाल दुबे जो आर.पी.एफ. में सिपाही थे और कूड़ाघाट में रहते थे। यह स्थान मेरे कॉलेज से लगभग दो किलोमीटर दूर था। दुबे जी की पत्नी की मृत्यु हो चुकी थी। उनका लड़का, एक लड़की और एक भतीजा उन्हीं के साथ रहते थे। मैं छह महीने तक दुबेजी के साथ रहा और वहीं से कॉलेज जाता-आता रहा। इन छह महीनों में मैंने इंजीनियरिंग कॉलेज के अध्यापकों के बीच अपने आप को स्थापित कर दिया था, मेरी मेरिट बहुत ऊंची थी और मैं अध्यापकों का बहुत प्रिय हो चुका था। रैगिंग का मौसम खत्म हो चुका था। मुझको हास्टल में अपने अकेले के लिए एक कमरा आवंटित कर दिया गया।

लेकिन इससे पहले एक दिन मैंने जाना कि मौत मेरे कितने पास से हो कर गुजर गई है। हुआ यूं कि अपनी रैले सायकिल लेकर मैं बिछिया रेलवे कॉलोनी, जहां श्री ठाकुर दयाल दुबे बीमार होने के कारण भर्ती थे, से कूड़ा घाट के लिए रवाना हुआ। सड़क के बजाय मैंने रास्ता चुना रेलवे लाइन के उस पुल का जो रामगढ़ ताल पर बना था। पुल पर पटरियों के बीच की जगह को लोहे के बड़े-बड़े टुकड़े बिछा कर चलने लायक बनाया गया था। जब गाड़ी न आ रही होती तब

पैदल या सायकिल सवार इस पर चल कर आया–जाया करते थे। मैं सायकिल पर सवार होकर लोहे के उन्हीं टुकड़ों पर चला जा रहा था। पुल के दोनों तरफ जलकुंभी का गहरा तालाब था। अचानक जाने कैसे मेरा संतुलन गड़बड़ाया, मैंने अपने को संभालने के लिए अपना एक पैर एक तरफ टिकाने के लिए पैडल से हटाया लेकिन पैर समानान्तर पटरियों के बीच बिछे स्लीपर के बाहर निकले रहने वाले हिस्से पर पड़ने के बजाय वहां जा पड़ा जहां वैकुअम था। पैर को टिकने की जगह देने वाला आधार पैर की पहुंच से जरा नीचे था। पैर स्लीपर पर टिकने के हिसाब से चल चुका था और आधार न मिल पाने के कारण मेरे शरीर का पूरा संतुलन बिगड़ गया और मैं सायकिल समेत नीचे जलकुंभी के तालाब में जा गिरा। पुल से नीचे तालाब में गिरने की अवधि में मेरी आंखों के सामने मां, पिताजी, पत्नी और अपनी बेटी की शक्लें घूम गईं। मैंने सुन रखा था कि मरने से पहले एक बार बीते जीवन की सारी घटनाएं फिल्म की तरह दिमाग में घूम जाती हैं। जीवन का अंत मेरे सामने था। तेज छपाक् की आवाज के साथ पानी में गिरने के साथ मैंने वे आवाजें सुनीं जो पुल के ऊपर खड़े लोग मदद के लिए 'कोई नीचे गिर गया है' की सूचना देते हुए लगा रहे थे। जाड़े के दिन थे और तालाब का पानी बेहद ठंडा। मुझको तालाब में गिरते जिन लोगों ने देख लिया था, वह सब दौड़ पड़े। उन सबकी कोई मदद तो बाद में मिलती उस समय तो अपने प्राणों की रक्षा करने की कठिन परीक्षा से मुझे एकदम अकेले ही जूझना था। पूरे वेग से गिरने के कारण जलकुंभी फटी और मैं पानी में काफी नीचे तक धंसता चला गया। आर्कमिडीज के सिद्धांत के अनुसार जितने वजन और वेग के साथ मैं पानी में गिरा था उतने ही वेग से पानी ने मुझे नीचे से ऊपर की ओर फेंका। क्रिया की प्रतिक्रिया में अगर जरा सी भी देर हो जाती तो फट गई जलकुंभी वापस अपने स्थान पर आ जाती और फिर उसको हटा कर बाहर आ पाना मेरे के लिए नामुमकिन हो जाता। डूबते को तिनके का सहारा की उक्ति को चरितार्थ करते हुए मैंने जलकुंभी की उन्हीं लतरों का सहारा लेते हुए अपने को वापस पानी में जाने और डूबने से बचाए रखा जो मुझे डुबो कर मार भी सकती थीं। इस बीच पुल पर खड़े लोगों ने कहीं से एक रस्से की व्यवस्था कर ली और उसे नीचे लटकाया। मैंने रस्सा पकड़ लिया। भय और ठंड से मैं बुरी तरह कांप रहा था। मुझसे रस्सा पकड़ा नहीं जा रहा था। ठंड से सुन्न पड़ चुकी हथेलियों को खुरदुरा रस्सा छीलता सा महसूस हो रहा था, लेकिन अब मेरे मन में जी जाने की आस बंध गई थी। मेरे सामने और कोई चारा नहीं था क्योंकि तैरना मुझे आता भी होता तो दूर तक दिखाई दे रही गझिन जलकुंभी में तैरना कोई आसान काम नहीं था और दूर–दूर तक सदियों की तरह फैले तालाब का विस्तार मेरी आंखों के सामने था। मैंने रस्सा पकड़ा। रस्से के सहारे चढ़ कर खुद ऊपर आने की ताकत मुझमें नहीं बची थी, ऊपर खींचने का

काम पुल पर रस्सा लटकाए खड़े लोगों को ही करना था। हर पल मुझे लगता कि रस्सा मेरे हाथों से छूट जाएगा और मैं फिर वापस तालाब में जा गिरूंगा। अभी मैं पुल से करीब दो फुट नीचे था तभी मुझको लगा कि अब और अधिक देर रस्सा मुझसे पकड़ा नहीं जा सकेगा। नीचे जलकुंभी के वेश में मौत अपने जबड़े खोले अतल गहराइयों तक फैली थी और दो फुट, सिर्फ दो फुट की ऊंचाई पर जीवन बाहें फैलाए मेरा स्वागत करने को तैयार था। चुनाव करने का कोई विकल्प ही नहीं था। करना था या मर जाना था। मैंने जिजीविषा शब्द नहीं सुना था लेकिन उस दिन इस शब्द से भलीभांति परिचित हो रहा था। यह जिजीविषा ही थी जिसने ठंड से सुन्न पड़ गए हाथों से रस्से की पकड़ ढीली नहीं पड़ने दी। इस घटना को जब मैंने अपने पिता को बताया तो वह देर तक मुझसे लिपट कर रोते रहे। उनके रोने में अतीत में नहीं रही सन्तानों की दु:खद स्मृति और इस बेटे के काल-कवलित हो जाने की टल गई खराब घड़ी से मिली तसल्ली के मिले-जुले भाव थे।

प्राण बचने का संतोष ऐसा था कि जिसमें साइकिल बिसर ही गई।

1972 में मेरे बड़े बेटे विपुल का जन्म हुआ। वह बड़ी असमंजस की-सी स्थिति थी। मन तो खुशी से झूमना चाहता था लेकिन दिमाग मुझे ऐसा करने की अनुमति नहीं दे रहा था। सूचना पाते ही मैं जैसे एक प्रकार की हीन-भावना से भर उठा। मेरे साथ के सारे मेरे मित्र और सहपाठी अविवाहित थे और मैं दो संतानों का पिता बन गया था। एक बेटी सांत्वना का जन्म पहले ही हो चुका था। सहपाठियों की निगाह में मैं हंसी का पात्र बन जाऊंगा, इस भय ने मेरे मन में उमड़ रही हर्ष और आल्हाद की हिलोरों को पूरी तरह से जकड़ दिया। मैं जीवन की इतनी बड़ी और महत्वपूर्ण घटना पर ऐसा सामान्य बना जैसे कुछ विशेष हुआ ही न हो।

मुझको अखबार पढ़ने की आदत तब से ही पड़ गई थी जब मैं आठवें दर्जे में था। मैं अखबार में अपराध समाचार बहुत चाव से पढ़ता। बलात्कार और चेन छीनने जैसे अपराध अखबारों में दिखाई नहीं देते थे। हत्या और चोरी की वारदातें जरूर अखबारों में खासतौर पर दिखाई देती थीं क्योंकि तब तक ये घटनाएं ही समाज में हलचल पैदा करने के लिए काफी हुआ करती थीं। नवें और दसवें दर्जे में कौड़िया आने पर इस आदत को और विस्तार मिला। उस छोटे से कस्बे में हिन्दी के दो समाचार पत्र 'नवजीवन' और 'स्वतंत्र भारत' पहुंचते थे जो मुझे चाय की एक दूकान पर पढ़ने को मिल जाते। उन अखबारों ने मेरी राजनीतिक चेतना का विस्तार किया और मैं देश और प्रदेश की राजनीतिक हलचल को महसूस करने लगा था। मुझमें समाजवाद के प्रति समझ विकसित हो रही थी और मेरे मन में राजनीतिज्ञों और उनके विचारों को गहराई से समझने की

लालसा बढ़ रही थी। 1972-73 में मोहन सिंह और जगदीश लाल छात्र नेता थे। आए दिन गोरखपुर विश्वविद्यालय में समाजवादी युवजन सभा की बैठकें होतीं जिनमें मैं किसी भी तरह पहुंचने की कोशिश करता। दो बैलों की जोड़ी से ज्यादा मुझे झोपड़ी और बरगद चुनाव निशान मोहते क्योंकि ये निशान मुझे अपने जीवन के अधिक निकट लगते जिनको देख-देख कर मैंने इतनी उम्र बिताई थी। 1973-74 में मुझको नई दिल्ली से प्रकाशित होने वाले अखबार 'प्रजानीति' को देखने का अवसर मिला जिसके संपादक थे, प्रभाष जोशी। इस अखबार ने मुझे जल्दी ही अपना एडिक्ट बना लिया और मुझमें किसी हद तक सत्ता-विरोधी विचार पनपने लगे। 1975 में प्रधानमंत्री इंदिरा गांधी के विरुद्ध जयप्रकाश नारायण की विश्वविद्यालय में एक जनसभा आयोजित की गई। मैंने जीवन में पहली बार हुंकार भरता एक ऐसा जन सैलाब देखा जो मेरे लिए एक नया अनुभव था। न्यायमूर्ति जगमोहन लाल सिन्हा द्वारा रायबरेली में इंदिरा गांधी के लोकसभा चुनाव को रद किए जाने के बाद श्रीमती गांधी द्वारा देश में लगाए गए आपातकाल ने मेरे मन-मस्तिष्क को झकझोर कर रख दिया। देश के बड़े-बड़े नेता जेल में डाल दिए गए, पत्र-पत्रिकाओं पर सेंसर लागू कर दिया गया और अभिव्यक्ति की आजादी का गला घोंट दिया गया। मैं लोकतांत्रिक मूल्यों को समझने लगा था और मुझे श्रीमती गांधी का यह कदम घोर जनविरोधी लगता। अब मैं बी.बी.सी. का नियमित श्रोता बन गया था और रत्नाकर भारती द्वारा प्रस्तुत 'आजतक' कार्यक्रम विशेष रुचि लेकर सुनता क्योंकि लोगों की तरह मेरा भी विश्वास था कि देश के हालात विदेश की इस सेवा के माध्यम से ज्यादा विस्तार, ईमानदारी और निष्पक्ष ढंग से जाने जा सकते हैं। आकाशवाणी तो खुले तौर पर सरकारी प्रचार माध्यम बन गया था।

परीक्षा में 72.8 प्रतिशत अंक पाकर मैं मदन मोहन इंजीनियरिंग कॉलेज का सिरमौर बना हुआ था। कॉलेज के प्रिंसिपल श्री बी.एन. शर्मा का मुझे विशेष स्नेह प्राप्त था। 1974 में उन्होंने कॉलेज के वार्षिकोत्सव के दो दिवसीय आयोजन के लिए लखनऊ जाकर सम्मानित अतिथियों को आमंत्रित करने की जिम्मेदारी मुझको सौंपी। उन दिनों प्रदेश के खेलमंत्री श्री लोकपति त्रिपाठी थे और तकनीकी शिक्षा का विभाग श्री अम्मार रिजवी के पास था। निर्धारित कार्यक्रम के अनुसार श्री रिजवी समारोह के मुख्य अतिथि थे और श्री त्रिपाठी को कॉलेज की विभिन्न खेल स्पर्धाओं में विजेता खिलाड़ियों को पुरस्कार वितरित करने थे।

मेरे लिए लखनऊ जाना किसी रोमांच से कम नहीं था। एक बार 1971 में मैं लखनऊ स्टेशन से गुजरा जरूर था जब रिश्ते के अपने एक भाई शिव कुमार शुक्ल को इलाहाबाद विश्वविद्यालय में प्रवेश दिलाने के लिए उसके साथ इलाहाबाद गया था। लेकिन उस जाने को 'ढइयां छू कर निकल जाना' कहना ज्यादा उपयुक्त

होगा क्योंकि गोंडा की गाड़ी से लखनऊ में उतर कर इलाहाबाद की गाड़ी पकड़ कर आगे बढ़ जाना था। लखनऊ का भव्य रेलवे स्टेशन देख कर मैं चकित रह गया था। मन में आया था कि काश लखनऊ शहर को कभी देखने का अवसर मिल पाता। वह अवसर अब सामने खड़ा था।

कटरा बाजार के विधायक श्री दीपनारायण पांडेय मेरे पिता के परिचित थे। उन्होंने मुझको दोनों मंत्रियों से मिलवाने के लिए साथ जाना स्वीकार कर लिया। अब तक मैं सिर्फ सुनता आया था लेकिन स्टेशन से बाहर निकल कर मुझ 18-19 साल के युवक के आश्चर्य का ठिकाना नहीं रहा। इतनी चौड़ी सड़कें, इतनी कारें, जरा-जरा सी देर में लोगों से भरी निकलती बसें। मुझको विश्वास नहीं हो रहा था कि मैं सचमुच लखनऊ में हूं। दोनों मंत्री विधानसभा भवन में अपने-अपने कार्यालय में थे। विधानसभा भवन की भव्य इमारत देख कर तो मेरा मुंह खुला का खुला रह गया। मैं अपने आसपास को देखने में ही इतना मशगूल हो गया कि जान ही नहीं पाया कि विधायक श्री पांडेय ने कब मेरा पास बनवाया और कब मैं श्री लोकपति त्रिपाठी के कमरे में खड़ा था। गौरवर्ण, सफेद वस्त्र, माथे पर लाल चंदन का गोल टीका और पद की आभा में दप्-दप् करते, पंडित कमलापति के पुत्र लोकपति त्रिपाठी के, विधायक श्री पांडेय ने चरण स्पर्श किए और ठगे से खड़े मैंने भी उनको देख श्री त्रिपाठी के पैर छुए। आयोजन में आने की बात श्री पांडेय ने ही की और साथ में मेरे कॉलेज का मेधावी विद्यार्थी होने की बात जोड़ दी। श्री त्रिपाठी ने आशीर्वाद देने की मुद्रा में मुझको देखा और सिर हिलाया। यही प्रक्रिया दूसरे मंत्री अम्मार रिजवी के साथ भी दोहराई गई। दोनों मंत्रियों के इंजीनियरिंग कॉलेज आने का कार्यक्रम तय हो गया। लखनऊ देखने, मंत्रियों से मिलने और मंत्रियों को कॉलेज में आमंत्रित करने के काम में मिली सफलता के नशे में डूबता-उतराता मैं उसी रात गोंडा वापस लौट आया।

वार्षिकोत्सव की गहमागहमी का दिन था। मेरे ऊपर समारोह को त्रुटिहीन और सफल बनाने की बड़ी जिम्मेदारी थी जिसे मैं पूरा करने के लिए पूरे उत्साह से जुटा हुआ था। अन्तर्मुखी मैं इंजीनियरिंग कॉलेज आने के बाद खासा बहिर्मुखी हो गया था। अब किसी से कोई बात कहने या किसी के सामने अपना पक्ष रखने में मुझे किसी प्रकार की झिझक महसूस नहीं होती थी। मेरे व्यक्तित्व में एक अलग तरह का निखार आ रहा था, जो लोगों को सहज ही आकर्षित करने लगा था। उसी समारोह के दौरान मेरी तरफ आकर्षित हुए रायबरेली से विधान परिषद के सदस्य श्री शुक्ल कॉलेज परिषद के सदस्य थे। उन्होंने पता लगा लिया कि मैं सरयूपारीण ब्राह्मण हूं और कॉलेज के मेधावी छात्र होने के नाते मेरा भविष्य अत्यंत उज्ज्वल है। उन्होंने पाया कि उनकी कन्या के लिए मैं सर्वाधिक उचित वर सिद्ध हो सकता हूं। श्री शुक्ल ने मेरे सामने विवाह का प्रस्ताव रखते हुए पूछा कि

वह मेरे पिता से रिश्ते की बात करने कब आ सकते हैं? मैंने उन्हें बताया कि मेरा विवाह जब मैं सातवें दर्जे में था तभी हो चुका है। श्री शुक्ल मायूस हो कर रह गए।

मैंने बी.ई. की परीक्षा भी प्रथम श्रेणी में उत्तीर्ण कर ली और 1975 की जुलाई में अपने गांव वापस लौट आया। 1971 से साथ रहे सहपाठियों, इंजीनियरिंग कॉलेज की तमाम गतिविधियों में सक्रिय भागीदारी और और उससे भी बड़ी बात कि अब जीवन में सुख भरे दिनों की शुरुआत होने की आशा ने मुझको विछोह की भावुकता में बहने की मोहलत ही नहीं दी थी।

गांव आकर फिर वही पुराना जीवन मेरी बाट जोहता-सा मिला जिसे मैं छोड़ कर बरसों पहले गोंडा और उसके बाद गोरखपुर गया था। पहले गांव में रहते हुए कोंचवा से कौड़िया के बीच छह मील रोज की पदयात्रा ही एक बहुत बड़ी व्यस्तता थी, पिता के हर शनिवार को गोंडा से घर आने पर उनके साथ घूमना एकमात्र मनोरंजन था और उसके बाद गोंडा में रहते हुए तमाम प्रतिस्पर्धाओं से जूझते हुए पढ़ाई करने का अलग नशा था जिसने मुझको बांधे रखा था। लेकिन अब जबकि मैं बी.टेक की डिग्री लेकर उच्च शिक्षित हो चुका था, मेरे लिए पहले की तरह रोज सवेरे उठकर भैंस चराने जाना असह्य था। गांव में और करने को था भी क्या? भैंस चराना, निरुद्देश्य इधर से उधर भटकते रहना, खाना और सो जाना। अगले दिन सवेरे से फिर वही रोज दोहराई जाने वाली एक जैसी एकरस उबाऊ दिनचर्या...इतनी हाड़तोड़ पढ़ाई के बाद भी मेरे सामने ऐसा कुछ नहीं था जो मुझको आश्वस्त कर पाता। पुराने अयोध्या के भीतर अब एक नए अयोध्या का उदय हो चुका था जो अपने सामने फैले बेकारी के निचाट जलते मैदान में कोई दिशा खोज पाने में अपने को असमर्थ पा रहा था। इस नए अयोध्या से पुराने अयोध्या का यह पहला साक्षात्कार था जब दोनों को ही लग रहा था कि दोनों एक-दूसरे के लिए अजनबी-से बन चुके थे। चाचा श्री रामकैलाश मिश्र के साथ पयागपुर के दशहरे के मेले में जाने के लिए बेपेंदी के लोटे में आग भर कर कमीज प्रेस करने वाला अयोध्या बहुत पीछे छूट चुका था। बिसुई नदी के किनारे की जमीन के परती होने के कारण हरी घास वाली ऊंची जगह पर जा कर भैंसों को चराने वाला अयोध्या अब किसी हद तक अपने आप से भी अपनी पहचान खो चुका था। इंजीनियरिंग की पढ़ाई के दौरान साथ के लड़कों को भविष्य की योजनाएं बनाते सुनने वाले अयोध्या को अपने लिए भी भविष्य का उज्ज्वल राजपथ दीख पड़ने लगता था लेकिन गांव में लौट कर सामने फिर उन्हीं धूल से अंटे गलियारों को देखकर उसके सपने धराशायी होने लगते। उसके आसपास कोई

ऐसा नहीं था जो उसको राह दिखा पाता। शहर याद आता, शहर की सुविधाएं याद आतीं और याद आते शहर के लोग जो शायद ऐसे समय में उसके साथ होते तो उनके साथ विमर्श करके भविष्य की कुछ रूपरेखा बनाई जा सकती लेकिन गांव में मन में उठने वाले तमाम विचारों से मुझे अकेले ही जूझना था, रास्तों की तलाश अकेले ही करनी थी और निराशा की जलकुंभी में जा पड़ने के बाद भी अपनी जिजीविषा के दम पर ऊपर उभर कर आना था। मेरी एक बड़ी समस्या यह भी थी कि मेरे पास पैसे बिलकुल नहीं थे। यों गांव में कोई खर्च करना भी चाहे तो कहां खर्च करे लेकिन एक बार जेब को रुपए की गर्माहट की आदत लग जाए तो वह खाली होने पर जेबवाले की ही गर्माहट सोखने लगती है, ठीक वैसे ही जैसे रेगिस्तान में बहुत दिनों तक पानी न मिलने पर ऊंट अपनी पीठ पर उठे कूबड़ की चर्बी को ही इस्तेमाल में लाने लगता है।

इन हालात का सामना करने के लिए जरूरी था कि मैं जल्दी से जल्दी नौकरी की तलाश करूं। लेकिन गांव में भला ऐसे कौन से साधन सुलभ थे कि मैं नौकरियों के बारे में कुछ जान पाता। मैंने 'हिन्दुस्तान टाइम्स' अखबार मंगवाना शुरू किया जिसमें नौकरियों के बारे में इश्तिहार छपते थे। घर के पते से तो अखबार का आना नामुमकिन था क्योंकि गांव में रोज डाक का पहुंचना संभव ही नहीं था। मैंने गांव के पास के डाकखाने में अखबार मंगाने का निर्णय लिया जो मुझे रोज नियमित रूप से मिलने लगा। अखबार लेने के लिए मुझे रोज डाकखाने जाना होता था जो पोस्टमास्टर साहब का निवास-स्थान भी था।

कहीं से यह पता लगा कि राज्य सरकार तकनीकी स्नातकों को उद्योग स्थापित करने के लिए प्रशिक्षण देने का कार्यक्रम चला रही है जिसमें पांच सौ रुपए का स्टाइपेंड भी मिलता है। जेब में फूटी कौड़ी नहीं थी लेकिन मैंने उद्यमिता विकास प्रशिक्षण के लिए अर्जी लगा दी और पांच सौ रुपए प्रति माह की आमदनी वाला प्रशिक्षण प्राप्त करने इलाहाबाद चला गया। प्रशिक्षण में उद्योग स्थापित करने के बारे में तमाम बातें बताई जातीं लेकिन मेरे दिमाग में कुछ भी दर्ज नहीं होता क्योंकि मैं कोई उद्योग भी स्थापित कर सकता हूं, इसके बारे में न तो मैंने कभी सोचा था और न उसके प्रति मेरे मन में कोई रुचि थी। वह तो प्रतिमाह पांच सौ रुपयों का आकर्षण था जो मुझे वहां खींच ले गया था और जो मुझको वहां रहने पर मजबूर कर रहा था। पांच सौ रुपयों में से आधे से ज्यादा तो मैं घर भेज देता और बाकी अपने खर्च के लिए रख लेता। मुफ्त में पांच सौ रुपए लेते रह कर जीवनयापन करने का सिलसिला पांच-छह महीने तो चला लेकिन फिर मुझको महसूस हुआ कि यह समय की बरबादी से ज्यादा कुछ नहीं

है। मुझको लगा कि पांच सौ रुपयों के लिए मैं अमूल्य समय गंवा रहा हूं। यह खयाल आते ही मैं परेशान हो उठा। मैंने निश्चय किया कि मुझे इसके लिए जल्दी से जल्दी कुछ सोचना होगा और पांच सौ रुपए के मोह को काटना होगा। मैं जान गया कि मुझे उच्च शिक्षा की तरफ अपने पैर बढ़ाने चाहिए तभी कोई राह निकलेगी जो मुझे किसी सम्मानजनक जगह पर पहुंचाएगी। मैंने आर.आई.टी जमशेदपुर से एम.टेक में प्रवेश लेने का निर्णय लिया। मैंने आवेदन किया और प्रवेश परीक्षा में अपने उत्कृष्ट प्रदर्शन के आधार पर मेरा एडमिशन जमशेदपुर आर.आई.टी में हो गया। मैंने इंजीनियरिंग कॉलेज में प्रवेश तो ले लिया था लेकिन बी.टेक का अंतिम वर्ष पूरा होते-होते मैं पढ़ाई से बुरी तरह से उकता चुका था। मुझे अक्सर याद आता कि जिन दिनों टेलीफोनी-टेलीग्राफी की पढ़ाई चल रही थी, मैंने एक दिन लाल कपड़े पहने एक औरत को घास छीलते देखा था तो मुझे उसके भाग्य से ईर्ष्या जैसी हुई थी। उस औरत की बेपरवाही को देख कर ही लग रहा था कि इस औरत को किसी तरह की कोई चिंता नहीं होगी, कि यह अपने मन की मलिका होगी, कि इसके नाज उठाने वाला कोई होगा जिसके दम पर ये इतराती घूमती होगी, कि टेलीफोनी-टेलीग्राफी इसके ठेंगे पर होगी और इसी वजह से इसके चेहरे पर यह मस्ती है और यह अपना जीवन अपने ढंग से आराम से जी रही होगी। मुझको यह सोच कर उलझन होती कि पढ़ाई से अभी पिंड छूटने वाला नहीं है।

जमशेदपुर के तकनीकी संस्थान का वातावरण उद्यमिता प्रशिक्षण संस्थान के वातावरण से एकदम भिन्न था। खासकर एम.टेक जैसे उच्च पाठ्यक्रमों के विद्यार्थियों के सामने बड़े लक्ष्य थे जिनको पाने के लिए वे सब मन-प्राण से जुटे हुए थे। मैंने वहां पाया कि सारे विद्यार्थी सिर्फ एक ही बात की चर्चा करते रहते हैं कि कहां किस विभाग में नियुक्तियां की जाने वाली हैं या एम.टेक करने के बाद किसकी क्या योजना है। अब मैं भी एम.टेक के उन छात्रों के समकक्ष था। अपने विकसित हो चुके व्यक्तित्व और गोरखपुर से मिले अनुभवों के आधार पर बेधड़क बातचीत में हिस्सा ले सकता था और अपने जीवन की दिशा तय कर सकता था। ऐसे ही बातचीत के दौरान मुझको पता लगता रहता कि कहां पर नियुक्तियां होने वाली हैं और कहां नौकरी पाने से जीवन में उन्नति की जा सकती है। लगभग 40 बरस पहले बिहार में जमशेदपुर में रहते हुए मुझे अजीब अनुभव हुआ कि जब मुझे आर.आई.टी. से विस्टूपुर जाना होता तो यह आम दृश्य होता कि बी.टेक के विद्यार्थी बस की छत पर बैठ कर सफर करते, भले ही बस के भीतर सीटें खाली हों। बस के अंदर सिर्फ एम.टेक के छात्र या अध्यापक ही बैठ सकते थे।

ऑयल इंडिया लिमिटेड में मैनेजमेंट ट्रेनी की जगहों का विज्ञापन प्रकाशित हुआ। केंद्र सरकार के इस अर्धसरकारी उपक्रम में इकसठ प्रतिशत हिस्सा बर्मा

शेल का हुआ करता था। मुझे गांव से दुलियाजान जंक्शन तक का प्रथम श्रेणी का किराया मिलना था जिसका भुगतान पाने के लिए टिकट भी जमा नहीं करना था। अपनी गांठ से कुछ जाना नहीं था, उल्टे निचले दर्जे में यात्रा करने से कुछ रुपए ही मिलने वाले थे।

अपर असम के दुलियाजान इलाके में नियुक्ति के लिए वहां पहुंचने पर मुझे जिस मकान में ठहराया गया वह लकड़ी का बना हुआ था। मैंने अपने गांव या परिचितों के घरों में चूल्हा और कोयले या बुरादे की अंगीठी देखी थी। कुछ ज्यादा समृद्ध घरों में मिट्टी के तेल से जलने वाले स्टोव हुआ करते थे। लेकिन मैं उन घरों में यह देख कर आश्चर्यचकित रह गया कि बर्नर के सामने माचिस की जलती तीली ले जाते ही चूल्हा जल उठता है। साक्षात्कार के लिए बुलाए गए साठ-सत्तर लड़कों में से कुछ को, जिन्हें पता था उन्होंने तो तुरंत माचिस जला कर बर्नर जला लिये लेकिन मेरे लिए यह एक नया अनुभव था कि बिजली और पानी की तरह जलने वाली गैस भी सहज ही उपलब्ध थी जिसे पाइप के जरिये चूल्हे तक पहुंचाया गया था। तेल के कुओं से बराबर आग की लपटें निकलती रहतीं जो ढलती शाम के समय आकाश की ऊंचाइयों में अलग से दीख पड़तीं। शुरू-शुरू में आसमान में जलती इन मशालों को देख कर मुझको रोमांच हुआ था लेकिन जल्दी ही वह आग एकरसता में बदलती गई और उबाने-सा लगी। परीक्षाओं के कई चक्र हुए जिनमें मुझको सफलता मिलती गई। मैंने अपने आवेदन में अपने बारे में बताया था कि मैं वाद-विवाद प्रतियोगिताओं में पुरस्कृत होता रहा हूं इसलिए मुझसे कहा गया कि मैं दिये जा रहे एक विषय के पक्ष और विपक्ष, दोनों में पांच-पांच मिनट बोलूं। विषय था-'इंजीनियर समाज के भ्रष्टतम लोग होते हैं'। मैंने इस विषय पर तमाम तर्कों के साथ दोनों पक्ष रखे और सफलतापूर्वक साक्षात्कार वाले कमरे से बाहर निकला। मुझे तेल के कुओं के पास बने उन स्थलों पर ले जाया गया जहां नियुक्त होने के बाद मुझे काम करना था। वहां काम करने वालों ने बताया और मैंने खुद भी अनुमान लगाया कि वहां जीवन बहुत कठिन होगा। आठ हजार रुपए प्रतिमाह वेतन का आकर्षण अपनी जगह पर था लेकिन पिता का वह कातर स्वर भी कहीं कानों में गूंज रहा था कि-'बहुत दूर मत जाना। ऐसा पैसा लेकर क्या करेंगे कि कहीं हमें कुछ हो जाए और तुम पहुंच भी न सको।' अनिश्चय की मन:स्थिति में मैं जमशेदपुर वापस लौट आया। डिब्रूगढ़ से कई बार अनुस्मारक-पत्र आए कि आपको फलां तारीख तक ड्यूटी पर रिपोर्ट करना है। मैं हर पत्र के जवाब में कोई न कोई विवशता बता कर और मोहलत मांग लेता। आखिर में पत्र आया कि अब आपको और समय नहीं दिया जाएगा और आपकी नियुक्ति निरस्त की जाती है। यह प्रकरण समाप्त हो गया।

इसी प्रकार यह जानकारी मिलने पर कि मेघालय राज्य विद्युत परिषद में सहायक अभियंताओं की नियुक्ति के लिए आवेदन पत्र आमंत्रित किए गए हैं, मैंने आवेदन कर दिया। यों देखें तो जैसा असम था वैसा ही मेघालय सामने खड़ा था। घर से उतनी ही दूरी, किसी आपातस्थिति में जल्दी से घर पहुंच सकने में वैसी ही दुश्वारी लेकिन जल्दी से अपने पैरों पर खड़े होने की उत्कट इच्छा जरा देर को सबकुछ भुला देती और कलम नए आवेदन-पत्र भरने लगता। आवेदन करके मैं तो भूल भी गया था लेकिन कुछ समय बाद मेरे गांव के पते पर मेघालय राज्य विद्युत परिषद से साक्षात्कार का बुलावा-पत्र पहुंचा। मेरा मन एम.टेक की पढ़ाई में बिलकुल नहीं रम रहा था क्योंकि मेरा लक्ष्य अध्यापक बनना नहीं था लेकिन पढ़ाई के दौरान मिलने वाली पांच सौ रुपए की छात्रवृत्ति एक ऐसा प्रलोभन था जिसे छोड़ना संभव नहीं हो पा रहा था। गांव से सूचना मिलते ही मैं जमशेदपुर से भाग निकला।

उन दिनों पूर्वोत्तर रेलवे में गोरखपुर से गुवाहाटी के लिए अवध तिरहुत मेल चला करती थी जिसे आमतौर पर एटी मेल कहा जाता था। मैं उसी एटी मेल से गुवाहाटी के लिए रवाना हो गया। एक बार फिर पटरियों का मुंह उजला करती धुआं उड़ाती मीटर गेज की गाड़ी मुझे घर से दूर लिये जा रही थी और मैं निश्चय-अनिश्चय के ऊहापोह में डूबते-उतराते किसी भावी का सामना करने के लिए अपने जीवन की दूसरी लंबी यात्रा पर चला जा रहा था।

पूर्वोत्तर भारत में मेघालय को मौसम और रहन-सहन के लिहाज से पूरब का स्कॉटलैंड कहा जाता है। मेघालय पहले असम में ही था लेकिन बाद में यूनाइटेड खासी-जयन्तिया और गारो हिल्स डिस्ट्रिक्ट नामक जिलों को मिला कर 21 जनवरी, 1972 को मेघालय नामक एक नए राज्य का गठन किया गया। एक छोटे से कस्बे शिलांग को इस नए राज्य की राजधानी बनाया गया। दरअसल खासी, गारो और जयन्तिया मेघालय की तीन पहाड़ियां हैं जिन्हें वहां तीन बहनें भी कहा जाता है। सन् 1833 में बरतानवी सरकार ने खासी हिल्स डिस्ट्रिक्ट पर कब्जा कर लिया था। वहां 1841 से रोमन लिपि में अंग्रेजी लिखने का चलन शुरू हुआ। धीरे-धीरे पूरे राज्य में अंग्रेजी का बोलबाला हो गया। आयरलैंड की नन्स ने मिशनरी तौर पर कार्मल और डॉन बॉस्को के नामों से जिन स्कूलों की शुरुआत मेघालय से की थी उनकी शाखाएं कालान्तर में पूरे देश में फैल गईं। पूरे राज्य की भाषा अंग्रेजी है और मौसम उस अंग्रेजियत को और बढ़ावा देता सा जान पड़ता है। अपने नाम मेघालय को चरितार्थ करता हुआ यह राज्य वास्तव में मेघों का घर ही जान पड़ता है क्योंकि वहां आकाश अधिकतर मेघाच्छन्न ही रहता है। वैसे भी चेरापूंजी पास होने के कारण वर्षा की अधिकता रहती है जो हरीतिमा के लिए वरदान सिद्ध होती है। पूरे राज्य में दुर्लभ पेड़-पौधों की भरमार है। पिचर प्लांट,

वाइल्ड साइट्रस, पिगनी लिली और लेडीज स्लिपर जैसे दुर्लभ फूल तो किसी भी नवागंतुक को अपने मोहपाश में बांध लेते हैं। इस राज्य में रहने वाले इन्डो-मंगोल नस्ल वाले लोगों से बातचीत करने पर मेरे सामने एक नए समाज की तस्वीर सामने आ रही थी। मेरे लिए यह घोर आश्चर्य की बात थी कि मातृसत्तात्मक समाज होने के कारण यहां लड़कियां ब्याह कर अपने पति के घर नहीं जातीं, ब्याह के बाद लड़का अपनी नवब्याहता के घर चला जाता है। घर संभालने की सारी जिम्मेदारी पत्नी की होती है, पति केवल मछली मारता है और बच्चे पैदा करता है।

मैंने अपने कोचवा गांव, गोरखपुर और जमशेदपुर से बाहर निकल कर एक ऐसे स्वप्निल संसार में आंखें खोलीं जो एकदम अविश्वसनीय था। गुवाहाटी से शिलांग जाते हुए सर्पिल सड़कों, आह्वान-सा करती उपत्यकाओं, चटाईनुमा खेतों, झरनों और लकड़ी के मकानों को देखते हुए मैं जैसे पलकें झपकाना भूल गया। मैंने उन्नीस साल की उम्र तक प्रकृति का ऐसा सौन्दर्य इससे पहले कैलेण्डरों में ही देखा था। प्राकृतिक सौन्दर्य इससे पहले मैंने असम में भी देखा था लेकिन वे नजारे मुझे एक पल के लिए भी राहत या सुकून नहीं दे पाए थे क्योंकि नौकरियों की परोसी हुई थाली मेरे सामने थी लेकिन घर-परिवार से दूरी की वजह से मैं उस थाली से एक कौर भी नहीं तोड़ सकता था।

साक्षात्कार के लिए पैंसठ या सत्तर युवक बुलाए गए थे। चयन बोर्ड के अध्यक्ष मेघालय राज्य विद्युत परिषद के अध्यक्ष श्री रमेश चंद्र थे। इसके अलावा वह खासी जिले के आयुक्त और प्रदेश के गृह-विभाग के सचिव भी थे। यह पहला अवसर था जब एक आई.ए.एस अधिकारी विद्युत परिषद का चेयरमैन बनाया गया था। श्री रमेश चंद्र पूर्वी उत्तर प्रदेश के मूल निवासी थे और अपना आस्पद द्विवेदी अपने नाम के साथ नहीं लगाते थे। मेरे प्रमाण-पत्र और शिक्षा के क्षेत्र में दमकते कीर्तिमानों को देख कर वह पूरी तौर पर मुत्मइन हो गए कि उन्हें वह व्यक्ति मिल गया है जिसकी उन्हें तलाश थी। तभी मेघालय विद्युत परिषद के मुख्य अभियंता ने एक सवाल किया कि 'रिसीविंग एंड पर वोल्टेज, सेंडिंग एंड से ज्यादा क्यों हो जाती है?' मैंने उनका सवाल पूरा होते ही जवाब दिया-'फैरेंटी एफेक्ट के कारण।' अब तक खासे प्रभावित हो चुकने के बावजूद रमेश चंद्र ने मुझको एक बार यह बताना शायद अपना फर्ज समझा कि घर से इतनी दूर मुझे स्थायी तौर पर रहना होगा। अगर मैं इसके लिए तैयार हूं तभी यहां आने पर विचार करूं। मैंने अपनी सहमति बगैर एक भी क्षण गंवाए दे दी। 'जाइये और प्रतीक्षा कीजिए,' रमेश चंद्र ने कहा, और मैं कमरे के बाहर चला आया।

मुझको सहायक अभियंता ट्रेनी के पद पर उमियाम स्ट्रेज-2 में नियुक्त किया गया जहां मुझे बड़ापानी जल विद्युत परियोजना में काम करना था। मैंने अपने ऑफिस के ही एक सहयोगी के साथ अपने रहने की व्यवस्था की जो अपने साथ-

साथ मेरे लिए भी खाना बना देता था। मेरी निगाह सब डिवीजनल ऑफिसर के तीन कमरों वाले लकड़ी के उस सुंदर से मकान पर थी जो मुझे तब मिलने की आशा थी जब उसमें रह रहे अधिकारी का प्रोमोशन हो जाएगा और अपनी ट्रेनिंग पूरी कर लेने के बाद मैं खुद सब-डिवीजनल ऑफिसर बन कर इस मकान में रहने के लिए अधिकृत हो जाऊंगा।

साक्षात्कार में श्री रमेश चंद्र ने अपने व्यवहार से जिस अपनेपन का परिचय दिया था उससे मुझको परदेश में बड़ी ताकत मिली थी। मुझे लगता कि कोई बात होगी तो रमेश चंद्र जी तो हैं ही। छुट्टी के दिन मैं कभी-कभी शिलांग चला जाता रमेश चंद्र जी से मिलने।

बड़ापानी में तैनात अधिशासी अभियंता जो एक असमी था, को मुझसे चिढ़ थी। उसके मन में क्षेत्रीयता की जबरदस्त भावना थी और उसे लगता रहता था कि बाहर से आए हुए एक आदमी ने राज्य के एक निवासी का हक मार लिया है। वह बॉस था और मुझको उसके अधीन काम करना था और उसके आदेशों का पालन करना था। एक दिन किसी बात पर हम दोनों में अनबन हो गई। 'मैं तुम्हारा ट्रांसफर उम्ट्रू कर सकता हूं,' उसने धमकाते हुए अपनी ताकत का एहसास कराया।

'ठीक है, आपके पास अधिकार हैं, आप कुछ भी कर सकते हैं,' मैंने जवाब दिया।

'अभी तुम्हें पता नहीं है। उम्ट्रू में कालाजार पकड़ लेगा तो सारी अकड़ निकल जाएगी,' मेरा तुर्की-ब-तुर्की जवाब सुन कर उसने गुर्राते हुए कहा।

'सुनिए जनाब, मैं जब घर से निकला था तो सोच कर चला था कि घर से पंद्रह सौ किलोमीटर दूर जा रहा हूं। आपके इस मेघालय की एक सिरे से दूसरे सिरे तक की दूरी तीन सौ किलोमीटर है। तो पंद्रह और तीन हुए अट्ठारह, आप मुझे कहीं भी भेज दीजिए, पंद्रह सौ और अट्ठारह सौ किलोमीटर में कोई फर्क नहीं होता,' मेरे इस दो-टूक जवाब से वह चुप रह गया।

दिन ऐसे ही बीत रहे थे। कभी-कभी मेरे मन में आता कि आखिर जब घर से बाहर इतनी दूर नौकरी करने आना ही था तो ऑयल इंडिया की नौकरी में क्या खराबी थी जिसमें कम से कम आठ हजार रुपए की भारी-भरकम तनख्वाह तो थी। मुझे कभी-कभी अफसोस-सा होता कि घर से इतनी दूर आया भी और वह भी आठ सौ रुपए प्रतिमाह के वेतन पर। ड्यूटी करना और बाकी समय निरुद्देश्य घूमने के अलावा मेरे पास कोई काम नहीं था। ऐसे ही एक दिन भटकते हुए मैं पान की एक दूकान के सामने रुका और शायद बोरियत दूर करने के लिए पान वाली से एक सादा पान बनाने को कहा। दूकान पर बैठी पनवाड़िन ने पान के पत्ते पर चूना तो लगाया ही, कच्ची सुपारी भी काट कर डाल दी। मेघालय में पान में कत्था नहीं लगाया जाता। मैंने पान खाया और मुझे जबरदस्त चक्कर आ गया।

पान को थूक देने के बाद भी सुपारी का असर बना रहा, उस दिन मैं अपनी ड्यूटी पर नहीं जा सका। तभी गांव से पत्र आया कि उत्तर प्रदेश राज्य विद्युत परिषद में सहायक अभियंता के पद के लिए जो साक्षात्कार मैंने दिया था उसका परिणाम आ गया है और मेरी नियुक्ति हो गई है। उत्तर प्रदेश राज्य विद्युत परिषद में सहायक अभियंता पद के लिए साक्षात्कार मैंने मेघालय में नौकरी करने के दौरान दिया था।

अब समस्या यह थी मैं मेघालय राज्य विद्युत परिषद के साथ इस शर्त के साथ अनुबन्धित था कि नौकरी छोड़ने की दशा में मैं विद्युत परिषद को तीन माह का नोटिस दूंगा या एक महीने का वेतन। मेरे लिए दोनों में से किसी भी शर्त को पूरा कर पाना मुमकिन नहीं था। तीन महीने का नोटिस देता तो उत्तर प्रदेश राज्य विद्युत परिषद की नौकरी जाती और एक माह का वेतन देता तो वापस घर लौटने का किराया भी पास में नहीं बचता। ऐसे में मेरे सामने उम्मीद की एक ही किरन थी और वह थे रमेश चंद्र जी। मैंने उनसे मिल कर अपनी समस्या बताने और उनसे मदद मांगने का निश्चय किया।

मैंने रमेश चंद्र जी से उनके कार्यालय में जा कर भेंट की और उन्हें अपनी समस्या बताई। रमेश चंद्र जी ने मेरी बात ध्यान से सुनी और तुरंत अपनी स्टेनो को बुला कर आदेश का डिक्टेशन दिया जिसके अनुसार, विशेष प्रकरण के तहत अयोध्या प्रसाद मिश्र को तीन माह की नोटिस या एक माह का वेतन जमा करने की शर्त से मुक्त करते हुए कार्यमुक्त किया जाता है। रमेश चंद्र जी ने मुझसे कहा कि उत्तर प्रदेश राज्य विद्युत परिषद के चेयरमैन श्री बालिगा उनके मित्र हैं, कोई आवश्यकता पड़ने पर वह स्वयं श्री बालिगा से बात कर लेंगे।

आदेश की प्रतिलिपि मुख्य अभियंता और मेघालय राज्य विद्युत परिषद के सचिव के लिए भी थी। आदेश लेकर मैं हवा के परों पर सवार हो कर श्री रमेश चंद्र जी के कमरे से निकला। पहले मैं मुख्य अभियंता के पास गया जो कमरे में मौजूद नहीं थे जिसके कारण उनसे भेंट नहीं हो सकी। मैंने सोचा कि आदेश की एक प्रति सचिव श्री एच. डोरिस के नाम भी है, क्यों न उनकी प्रति उनको दे दूं। श्री डोरिस ने देखा और आदेश-पत्र मेरे मुंह पर मारते हुए फट-से पड़े-'मैंने पहले ही कहा था कि यह यहां टिकने वाला नहीं है, इसको मत रखो। गेट आउट।'

मैं अपना सा मुंह लेकर कमरे से बाहर निकल आया। मैंने अनुमान लगाया कि मिस्टर डोरिस ने वह बात शायद उस समय कही होगी जब रमेश चंद्र जी ने मुझे कमरे से बाहर जाने और प्रतीक्षा करने को कहा था।

मैं वापस अपने गांव जा रहा था, जहां माता-पिता और उनके सगे-संबंधी मेरी प्रतीक्षा कर रहे थे। श्री डोरिस की बातों का मैंने कोई असर नहीं लिया था।

वर्ष 1976 के सितम्बर का महीना था, मैं लखनऊ आ गया। मेघालय में जब था तो हिमाच्छादित आकाश और पूरे वातावरण को सुरम्य बनाने वाली उपत्यकाओं को देख कर लगता कि जैसे खुली आंखों कोई सपना देख रहा हूं। माता-पिता और भाइयों की निकटता प्राप्त होने के बाद लगने लगा कि देखे गए स्वप्न की एक स्मृति-छाया मन के पटल पर शेष है। कभी-कभी सोचने लगता कि क्या वह मैं ही था जो घर-परिवार से इतनी दूर चला गया था? और वह क्या मैं ही हूं जो वापस लौट आया हूं? तेईस साल के एक युवक के लिए इतना बहुत था कि वह सरकारी नौकरी में था और घर के इतने निकट है कि जब चाहे अपने घर पहुंच सकता है। चाहे घर जाना कम हो पाता था लेकिन, जब चाहे जा सकता हूं, की आश्वस्ति भी क्या कम थी!

मेघालय की स्मृतियां जरूर मेरे साथ चली आई थीं लेकिन वह मेरे भीतर बस नहीं सकता था। मेरे भीतर तो मेरे प्यारे गांव कोचवा ने स्थायी और पक्का निवास बना रखा था। कोचवा में मैं बड़ा हुआ था और मैं पाता था कि कोचवा मेरे भीतर पूरा का पूरा विकसित हो चुका है। अपने गांव के बारे में सोचना मुझे अपने आप को यादों के भंवर में ढकेल देने जैसा लगता। उस भंवर में चक्कर खाना मुझे बहुत अच्छा लगता। याद आता, चार-पांच वर्ष की उम्र में खेला जाने वाला वह खेल... साथ खेलने वाले बच्चे बिना जाली पड़े आम की गुठली को छील कर उसके भीतर के चिकने पदार्थ को अंगुलियों के बीच से फिसल जाने देते थे और जिस दिशा में वह पदार्थ गिरता, मान लेते कि जिसके हाथ में गुठली थी उसकी शादी उसी दिशा में होगी। याद आता कि उस उम्र में मुझे अपने चचेरे भाई की साली बहुत अच्छी लगती थी। जब कोई पूछता कि तुम शादी किससे करोगे तो मैं उन्हीं की ओर इशारा करके बताता कि मैं इन्हीं से शादी करूंगा। उनकी तरफ मैं इतना मोहाविष्ट और आकर्षित था कि एक बार मैंने अपनी मां के गले से तौक उतार कर उनके गले में डाल दिया था। लंबे समय तक घर-परिवार के लोग उस घटना को याद करके मुझे छेड़ते रहे थे। अपने भीतर बसे ऐसे गांव के सामने मेघालय की क्या बिसात थी कि वह अपनी यादों को बहुत देर मेरे मन में टिकाए रख पाता।

मेघालय प्रवास को छोड़ कर मैं अपने प्रदेश उत्तर प्रदेश में आ गया था। इसका सबसे बड़ा लाभ यह था कि मैं पिता और माता के पास था। अपने गांव जाने का सिलसिला बना रहता था। अक्सर गांव जाता तो वहां किसी न किसी घर

में कोई न कोई आयोजन होता ही रहता। कभी किसी के घर कोई मांगलिक आयोजन और कभी किसी के घर तेरही और दसवां जैसे मृत्योपरान्त के कर्मकाण्ड।

'अरे, फलाने के घर तेरही है, कुछ रुपिया-पैसा उनके घर देना है।' पिता मुझसे कहते।

'गांव भर की तेरहीं और दसवां की जिम्मेदारी क्या हमारी ही है?' मैं पिता से कहता।

'एक बात याद रखना, आज जो कुछ तुम हो, वह तमाम लोगों की शुभकामनाओं का फल है। तुमको बनाने में जिन लोगों ने अपना योगदान किया है, क्या उनके प्रति तुम्हारी कोई जिम्मेदारी नहीं है?' पिता ने समाज के प्रति मुझे मेरी जिम्मेदारी का अहसास दिलाया।

'जी,' मैं अपने जीवन के एक नए पक्ष से परिचित हो रहा था।

'तुम जो कुछ कमाते हो वह अकेले तुम्हारा नहीं है। उसमें इन सबका हिस्सा है,' उन्होंने और भी स्पष्ट करते हुए कहा।

उन्होंने मेरे भीतर परदु:खकातरता, सामाजिकता और किसी की भी सहायता के लिए सदा तत्पर रहने की मजबूत दागबेल डाल दी।

मुझे 4, विक्रमादित्य मार्ग पर स्थित मुख्य अभियंता (वाणिज्य) के कार्यालय में सहायक अभियंता के पद पर तैनात किया गया। प्रसिद्ध कम्प्यूटर कंपनी आई.बी.एम बिजली के बिलों के कम्प्यूटरीकरण का काम कर रही थी। मुझे उसी कार्य में सहयोग करना था। कार्यालय के एक सहयोगी आर.पी. मल्ल के साथ नरही मोहल्ले की एक लॉज में रहने का हमने ठिकाना बनाया। तय हुआ था कि मैं और मल्ल भोजन अपने आप बनाएंगे और महीने के आखिर में आधा-आधा कर लेंगे। कुछ महीने साथ रहने के बाद बगैर हिसाब किये मल्ल भाई एक दिन गायब हो गए और उसके बाद उनका आज तक कुछ पता नहीं चला।

इस बीच मैं अपने गांव गया। मेरी तीन संतानें हो चुकी थीं। सबसे बड़ी बेटी थी-सांत्वना, दूसरे नंबर पर बेटा था-विपुल और तीसरे नंबर पर भी बेटा था-विशाल। घर पहुंचा तो वातावरण में एक अजीब रहस्यमय-सी चुप्पी थी। मेरे आने पर उत्फुल्लित हो उठने वाली पत्नी सीधे मुंह बात करना तो दूर मेरी तरफ निगाह उठा कर देख भी नहीं रही थी। घर के और लोग भी मेरे प्रति उपेक्षा से भरे हुए जान पड़े। यों सारा वातावरण एकदम शांत था लेकिन यह तूफान से पहले की शांति थी। पिता ने मुझे एक पोस्टकार्ड थमाया और अलग हट गए।

पत्र लिखने वाले लूकरगंज इलाहाबाद के श्री प्रभात कुमार द्विवेदी थे। उनको मेरा पता और मेरे बारे में जानकारी श्री रमेश चंद्र से मिली थी जो उनके भाई थे। ये वही रमेश चंद्र जी थे जिनसे मेरी भेंट मेघालय में हुई थी और जिनकी कृपा से मैं लखनऊ आ सका था। प्रभात कुमार जी ने पत्र में पूछा था कि वह अपनी बहन मनोकामना के साथ मेरे विवाह के बारे में बात करने के लिए पिताजी से मिलने कब आ सकते हैं? घर, पत्नी और परिजनों के बदले व्यवहार का कारण मुझे तत्काल समझ में आ गया। सब को लग रहा था कि घर से दूर रह कर मैंने मनोकामना के साथ जरूर गुल खिलाये होंगे तभी बात शादी तक पहुंच गई। अगर पर्दानशीन लिफाफे का ज्यादा चलन होता तो बात मुझ तक ही सीमित रह जाती, क्योंकि लिफाफा तो शायद मैं ही खोलता लेकिन यह तो डुग्गी पीटता-सा पोस्टकार्ड था जिसे सबने पढ़ा था और अपने-अपने मतलब निकाल लिये थे। अभी मैं पोस्टकार्ड पढ़ कर सोच पाता कि क्या करूं कि पत्नी ने रुदन का तूफान उठा दिया और घर-परिवार के सारे लोग उसके साथ खड़े थे। मैं बगैर कोई अपराध किए अपराधियों की तरह सबको सफाई देते-देते हलकान हो रहा था।

रमेश चंद्र जी ने मेरी नियुक्ति करने से लेकर आसानी से कार्यमुक्त करने तक की जो उदारता और सदाशयता दिखाई थी उसके पीछे छिपे कारण को मैं अब समझ पा रहा था। यह एक निर्विवादित सत्य है कि जिनके विवाहयोग्य कन्या होती है वह अपने सामने से गुजरने वाले सभी युवकों को अपनी कन्या के साथ खड़ा करके मिलान करते हुए देखने लगते हैं। कोई आश्चर्य नहीं कि रमेश चंद्र जी ने भी साक्षात्कार के समय से ही मुझे लेकर अपनी बहन मनोकामना के बारे में सोचना शुरू कर दिया हो। इसमें कुछ भी गलत नहीं था कि वह अपने संभावित बहनोई को अपनी शक्ति-भर मदद करते रहे थे। मेरे मन में रमेश चंद्र जी के लिए क्षमायाचना का सा-भाव पैदा हुआ और मैंने प्रभात कुमार जी के पत्र के जवाब में रमेश चंद्र जी को लिखा कि मैं पूर्वी उत्तर प्रदेश का एक सरयूपारीण ब्राह्मण हूं। हमारे क्षेत्र में ऐसी रीति है कि लड़के के पैदा होते ही उसका विवाह कर दिया जाता है। मैं भी इससे कुछ अलग नहीं हूं। मेरा विवाह भी बहुत कम उम्र में कर दिया गया था। आज मैं तीन संतानों का पिता हूं। मेघालय प्रवास के दौरान ही अगर आपने अपनी मंशा जाहिर कर दी होती तो मैं आपको इस तथ्य से अवगत करा देता और आपको निराशा का सामना न करना पड़ता। मैंने लिखा कि मेरे कारण आपको निराशाजन्य जो कष्ट पहुंचा है, उसके लिए मैं हृदय से क्षमाप्रार्थी हूं। परिवार के एक-एक सदस्य को सच्चाई से अवगत कराने में मुझे बहुत श्रम करना पड़ा, तब जाकर मैं अपनी बेगुनाही साबित कर पाया।

काम करते-करते मुझे कार्य-संस्कृति और काम करने के ढंग की जानकारी होने लगी थी। विक्रमादित्य मार्ग के ऑफिस में मैं सम्बद्ध अधिकारी के रूप में काम कर रहा था। मैं चाहने लगा था कि मुझे स्वत्रंत रूप से काम करने का अवसर मिले। हायडिल के मुख्य अभियंता श्री वी.सी. मित्तल थे जो असिस्टेंट इंजीनियर हायडिल के स्थानांतरण करते थे। मैंने शक्ति भवन के बाबुओं की खुशामद की और कानपुर क्षेत्र में स्थानांतरण का आवेदन-पत्र श्री मित्तल के सामने पहुंचाने में सफल हो गया। इलाहाबाद कानपुर क्षेत्र में आता था और मेरा लक्ष्य अपना स्थानांतरण इलाहाबाद कराना था। इलाहाबाद जाने के पीछे एक प्रमुख कारण यह था कि मेरा छोटा भाई गंगा प्रसाद मिश्र वहां रह कर बी.ए. में अध्ययन कर रहा था।

कानपुर का एक सहायक अभियंता अर्जुनलाल रामरिखियानी बगैर किसी सूचना के अपने कार्य से लंबे समय से अनुपस्थित था। मुझे उसी के स्थान पर नियुक्त कर दिया गया। मेरा पदनाम था-सहायक अभियंता (मीटर)। मेरा काम था इलाहाबाद जिले के ग्रामीण क्षेत्र में लगे मीटरों की जांच और उनका रख-रखाव करना। जब तक कटरा में मैंने दो कमरों का मकान नहीं लिया तब तक छोटे भाई के साथ पी.सी. बनर्जी हॉस्टल में ही रहता रहा। मकान मिलने के बाद मैं गांव से अपना परिवार भी ले आया। वह दो कमरों का मकान घुटन से भरा हुआ था। सामने एक कमरा था और उसके ठीक पीछे दूसरा कमरा था जिसमें कोई रोशनदान नहीं था। लेकिन तीन बच्चों सहित हम पांचों लोगों को उसमें किसी तरह निर्वाह करना था। तभी मैंने अपनी पत्नी के लिए जीवन में पहली बार दो साड़ियां खरीदीं। सिल्क की लाल और पालियस्टर की पीले रंग की छींटदार उन साड़ियों के रंग मेरी आंखों में आज भी ताजा हैं। मेरी निगाह में उन दो साड़ियों का मूल्य आज पत्नी की आलमारी में रखी महंगी से महंगी साड़ियों से कहीं अधिक है।

इलाहाबाद में मुझे खराब मीटरों के परीक्षण और उनको ठीक करवाने का काम सौंपा गया। मुझे एक काम सौंपा गया था, और मैं उसमें कुछ ऐसा करना चाहता था जिससे सरकार के राजस्व की बचत भी हो और मुझे कुछ नया कर दिखाने का अवसर भी मिल सके। मैं खराब मीटरों को उतरवा कर मंगवाता और उन्हें खुलवा डालता। उन खराब मीटरों में जो हिस्से-पुर्जे फिर से काम में आने के लायक होते उन्हें जोड़ कर नए मीटर तैयार करवाता और इस तरह वह मीटर नए और लंबे समय तक काम में आने के लिए तैयार हो जाते।

अक्सर पिता मेरे साथ रहने आ जाते। मानस पर बातें करते, पूजा-आराधना करते और बच्चों के साथ मन बहलाते। एक दिन मैं स्नान करने के बाद सीधे भोजन करने बैठ गया।

'क्या पूजा-पाठ नहीं करते हो?' उन्होंने मुझसे पूछा।

'पूजा के बारे में मेरी अलग सोच है।' मैंने कहा।

'वो क्या है?'

'मैं अपना काम पूरी मेहनत और ईमानदारी से करता हूं। प्रशासनिक पद पर रहते हुए अनजाने में कुछ हो गया हो तो मालूम नहीं, लेकिन जान-बूझ कर कभी किसी का नुकसान नहीं करता हूं। अपनी शक्ति-भर हमेशा लोगों की मदद करने को तैयार रहता हूं। अब इसके बाद पूजा करने की कोई जरूरत मैं नहीं समझता कि रह जाती है,' मैंने पूजा के बारे में अपना सिद्धांत उनके सामने रखा।

'चलो ठीक है। तुम्हारा अपना सोच है, अपने सिद्धांत हैं। जैसा ठीक समझो, करो।' उन्होंने कहा और चुप हो गए।

उनके चुप रह जाने को मैंने अपने सिद्धांत की उनके सिद्धांत पर विजय नहीं माना लेकिन पूजा के प्रति मेरे भाव में जरा भी परिवर्तन नहीं आया। आज की शब्दावली में जिसे 'सेवेन इन्टू ट्वेन्टी फोर' कहा जाता है वह मेरे जीवन में बहुत पहले से आ गया था। काम करना मेरे लिए नशा करने के समान रहा है। आज भी मैं अपने मोबाइल पर चौबीसों घंटे उपलब्ध रहता हूं। मेरे मोबाइल पर कभी कोई नहीं सुन सकता कि 'साहब पूजा पर बैठे हैं' या 'साहब बाथरूम में हैं' क्योंकि बाथरूम में भी मेरा मोबाइल मेरे साथ होता है। भीग जाने के डर से मैं उसे अपने आप से सिर्फ नहाने की अवधि तक के लिए दूर रखता हूं।

चार-पांच महीने कटरा के मकान में रहने के बाद मुझे हायडिल कालोनी में एक आवास आवंटित हो गया और मैं सपरिवार उसमें चला गया। यही वो दिन थे जब मैंने अभियंता संघ में अपनी भूमिका तलाश करना शुरू किया। मैं अभियंता संघ की इलाहाबाद शाखा का सचिव बन गया। मेरे आवास के सामने अधिशासी अभियंता श्री डी.पी. श्रीवास्तव का आवास था। उनकी पत्नी गोंडा की थीं और मेरी मुंहबोली बहिन बन गई थीं। धीरे-धीरे श्री श्रीवास्तव से मेरी निकटता घनिष्टतम मित्र के रूप में परिवर्तित हो गई। विभाग में और मेरे जीवन के वह एकमात्र मित्र बन गए थे। इलाहाबाद में मेरे मित्रों और परिचितों में बड़ी संख्या टेलीफोन विभाग में काम करने वाले ऑपरेटरों की थी। उन दिनों फोन पर बात करने के लिए कॉल बुक करनी पड़ती थी। कभी-कभी तो कई घंटों में कॉल मिलती और लंबी प्रतीक्षा उकताहट पैदा करती। कॉल की एक श्रेणी होती थी जिसे 'लाइटनिंग कॉल' कहा जाता था, वह अपेक्षया जल्दी मिलती थी लेकिन उसमें पैसे बहुत ज्यादा पड़ते थे। मेरे मित्र बन गए वे ऑपरेटर मेरी कॉल बहुत जल्दी मिला देते और मुझे अपने संगठन के काम में आसानी हो जाती। तमाम तरह की विसंगतियों के विरुद्ध अभियंताओं को संघर्ष के लिए तैयार करने

और उनकी आवाज बनने के काम में रात-दिन लगा रहता। श्रीवास्तव जी के आवास पर लगे टेलीफोन, जिसका नंबर 3245 था का भरपूर इस्तेमाल करता। श्री शैलेन्द्र दुबे जो उस समय विद्युत अभियंता संघ के महासचिव थे, के साथ विचार-विमर्श करने और आगे की कार्ययोजना पर निर्देश लेने में श्रीवास्तव जी के फोन ने बहुत महत्वपूर्ण भूमिका अदा की थी। अभियंताओं का नेता बन जाने के बाद मुझे राजनीतिज्ञों और पत्रकारों से संपर्क करने का अवसर मिला और तब मैंने जाना कि मेरे जीवन के आयाम में विस्तार हो रहा है। बनारसी दास की सरकार में रेवतीरमण सिंह जी ऊर्जा मंत्री थे जिनसे मेरा लगातार संपर्क रहता था और अभियंता संघ की मांगों पर मेरा उनसे विचार-विमर्श चलता रहता था। वाराणसी से प्रकाशित होने वाले अखबार 'आज' के इलाहाबाद संवाददाता शशि शेखर और 'भारत' के संपादक मुकुंद देव शर्मा जैसे अनेक पत्रकारों के संपर्क में आने का अवसर भी मुझे तभी मिला। नॉर्दर्न इंडिया पत्रिका के संपादक और स्तंभकार श्री एस.के. बोस के पास मैं इस अनुरोध के साथ गया कि अभियंताओं की हड़ताल के प्रति पक्षधरता दिखाते हुए वह सरकार को अपने संपादकीय में नसीहत दें कि वह इंजीनियर्स से टकराव का रास्ता अख्तियार न करे क्योंकि उनकी वेतन विसंगतियों को दूर करने के लिए गठित जस्टिस बी.बी. मिश्र आयोग की रिपोर्ट आ चुकी थी। प्रदेश के राजनीतिज्ञ और नौकरशाह उस रिपोर्ट को लागू नहीं होने दे रहे थे। प्रदेश के मुख्यमंत्री बनारसी दास ने तो यहां तक कह दिया कि-'प्रदेश का कुछ भी हो जाए, अभियंताओं की मांगें नहीं मानी जाएंगी।'

मेरा कोई रविवार घर पर नहीं बीतता था। लोगों से मिलने, उनकी परेशानियों को जानने और उनके निदान के लिए संगठन के अन्य पदाधिकारियों के साथ बैठकें करने में कब दिन से रात हो जाती, पता ही नहीं चलता था। अपने पद से संबंधित कामों के अलावा संगठन के कामों को करने से मेरे भीतर जुझारूपन आ रहा था और लगता था कि मेरे भीतर शक्ति का एक ऐसा सोता फूट पड़ा है जो मुझमें न जाने कितनी ताकत भर देता है। मेरे घर के सामने ही पारेषण के सहायक अभियंता श्री अवधेश नारायण पांडेय रहते थे। उनके पास सरकारी जीप थी और मेरे पास अपना कोई वाहन नहीं था। मैंने उनके साथ ही 5, जार्ज टाउन स्थित अपने कार्यालय आने-जाने का विचार उनके सामने रखा जिसे उन्होंने स्वीकार कर लिया। अब मैं समय से तैयार हो जाता और शाम को उनके समय के अनुसार अपना काम समेट लेता। उनके साथ उनकी यू.एस.वाई 910 नंबर की जीप में आने-जाने से मेरे समय और ऊर्जा, दोनों की बचत होती थी।

कुछ समय बाद मेरे ऑफिस ने मुझे 'डॉज' गाड़ी उपलब्ध कराई। यू.टी.बी. 4762 नंबर की छह सिलेंडर वाली वह भारी-भरकम डॉज एक लीटर पेट्रोल में दो-तीन किलोमीटर चलती थी। कार के अगले हिस्से में चालक समेत दो लोगों के बैठने की जगह थी, पीछे का हिस्सा छोटे-मोटे ट्रक के रूप में परिवर्तित कर दिया गया था। गाड़ी के इस हिस्से का उपयोग आसपास के कस्बों से खराब मीटर एकत्र करने और उन्हें वापस उनके स्थान पर लगाने में किया जाता था। वाहन चालक मदनलाल ने मुझे उसी डॉज पर कार चलाना सिखाया।

मैं अपने आसपास ऐसे लोगों को देखता जो अपनी पत्नी को स्कूटर पर बैठा कर घूमते। ऐसे जोड़ों को देख कर मेरे मन में भी इच्छा जागी कि मैं भी एक स्कूटर खरीदूं। उन दिनों स्कूटर या मोटरसायकिल इतनी आसानी से नहीं मिला करती थी कि आप रुपए ले कर गए और खरीद कर घर लौट आए। उन दिनों स्कूटर की वेटिंग लिस्ट हुआ करती थी और अपना नंबर आने की प्रतीक्षा करनी पड़ती थी। मैंने स्कूटर खरीदने के लिए चार हजार रुपए एडवांस के लिए विभाग में आवेदन किया और एडवांस मिलते ही मैंने स्कूटर खरीद भी लिया। वह स्कूटर इंडिया का हरे रंग का यू.टी.वाई 8090 नंबर वाला विजय सुपर स्कूटर था जिसने मुझे खुशी से भर दिया था। मैं अब अपनी मर्जी से ऑफिस आ-जा सकता था। चाहूं तो दोपहर में खाना खाने भी घर आ सकता था। अपना वाहन हो जाने से ऐसा लगने लगा जैसे वक्त मेरे हाथ में हो गया है। जिस दिन स्कूटर लाया उसी दिन पत्नी को पीछे बैठा सिविल लाइंस की सैर पर निकल पड़ा। हालांकि स्कूटर चलाना तब तक सीखा नहीं था लेकिन मदनलाल से कार चलाना सीख ही चुका था इसलिए स्कूटर चलाने में कोई खास असुविधा नहीं हुई यों भी मन में उत्साह हो तो कुछ भी संभव हो जाता है।

एक दिन ऑफिस के बाबुओं ने मुझे सुझाया कि मैं चाहूं तो ऑफिस से पांच सौ रुपए की राशि ले सकता हूं जिसे 'पी.आई.' (परमानेंट इम्प्रेस्ट) कहा जाता है। ऑफिस के कामों के लिए उस इम्प्रेस्ट मनी को कैसे खर्च करना है, इसका निर्णय करने का मुझे पूरा अधिकार होगा। बस शर्त यह होगी कि मैं वह धन जिस मद में खर्च करूंगा उसके औचित्य और सत्यापन के लिए मुझे रसीद देकर हिसाब देना होगा। मुझे यह प्रस्ताव पसंद आया। मुझे लगा कि छोटे-मोटे खर्चों के लिए किसी का मुंह ताकने की जगह इस धनराशि का अपने पास होना बहुत सुविधाजनक रहेगा।

इस विषय में मेरा पत्र अधिशासी अभियंता श्री जी.एल. सर्राफ के पास पहुंचा जो उसी परिसर में बैठते थे जिसमें मेरा कार्यालय था। उन्होंने तत्काल मुझे तलब किया।

'ये पत्र आपने लिखा है?' सर्राफ साहब ने मेरे पत्र को दिखाते हुए पूछा।

'जी,' मैंने जवाब दिया।

'ये सब तुमको बेच डालेंगे,' सर्राफ साहब ने मेरे आवेदन का कागज मेरे मुंह पर मारते हुए किसी हद तक चीखते हुए कहा। उनके चेहरे पर नफरत की गहरी लकीरें दीख पड़ने लगीं।

मैं चुपचाप उनके कमरे से बाहर निकल आया।

दरअसल जी.एल. सर्राफ बहुत ईमानदार अधिकारी थे। लेकिन मात्र इतना कहना उनके व्यक्तित्व को रेखांकित करने के लिए काफी नहीं होगा। उनके लिए कहना पड़ेगा कि वह सनक की हद तक ईमानदार थे। मेरा आवेदन देख कर उनके मन में आया होगा कि इम्प्रेस्ट मनी का रास्ता दिखा कर ऑफिस के बाबू इस नए अधिकारी को भ्रष्टाचार के उस रास्ते पर खींच ले जाएंगे जहां से फिर अवनति की कोई सीमा नहीं रह जाएगी।

सर्राफ साहब के पास अपने और दूसरों को कसने के लिए अलग-अलग कसौटियां नहीं थीं। धन चाहे वह सरकारी हो या उनका व्यक्तिगत, फिजूलखर्ची उन्हें स्वीकार नहीं थी। उनके पास सरकार द्वारा दी गई यू.पी.जेड. 5265 नंबर की महेन्द्रा की जीप थी। उनका वाहन चालक था-हरिश्चंद्र। सर्राफ साहब अपने पास लकड़ी का 12 इंच का एक स्केल रखते थे, जैसा स्कूल के बच्चों के पास होता है। ऑफिस से घर लौटने के बाद वह स्केल से जीप की पेट्रोल टंकी का पेट्रोल नापते और जीप की चाबी अपने कब्जे में ले लेते। सवेरे हरिश्चंद्र जब उनको ऑफिस ले जाने के लिए आता तो वह चलने से पहले स्केल से फिर पेट्रोल नापते, उसके बाद ही चलते। अब ये उनसे कौन पूछता कि जीप की चाबी तो आपके पास ही रहती है और गाड़ी भी आपके ही यहां खड़ी रहती है फिर पेट्रोल की चोरी भला कैसे संभव हो सकती है? इसी तरह पेट्रोल भराते समय वह रीडिंग नोट करते थे और जब फिर पेट्रोल भराया जाता था तो पिछली रीडिंग से मिलान करके देखते थे कि माइलेज में कोई घपला तो नहीं हो रहा है। दौरे पर जाते तो हाथ धोने के लिए अपनी मिट्टी तक अपने साथ ले जाते थे। नियम से रोज कई घंटे पूजा करते लेकिन पूजा करते समय भी अपने आसपास को लेकर बहुत सचेत रहते। जैसे, हनुमान चालीसा का पाठ करते समय अगर उनकी आंखों ने देखा कि बिल्ली रसोईघर की तरफ जा रही है और दूध पी जाएगी तो 'जै हनुमान ज्ञान गुन सागर' का पाठ करते-करते वह बीच में किसी बेटी का नाम पुकार कर सचेत करते-'अरे देखो बिल्ली रसोईघर में घुस गई है,' के बाद ही हनुमान चालीसा की अगली पंक्ति का पाठ करने लगते थे। बेटे की चाहत में सर्राफ साहब के घर चार बेटियां पैदा हुईं। इन सारी बातों के बावजूद मैं सर्राफ साहब को हमेशा इसलिए भी याद रखता हूं कि मैंने मितव्ययिता का पाठ उन्हीं से पढ़ा। बाद में वह स्थानान्तरित हो

कर बलिया चले गए और उनकी जगह श्री बाबू राम चौधरी अधिशासी अभियंता बन कर आए।

1978 आते-आते अभियंता संघ में नेता के रूप में मेरी अच्छी पैठ बन गई थी। मुझमें आगे बढ़ने की ललक थी और अपने परिश्रम और लोगों के प्रति सहानुभूतिपूर्ण व्यवहार के कारण मुझे अधिकारियों का स्नेह और समर्थन मिल रहा था। मैं देख रहा था कि वह राजनेता हो या किसी छोटे संगठन का नेता, अगर उसे जनसमर्थन प्राप्त नहीं है तो उसकी कोई भी जोड़-तोड़ ज्यादा दूर तक चल नहीं पाती। आपमें सेवा-भाव है या आप केवल पद की लिप्सा में कुर्सी से चिपके हैं आम जन को यह जानने में अधिक समय नहीं लगता। जन-नेता को अपने लोगों के दिलों में जगह बनाने के लिए सचमुच ईमानदारी से काम करना पड़ता है, अपने कई स्वार्थों को छोड़ना पड़ता है और जन-नेता यदि वास्तव में समर्पित और ईमानदार है तो उसके ये गुण सामने आते ही हैं। मैं इस बात को बहुत अच्छी तरह जान गया था, इसलिए मैं उसी के अनुरूप अपने को ढाल चुका था। घर-परिवार से मेरा नाता धीरे-धीरे कुछ कम हो रहा था क्योंकि मैं सारे समय संगठन के काम में ही व्यस्त रहने लगा था। लोगों से मिलना, उनकी समस्याओं को जानना और जहां तक संभव हो सके, उनका निदान खोजना मेरी सर्वोच्च प्राथमिकता बनते जा रहे थे। खादी मेरा प्रिय वस्त्र था। मुझे लगता था कि खादी पहनने के लिए गांधीवादी होना जरूरी नहीं होता। मुझे खादी में उन बुनकरों का श्रम दिखाई देता जो एक महान आत्मा की स्वदेशी की भावना को जीवित रखने के प्रति प्रतिबद्ध थे।

इलाहाबाद के हाशिमपुर रोड चौराहे पर उच्च न्यायालय के वकील जे.एन. दुबे रहते थे जो बाद में पटना हाईकोर्ट के मुख्य न्यायाधीश बने। उनकी पत्नी श्रीमती सरोज दुबे बाद में सांसद बनीं। जस्टिस दुबे गजब के किस्सागो थे। उनमें इतना बतरस था कि उनसे मेरा रोज मिलने का मन करता था। वह किसी साधारण सी घटना को भी कुछ ऐसे ढंग से बयान करते कि आंखों के सामने तस्वीर सी बनती चली जाती। वह वकील थे, इसलिए भी उनके पास सुनाने के लिए बहुत से किस्से थे। मैं लगभग रोज ही उनके आवास पर चला जाता और देर तक गपशप चलती रहती। एक दिन मैं उनके पास बैठा था तभी जनता पार्टी के नेता श्री हरिनारायण मिश्र आए। दुबेजी ने मेरा उनसे परिचय कराते हुए बताया कि मैं बिजली अभियंता संघ का नेता हूं, आदि-आदि। हरिनारायण जी ने कहा-'अफसर यदि खादी पहन ले तो खतरनाक हो जाता है।' हरिनारायण जी ने यह बात क्या सोच कर कही, मैं नहीं जान पाया लेकिन उनका यह कहना मुझे कहीं चुभ गया। उनका यह कथन मुझे अपमानजनक लगा, न सिर्फ अपने प्रति बल्कि खादी के प्रति भी। एक तो मैं उनकी बात के पीछे छिपे मंतव्य को नहीं समझ पाया था,

ऊपर से मैं किसी और के घर में बैठा था इसलिए मैंने उनसे तो कुछ नहीं कहा लेकिन उस दिन से खादी को तिलांजलि दे दी।

बिजली इंजीनियर्स की मांगें पूरी नहीं की जा रही थीं जिसको लेकर उनमें जबरदस्त रोष व्याप्त होता जा रहा था। मेरी लखनऊ की आमद-ओ-रफ्त बढ़ गई थी। मैं और श्री डी.पी. श्रीवास्तव आए दिन इलाहाबाद से लखनऊ की 200 किलोमीटर की यात्रा उनकी खुली जीप पर करते। इन यात्राओं का उद्देश्य संगठन का काम करना तो होता ही था, ऑफिस से संबंधित कार्यों को निपटाना भी होता था। उन दिनों शक्ति भवन के अधिकारी शाम को सात-साढ़े सात बजे तक अपने घर जा चुके होते थे। ऐसे में विभागीय कार्यों पर चर्चा हेतु रात आठ बजे मैं उनके घर पहुंच जाता था। कार्य पूरा करने के बाद हम दोनों ही इलाहाबाद के लिए रवाना हो जाते और रात दो-तीन बजे तक घर पहुंच जाते।

1979 में बिजली अभियंताओं का बड़ा राज्यव्यापी आंदोलन हुआ। यह पूर्ण हड़ताल थी जिसमें लगभग डेढ़ हजार अभियंताओं को गिरफ्तार किया गया। सरकार द्वारा मीसा लागू किए जाने के बावजूद आठ-दस दिनों तक प्रदेश में बिजली का संकट पैदा हो गया था। हड़ताल को सफल बनाने के लिए तीन स्तरीय व्यवस्था की गई थी। श्री शैलेन्द्र दुबे सर्वोच्च स्तर पर थे और मैं दूसरे स्तर पर था। इलाहाबाद में लाइट एण्ड कंपनी के मालिक ने आंदोलन के दौरान मेरे छिपने का इन्तजाम किया। अभियंताओं ने अपनी ताकत और अपने जज्बे का भरपूर प्रदर्शन कर दिया था जिसे सरकार भी महसूस कर रही थी। हड़ताल जब पूरे जोशोखरोश के साथ चल रही थी तभी संगठन के अध्यक्ष श्री राजेन्द्र प्रसाद ने दबाव में आकर हड़ताल वापस ले ली। यह एकतरफा हुआ था। सरकार ने, जैसी कि उसकी जिद थी कर्मचारियों की मांगें तो नहीं मानीं बस इतना कर दिया कि आंदोलनकर्मियों को आंदोलन करने के 'अपराध' में दंडित न करने की उदारता दिखा दी थी। वे कठिन दिन थे। आर्थिक अभाव और आंदोलन की भागदौड़ के कारण मुझे बेहद तनाव था और जिस आंदोलन के लिए मैं प्राण दे रहा था वह भी अचानक बिना कोई सार्थक परिणाम दिए वापस ले लिया गया था। मेरा मन उचट गया।

उन्हीं दिनों श्री जी.पी. निगम कानपुर क्षेत्र के मुख्य अभियंता बन कर आए। आंदोलन के दौरान मेरठ में उनको गिरफ्तार किया गया था। संगठन का काम करते हुए जैसे कई अन्य वरिष्ठ अधिकारियों से निकटता हो गई थी, निगम साहब से भी मेरा अच्छा परिचय था। मैंने उनसे भेंट की और अनुरोध किया कि सहायक अभियंता मीटर के रूप में काम करते हुए मुझे पांच वर्ष हो चुके हैं, अब मैं इस स्थान से मुक्ति चाहता हूं। उन्होंने मुझसे पूछा कि मैं कहां जाना चाहता हूं, मैंने ग्रामीण विद्युतीकरण में जाने की इच्छा जताई। उन्होंने मुझे उप खंड अधिकारी, ग्रामीण विद्युतीकरण के पद पर तैनात कर दिया। उस स्थान पर काम कर रहे

आर.सी. गौतम को वहां से हटा कर मुझे तैनात किया गया था। परन्तु उच्च अधिकारी किसी नेता टाइप अधिकारी को अपने यहां नहीं चाहते थे इसलिए उन्होंने गौतम को भगा दिया ताकि मैं चार्ज ही न लेने पाऊं। मैं अपने पिछले तैनाती स्थल से कार्यमुक्त हो चुका था और नई तैनाती के स्थान पर मैं कार्यभार संभाल नहीं पा रहा था। मुझे दौड़ते हुए पांच दिन हो चुके थे और बुरी तरह हताश था। हार कर एक दिन में अधीक्षण अभियंता श्री एस.एन. सिंह से भिड़ गया।

'माना कि मैं सेवाभाव में आर.सी. गौतम जैसा नहीं हो सकता लेकिन जब मेरी तैनाती हो चुकी है तब मुझे ज्वायन क्यों नहीं करने दिया जा रहा है?' मैंने पूछा।

'आपको मैं एक शर्त पर ज्वायन करा सकता हूं कि आपको वही सब करना होगा जो गौतम करते थे।' उन्होंने मुझसे दो टूक कहा।

'मुझे मंजूर है।' मैंने कहा।

जो आर.सी. गौतम इतने दिनों से लापता थे वह तुरंत बरामद हो गए। मैंने कार्यभार संभाला लेकिन मैं पांच दिन कहीं भी काम नहीं कर रहा था, इसलिए मेरी सेवा में व्यवधान आ सकता था। मैंने काफी लिखा-पढ़ी की तब जा कर वह संकट दो साल बाद शक्ति भवन मुख्यालय से टला।

19

82-83 का वर्ष मेरे लिए बड़ा परिवर्तन ले कर आया जब मुझे प्रयाग के अर्धकुंभ में पहली बार कुंभ मेले के तीन क्षेत्रों, झूंसी, अरैल और मुख्य मेला क्षेत्र में से एक अरैल में विद्युत व्यवस्था करने की स्वतंत्र जिम्मेदारी सौंपी गई। मुझे सौंपे गए क्षेत्र में शून्य से शुरू करना था, पूरे क्षेत्र में तारों का जाल बिछाना था और ऐसी व्यवस्था करनी थी कि मेला क्षेत्र में किसी तकनीकी बाधा के कारण विद्युत आपूर्ति बाधित न होने पाए। मेरे पास अपने परिश्रम से अपने आप को सिद्ध करने का एक अवसर था जिसमें मुझे किसी भी मूल्य पर सफल होना था। अपने पूर्व आवंटित काम के साथ-साथ मुझे यह काम भी करना था। सात-आठ माह मैंने दोनों काम किए। और मेरी इसी मेहनत ने मुझे भविष्य में विभाग में कुंभ विद्युतीकरण विशेषज्ञ के रूप में प्रसिद्ध कर दिया। 1989 के कुंभ को छोड़ कर सभी कुंभ मेलों में बिजली की व्यवस्था का उत्तरदायित्व मुझे ही सौंपा गया।

अब तक मैं संगठन के काम में महत्वपूर्ण भूमिका निभाने लगा था और मेरी छवि एक जुझारू और ईमानदार नेता की बन गई थी। अपने सहकर्मियों का विश्वास मेरा संबल था और उन्हें अच्छी तरह पता था कि मैं उनके हितों की रक्षा के लिए सदैव तत्पर रहूंगा और मतभेद होने के बावजूद उनके विरुद्ध कभी नहीं

जाऊंगा। मेरे सहकर्मी मेरे दम पर अपनी किसी भी जायज बात पर अड़ जाने का हौसला रखते थे क्योंकि उनको पता था कि संगठन की शक्ति उनके पीछे रहेगी। मेरे कुछ उच्च अधिकारी मेरी इस उपलब्धि को स्पृहा से देखते और कुछ को यह फूटी आंखों नहीं सुहाता। ऐसे अधिकारी इस बात को व्यक्तिगत विद्वेष के रूप में ले लेते और मेरे साथ उसी तरह का व्यवहार करते। एक अभियंता श्री रुद्र नारायण पांडेय के मामले में ऐसा ही हुआ। कॉलोनी में अधीक्षण अभियंता श्री पी.सी. अग्रवाल के बेटे का विवाह था। श्री पांडेय का श्री अग्रवाल से किसी विभागीय मामले को लेकर विवाद चल रहा था। मैं श्री पांडेय के पक्ष में खड़ा था। एक तो इसलिए कि उनका पक्ष सही था, दूसरे इसलिए भी कि अपने इंजीनियर के पक्ष में संगठन न खड़ा होता तो और कौन होता? श्री अग्रवाल ने कॉलोनी के सभी लोगों को अपने बेटे के विवाह में आमंत्रित किया बस मुझे और श्री पांडेय को छोड़ दिया। यह अपमानित करने के लिए जान-बूझ कर की गई उपेक्षा थी जो हम दोनों को ही असह्य हो उठी। विवाह वाले दिन मुझसे और श्री पांडेय से कॉलोनी के सभी लोग पूछते रहे कि विवाह में चलना है न? और हम दोनों लोगों को बताते रहे कि आमंत्रण नहीं है। श्री अग्रवाल यही चाहते थे कि लोग देखें कि अभियंता संघ के एक लोकप्रिय पदाधिकारी की उनकी निगाह में क्या वकत है।

कुछ ही महीनों बाद, 1988 में मेरी बेटी सांत्वना का विवाह हुआ। उसकी शादी इलाहाबाद में संस्कृत के प्रकाण्ड विद्वान श्री प्रतापमित्र शास्त्री के पुत्र संजय पांडेय से तय हो गई जो इफ्को में कार्यरत था। एक ही मुलाकात में मैंने बेटी का विवाह संजय के साथ तय कर दिया।

श्री भूपाल सिंह उत्तर प्रदेश इलेक्ट्रिसिटी बोर्ड के चेयरमैन थे, जिन्हें मैं अपना आदर्श मानता था। मैंने उनको भी निमंत्रण-पत्र भेजा था। श्री भूपाल सिंह जी मेरी बेटी के विवाह में शामिल होने लखनऊ से 200 किलोमीटर कार से यात्रा करके इलाहाबाद पधारे। यह भूपाल सिंह जी का बड़प्पन ही था कि बोर्ड का चेयरमैन एक सहायक अभियंता की बेटी के विवाह में सम्मिलित हो रहा था। स्वाभाविक ही था कि चेयरमैन के मौजूद होने पर श्री अग्रवाल भी वहां जरूर ही हाजिर रहते। और हुआ भी ऐसा ही। चेयरमैन का स्वागत करने के लिए श्री अग्रवाल विवाह स्थल पर सबसे आगे खड़े थे। मैं उन्हें देख कर चौंका तो जरूर लेकिन फिर तत्काल ही उनकी मजबूरी समझ कर सामान्य बना रहा।

'आपने तो मुझे बुलाया ही नहीं,' लिफाफा मेरी जेब में सरकाते हुए उन्होंने लगभग फुसफुसाते हुए कहा।

'अरे, कार्ड भेजा तो था, आपको मिला नहीं क्या?' मैंने कहा।

तो उन्होंने मेरे कंधे पर हाथ मारते हुए कहा-'इस बारे में हम बाद में बात करेंगे।'

भूपाल सिंह साहब शादी में अंतिम व्यक्ति के विदा हो जाने तक मेरे साथ बने रहे और यह बात याद करते हुए मेरा मन आज भी कृतज्ञता से भर जाता है।

विवाह में बेटी को अपनी सामर्थ्य के अनुसार जो कुछ दे सकता था वह तो दिया ही लेकिन मेरी निगाह में मैंने उसे जो बहुमूल्य उपहार दिया वह था, मुरारी बापू के प्रवचनों के कैसेट का संग्रह।

मैं प्रदेश के सिंचाई मंत्री और करछना के विधायक श्री के.पी. तिवारी जैसे रातनीतिज्ञ के निकट आ चुका था। तिवारी जी का मेरे प्रति व्यवहार मित्रवत था और विधायक या मंत्री होने का कोई अहंकार मुझे उनमें कभी दिखाई नहीं दिया। बाद में वही तिवारी जी जब इलाहाबाद से सांसद चुने गए तब भी मुझे उनके व्यवहार में कोई फर्क महसूस नहीं हुआ। सांसदी के दिनों में श्री तिवारी इलाहाबाद के हीवेट रोड पर रहा करते थे। वह मेरे घर पर अक्सर खाने पर निमंत्रित होते। 1984 आते-आते मेरी आर्थिक स्थिति काफी कुछ ठीक हो आई थी। मैंने एक सेकेंड हैंड फियेट कार खरीद ली थी। यू.आर.एस. 1005 नंबर की उस फियेट पर सांसद के.पी. तिवारी को उनके घर से लाता और छोड़ने जाता। लोगों को अपने घर पर भोजन के लिए आमंत्रित करना, उनके साथ दीन-दुनिया की बातें करना और राजनीतिज्ञों और पत्रकारों की संगत मेरा शौक बन गया था। इसी तरह एक बार जब मैं श्री तिवारी को लेकर अपने घर आ रहा था, उन्होंने कहा कि रास्ते में मुख्य नगर अधिकारी श्री जे.एन. द्विवेदी का मकान पड़ता है, क्यों न उनको भी भोजन के लिए साथ ले लिया जाए। मैं असमंजस में पड़ गया कि मैंने श्री द्विवेदी को पहले से आमंत्रित तो किया नहीं है, कैसे उनसे अनुरोध करूंगा? फिर भी हम दोनों उनके पास पहुंचे और उन्हें रात्रिभोज के लिए आमंत्रित किया। उन्होंने कहा कि भोजन तो वह कर चुके हैं लेकिन वह हमारे साथ चलने को तैयार हैं। घर आकर खाने के दौरान मैं, तिवारीजी और द्विवेदीजी बातचीत करते रहे। बातों से बात मेरे निजी स्थानीय आवास की निकली और श्री द्विवेदी ने कहा कि सर्कुलर रोड पर कुछ प्लॉट हैं, आप चाहें तो उनमें से एक ले सकते हैं। भू-खंड का मूल्य भी आपको किस्तों में अदा करना होगा। यह एक अत्यंत आकर्षक प्रस्ताव था। मैंने तुरंत हामी भर दी। मैं इलाहाबाद में सर्कुलर रोड पर 200 वर्ग गज के प्लॉट का स्वामी बन गया। प्लॉट की कीमत 58,000 रुपए थी जिसका भुगतान मुझे किस्तों में करना था। लेकिन प्लॉट ले लेना एक बात थी और उस पर मकान बनवाना बिलकुल अलग बात थी। मकान बनवाने में पहले कार बेचनी पड़ी। लेकिन मैंने पाया कि मकान रेत का ऐसा कुआं होता जा रहा है जिसमें जितना ही पानी डालो सब न जाने कहां चला जाता है। लखनऊ के गोमती नगर में विपुल

खंड में 50,000 रुपए से एक प्लॉट बुक कराया था। उसका पैसा वापस लिया और उसे भी मकान में लगा दिया। हालांकि 1987-88 में गोमती नगर में रीसेल के प्लॉट कोई खरीदता नहीं था। किसी तरह मकान बन कर पूरा हो गया और मैं सपरिवार उसमें रहने लगा।

1987 में इलाहाबाद में रहते हुए मुझे ग्यारह साल हो चुके थे। मुझे इलाहाबाद एक ही पद और एक ही अनुभाग में काम करते हुए काफी समय हो गया था और अब मैं वहां से निकलना चाह रहा था। अपनी इस इच्छा को लेकर मैं उत्तर प्रदेश पावर कॉरपोरेशन में सदस्य (वितरण) श्री भूपाल सिंह से मिला और उनसे कहा कि मैं अब यहां से जाना चाहता हूं। श्री सिंह उस समय किसी से फोन पर बात कर रहे थे और मेरी बात भी सुनते जा रहे थे। उन्होंने पूछा कि मैं कहां जाना चाहता हूं! मेरे मुंह से निकला, स्टोर इंस्पेक्शन। उन्होंने तत्काल दूसरा फोन सचिवालय में संयुक्त सचिव श्री ए.एम. रावल को मिलाया और मेरी लखनऊ में सामग्री प्रबंधन अनुभाग में तैनाती की व्यवस्था हो गई। किसी काम को तत्काल करने की जो तेजी मैंने श्री भूपाल सिंह में देखी उससे पहले मैंने किसी में नहीं देखी थी। उनकी कार्यशैली को अपनाने का संकल्प मैंने उसी क्षण लिया क्योंकि मैंने पाया कि मेरा काम तुरंत हो जाने से मुझे अत्यंत प्रसन्नता का अनुभव हुआ था और मुझे लगा कि अगर सभी अधिकारी यही कार्यपद्धति अपनाएं तो कितने सारे लोग खुश हो सकते हैं। आज हाथ में लिये गए काम को तत्काल निबटाने की कला मैंने भूपाल सिंह जी से ही सीखी।

अब मेरी इलाहाबाद और लखनऊ के बीच शंटिंग शुरू हो गई। परिवार मैंने इलाहाबाद में ही रखा और मैं रोज गंगा-गोमती ट्रेन से लखनऊ से आने-जाने लगा। लखनऊ से रोज इलाहाबाद अपने परिवार के पास चला ही जाऊं, कभी-कभी ऐसा संभव नहीं भी हो पाता था। मैं कभी चारबाग के मोहन होटल में ठहर जाता और कभी अलीगंज के सेक्टर जे के उस कमरे में जो मैंने किराए पर ले रखा था। बाहर के खाने-पीने ने मुझे पेट का भयंकर रोगी बना दिया। मैं गम्भीर अम्लता का शिकार हो गया। एसिडिटी इतनी ज्यादा कि मालूम होता था जैसे पेट और सीने में कितनी सारी भट्ठियां जल रही हैं। काम की व्यस्तता में दिन के समय उस जलन का अहसास कम होता था। जब कभी कुछ खाने की कोशिश करता तभी उसका पता लगता था। लेकिन रात के समय वह अम्लता मुझे बेहद परेशान करती। मैं रातों को सो नहीं पाता। इन्डोस्कोपी जैसी जांचों से लेकर कोई भी एलोपैथ नहीं बचा था जिससे मैंने इलाज नहीं कराया मगर कोई फायदा नहीं हुआ। तभी किसी ने मुझे इलाहाबाद के प्रख्यात होमियोपैथ डॉक्टर एस.एम. सिंह से मिलने की सलाह दी। मैं उनसे मिला और उन्हें अपना हाल बताया। उन्होंने सारा हाल सुनने के बाद मुझसे जीभ बाहर निकालने को कहा। मैंने जीभ बाहर निकाली

और उन्होंने एक शीशी से कुछ बूंदें मेरी जीभ पर टपका दीं और दवा की एक शीशी मुझे देते हुए कहा–'जाओ, ये दवा लेते रहना, ठीक हो जाएगा।' इसका क्या मतलब हुआ? मुझे यह एक भद्दा मजाक जैसा लगा। जिस रोग को एलोपैथी की इतनी सारी दवाएं ठीक नहीं कर पाईं, उसको ये चंद बूंदें कैसे ठीक कर देंगी? मैंने पूछा, 'इससे ठीक हो जाएगा?' अवश्य ही मेरी आवाज में अविश्वास का भाव रहा होगा जिसे डॉक्टर सिंह ने तत्काल पकड़ लिया। उन्होंने मेरे हाथ में पकड़ी दवा की शीशी की तरफ इशारा करते हुए कहा–'अगर इस दवा से ठीक न हों तो यही शीशी लाकर मेरे सिर पर तोड़ देना।' डॉक्टर सिंह का दावा जरा भी गलत नहीं था। उनकी दवा ने मुझे एकदम रोगमुक्त कर दिया।

मेरा काम स्टोर में भेजे जाने वाले सामान की, डिलीवरी से पहले गुणवत्ता की जांच करना था। मैंने 1990 तक इस स्थान पर काम किया और इस अवधि में मैंने कोलकाता, दिल्ली, लुधियाना, मुंबई, मैसूर और मुन्नार सहित देश के लगभग सभी बड़े शहरों का दौरा किया और इस बहाने मुझे पूरे देश को थोड़ा–बहुत जानने का अवसर मिला।

अप्रैल, 1990 के प्रथम सप्ताह में मेरा ट्रांसफर फिर इलाहाबाद हो गया। तत्कालीन मुख्य अभियंता स्व. एस.पी. मिश्र ने मुझे एस.डी.ओ. (ग्रामीण विद्युतीकरण) इलाहाबाद के पद पर तैनात कर दिया। मुझे एस.डी.ओ. (वितरण) सिरसा का अतिरिक्त कार्यभार भी सौंप दिया गया क्योंकि दोनों का भौगोलिक क्षेत्र एक था।

इलाहाबाद में सिरसा में एस.डी.ओ. का ऑफिस बीच बाजार में एक दूकाननुमा कमरे में था। ऐसा नहीं था कि ऑफिस के लिए जगह नहीं थी लेकिन उस जगह पर दबंगों ने अपने पशु बांध कर कब्जा कर रखा था। लोगों से पता किया तो मालूम हुआ कि दबंगों के सिर पर उस समय की प्रदेश सरकार में एक कद्दावर मंत्री का हाथ है इसलिए कोई कुछ कर नहीं सकता। मैंने मंत्री महोदय से भेंट की ताकि कोई समाधान निकल आए। उन्होंने कहा कि ऐसा करना उचित नहीं होगा। यह तो नहीं माना जा सकता कि मंत्री महोदय जैसा ताकतवर नेता उन असामाजिक तत्वों से भय खाता होगा, हां उनके द्वारा उन लोगों को संरक्षण देने की बात साफ दिखाई दे रही थी। मैंने संकल्प लिया कि जैसे भी होगा मैं यह ऑफिस बनवा कर ही दम लूंगा। मैंने एस.डी.एम. और सी.ओ. से मुलाकात की और उन्हें अपनी बात बताई। वे मेरी मदद के लिए राजी हो गए। मैं दल–बल सहित वहां पहुंचा। बंधे हुए पशुओं को हटाया गया और अनधिकृत रूप से रह रहे लोगों को बेदखल किया गया। पहले मैं भी डर रहा था कि न जाने किन स्थितियों का सामना करना पड़े लेकिन जब सब कुछ बगैर ज्यादा किसी प्रतिरोध का सामना किए ही हो गया तो मुझे लगा कि डर तभी तक डराता है जब तक आप उससे डरते

हैं। वहां जमीन की पैमायश कराई गई और चौहद्दी बनवा दी गई। लेकिन अब बड़ी समस्या थी कि ऑफिस बनाने के लिए पैसा कहां से आए। यहां पर महामना पंडित मदनमोहन मालवीय जी मेरे सामने अपने जुझारू व्यक्तित्व के साथ आकर खड़े हो गए। मैंने विचार किया कि एक आदमी अगर संकल्प लेकर इतने बड़े विश्वविद्यालय की स्थापना कर सकता है तो मैं क्या उनसे प्रेरणा लेकर एक छोटा-सा ऑफिस नहीं बनवा सकता? मैं अपने जीवन में दो व्यक्तित्वों से सदा से प्रभावित रहा। एक महात्मा गांधी जिनका संपूर्ण वाङ्मय मैं दसवीं क्लास में पढ़ चुका था और दूसरे महामना मालवीयजी जिनके नाम पर गोरखपुर में स्थापित इंजीनियरिंग कॉलेज में मैंने शिक्षा प्राप्त की थी। वहां पढ़ते हुए मुझे बराबर मालवीयजी की सादगी, उनकी संकल्पशक्ति और निर्व्याज सेवा का भाव मोहता रहता। मैंने मुख्य अभियंता श्री वीरेश्वर सिंह के हाथों नए भवन का शिलान्यास करवा दिया।

मैंने अनुदान और श्रमदान के जरिए भवन निर्माण की योजना बनाई। मैं ईंट भट्ठे वालों के पास गया और उनसे ईंटें दान में देने की प्रार्थना की, आरा मशीन के मालिक से लकड़ी प्राप्त की, लोहे की दूकान से लोहा मिला, और बिजली विभाग के सिविल विंग से सीमेंट मिल गई। अब बारी थी भवन निर्माण की। मैंने खुद दस हजार और चार जूनियर अभियंताओं से चार-चार हजार रुपए लिये जिससे राज मिस्त्री और मजदूरों का भुगतान किया गया।

भवन बन कर तैयार हो गया, लेकिन मैं उस ऑफिस में बैठ पाता इससे पहले ही मेरा स्थानांतरण इलाहाबाद में ही नगरीय निर्माण खंड में एस.डी.ओ. के पद पर हो गया।

सफलता अपने आप में किसी नशे से कम नहीं होती। मैंने यही प्रयोग नैनी स्टोर के भवन निर्माण और फतेहपुर में ए.ई. स्टोर कार्यालय भवन को बनवाने में दोहराया। नैनी स्टोर के भवन का उद्घाटन कंट्रोलर स्टोर श्री एस.एन. अग्रवाल ने किया और फतेहपुर के भवन का उद्घाटन विधान सभा के तत्कालीन अध्यक्ष श्री केसरी नाथ त्रिपाठी ने किया। यह सब लोग मानते हैं कि यह घटनाएं अपनी तरह की पहली और अब तक की अकेली हैं।

लेकिन मेरे लिए यह सब कर पाना उस वक्त वैसा आसान भी न था। विधि मेरी हर तरह से परीक्षा लेने पर उतारू थी। मुझे परिवार और कार्यालय, दोनों मोर्चों पर धैर्य के साथ जूझना पड़ रहा था।

1989 में मेरे छोटे बेटे विशाल की तबीयत खराब हुई। उसकी चौदह साल की आयु थी और उसका बुखार 104-105 डिग्री से नीचे उतरता ही नहीं था। मैं लखनऊ में स्टोर इंस्पेक्शन अनुभाग में था और परिवार इलाहाबाद में ही था। मेरी लखनऊ और इलाहाबाद के बीच की दौड़ यथावत् जारी थी। मेरे लिए बेटे की

अस्वस्थता के कारण लखनऊ में ही बने रहना संभव नहीं था। जिस किसी ने जिस किसी डॉक्टर के बारे में बताया, मैंने उसे दिखाया। शहर का शायद ही कोई डॉक्टर छूटा हो जिसके पास मैं न गया होऊं लेकिन बुखार था कि उतरता ही नहीं था। बेटे को जोड़ों में भयानक पीड़ा थी। डॉक्टरों ने बताया कि यह र्यूमेटिक फीवर है। डॉक्टरों द्वारा बुखार को यह कह कर परिभाषित करने पर कि 'इट लीव्स द ज्वांयट बट बाइट द हार्ट' मैं बेचैन हो गया। मैं अपने बेटे को दर्द से तड़पते देख रहा था और डॉक्टर की बात याद कर रहा था–'बाइट द हार्ट'। मैं नहीं जान सकता था कि हृदय को खरोंचने या काटने का क्या अर्थ हो सकता है लेकिन अपने बेटे को तपड़ते देखता तो लगता कि कुछ–कुछ अनुमान जरूर लग सकता है कि अगर किसी के दिल में नाखून गड़ा दिए जाएं तो उसे कैसा लगेगा। मैं केवल अनुमान ही लगा सकता था जबकि मेरा बेटा उस खरोंचे जाने के दर्द से गुजर रहा था। मैं और परिवार के लोग उसे सिर्फ असहाय–से देख–भर सकते थे। देखने वाले के मन में आता कि काश, कोई ऐसी विधि होती कि हम दर्द से तड़पते आदमी की पीड़ा का कुछ अंश अपने ऊपर ले सकते। टेलीफोन एक्सचेंज में ऑपरेटर श्री सतीश चंद्र मिश्र ने मुझे इलाहाबाद के डॉक्टर कमल कुमार के पास जाने की सलाह दी। मैं उनके पास गया। उन्होंने बच्चे को वाइस्लोन नामक दवा दी जो एक स्ट्रॉयड थी। इस दवा ने तुरंत अपना असर दिखाया। बुखार टूट गया, बच्चा उठ कर खड़ा हो गया, चलने–फिरने और खाने–पीने लगा। मैंने थोड़े समय बाद उसे सायकिल चलाने और तैराकी के लिए प्रोत्साहित किया ताकि वह जल्दी से जल्दी एक स्वस्थ युवक के रूप में अपना जीवन पहले की तरह जीना शुरू कर सके। कुछ समय बाद उसके शरीर में सूजन सी आने लगी। मुझे लगा कि मेरा बच्चा मोटा हो रहा है। लेकिन जब वह जरा सा श्रम करने के बाद हांफने लगा तो मुझे चिंता हुई। बच्चे के इलाज के लिए फिर डॉक्टर को दिखाया लेकिन कोई लाभ नहीं हुआ। स्ट्रॉयड का सबसे बड़ा दोष यह होता है कि उसका लाभ तो तत्काल दिखाई दे जाता है लेकिन फिर उसके बाद कोई और दवा असर नहीं करती। मैं अपने बच्चे के स्वास्थ्य को लेकर एक बार पूरी तरह से मुतमईन होना चाहता था इसलिए मैं उसको लेकर बंबई के बॉम्बे हॉस्पिटल ले गया। वहां जांच के दौरान पता लगा कि विशाल के हृदय के दो वॉल्व लीक कर रहे हैं जिनका एकमात्र इलाज ऑपरेशन है। डॉक्टरों की राय थी कि अभी तत्काल कोई चिंता की बात नहीं है, बच्चा 18–19 साल का हो जाए तब ऑपरेशन करवाया जा सकता है।

इस बीच मैं मधुमेह का जबरदस्त रोगी हो चुका था और उच्च रक्तचाप अलग से मुझे परेशान किए हुए था। जानने वाले जानते हैं कि इन दोनों रोगों का एक साथ होना कितना घातक होता है। किसी ने मुझे बताया कि तैराकी से बढ़ कर कोई कसरत नहीं और मधुमेह पर काबू रखने के लिए कैलोरी जलाने का इससे

अच्छा और कोई जरिया नहीं हो सकता। मैं भी बहुत समय से सोच रहा था कि कितनी अजीब बात है कि 45 साल का हो चुकने के बाद भी मुझे तैरना नहीं आता। दरअसल तैराकी न आना मुझे एक तरह की अपूर्णता लगता और मैंने संकल्प किया कि जैसे भी हो, मैं तैरना सीखूंगा। इलाहाबाद के बालसन चौराहे पर विकास प्राधिकरण का स्वीमिंग पूल था जिसे उमेश प्रताप सिंह लीज पर लेकर किराए पर चलाते थे। मैंने वहीं तैरना सीखा और एक हफ्ते में अच्छा-खासा तैराक बन गया। रोज शाम को तैरने का वह सिलसिला 1994 से शुरू हो कर 2001 तक निरन्तर जारी रहा। 'कुछ कर दिखाना है' के भाव ने मुझे केवल तैरना ही नहीं सिखाया बल्कि इस भाव ने जीवन में अनेक बार आगे बढ़ने में मेरी बहुत मदद की।

बहरहाल, बंबई से लौटने के कुछ समय बाद बच्चे की हालत फिर गिरने लगी। मैं 1995 में बेटे को लेकर दिल्ली गया। स्कार्ट्स हॉस्पिटल के डॉक्टर नरेश त्रैहन ने बच्चे को देखा और तत्काल ऑपरेशन करवाना तजवीज किया। डॉक्टर त्रैहन ने विशाल के हृदय के दोनों वॉल्व बदल दिये। अब तो हृदय की शल्य-क्रिया की कई नई-नई तकनीकें विकसित हो चुकी हैं, उस समय सीने को पूरी तौर पर खोल कर ऑपरेशन होता था जिसे मेडिकल की भाषा में 'ओपन हार्ट सर्जरी' कहा जाता है। खून पतला रहे ताकि वाल्व को खून को आगे भेजने में अधिक श्रम न करना पड़े, इसके लिए 'एसीट्राम' दवा दी जा रही थी। 'प्रोथॉम्बिन टाइम' यानी खून के जमने में लगने वाले समय पर निगाह रखने के लिए लगातार खून की जांच की जाती थी और जांच के परिणामों के आधार पर एसीट्राम दवा की मात्रा निर्धारित की जाती थी। ऑपरेशन के बाद मैं बेटे को लेकर लखनऊ वापस लौट आया। विशाल को भी ऑपरेशन से काफी लाभ हुआ था, वह भी आराम से रहने लगा।

आशाओं और आशंकाओं के बीच जीवन फिर चल निकला। कभी-कभी मन में उठने वाली आशंका होतव्यता का संकेत देती सी जान पड़ने लगती है जब आपकी आशंका सच बन कर आपके सामने आ खड़ी होती है। वैसा ही हुआ। बेटे की तबीयत फिर खराब हो गई। मैं बगैर समय गंवाए उसको लेकर फिर दिल्ली गया और डॉक्टर त्रैहन से मिला। डॉक्टर त्रैहन ने कहा कि बदले गए वॉल्व में संक्रमण हो गया है इसलिए फिर से ऑपरेशन करके वॉल्व बदलने होंगे। डॉक्टर की बात सुन कर विशाल ने मुझे कातर निगाहों से देखा और लगभग रुआंसी आवाज में कहा-'मैं दोबारा ऑपरेशन नहीं करवाना चाहता।' चाहता मैं भी नहीं था, लेकिन मेरे या विशाल के चाहने या न चाहने का कोई मतलब ही नहीं था। ऑपरेशन की वजह से विशाल को भयानक पीड़ा झेलनी पड़ी थी इसलिए, फिर से ऑपरेशन होगा यह सुन कर वह हिल गया था और मेरे भीतर कंपकंपी पैदा

करने के लिए उसकी याचना-सी करती वह निगाह ही काफी थी जिसका मैं सामना नहीं कर पा रहा था।

दोबारा ऑपरेशन करवा कर मैं बेटे को लेकर लखनऊ वापस आ गया। जीवन फिर आशंकाओं, अवसाद और निरुपाय बेचारगी लेकिन इस उम्मीद के सहारे बीतने लगा कि ऑपरेशन के बाद जल्दी ही बेटा स्वस्थ जीवन जीने लगेगा। जिसको भी विशाल के बीमार होने और ऑपरेशन की खबर मिलती, वह हम लोगों से मिलने आता। लोगों के आने से मन को ढाढ़स सा मिलता लेकिन मन में उदासी ने जैसे अपना घर-सा बना लिया था। कहीं भी रहते हुए या कुछ भी करते हुए बेटे का ध्यान एक क्षण को भी मन से ओझल नहीं होता। अचानक एक दिन सवेरे छोटा भाई और दामाद, आदि मिलने आए। जब वे आए उस समय बेटा सो रहा था। जब वे जाने लगे तो, मैंने यह सोच कर कि वे लोग उससे मिल लें, मैं विशाल को जगाने गया। वह बेहोश था, उसके मुंह से झाग निकल रहा था। मैं उसको लेकर तुरंत पीजीआई भागा। एक सप्ताह वहां रहने के बाद उसकी मृत्यु हो गई। दर्द का आखिरी चीत्कार मेरे गले से निकला और हूक बन कर मेरे हृदय को अपनी मुट्ठी में भींचता हुआ भीतर तक समाता चला गया।

मेरे शरीर का एक अंग जैसे कट कर मुझसे अलग हो गया था। मेरे हाथों से कुछ बहुत ही बहुमूल्य छीन लिया गया था और मैं कुछ नहीं कर सका सिवाय आंसुओं भरी आंखों से देखते रह जाने के। अपने जिन कंधों को मैं बहुत मजबूत समझता था, जवान बेटे की लाश के बोझ ने उन्हें तोड़ दिया था। लेकिन मैं अपने आप को सिर्फ अपने दु:ख तक सीमित नहीं कर सकता था। मेरी पत्नी थीं जिन्होंने मेरी ही तरह बेटा खोया था और उनका दु:ख मेरे दु:ख से किसी भी मायने में कम नहीं बल्कि ज्यादा ही था, मेरा दूसरा बेटा विपुल था, जो किसी प्रहार के समय स्वत: रक्षा में उठने वाली दाहिनी भुजा जैसा, भाई खो कर निहत्था-सा हो गया था और बेटी सांत्वना थी जिसके लिए राखी बांधने की दो में से एक कलाई खो गई थी। मेरे पास अपने दु:ख में डूबने का अवकाश ही कहां था! सब मेरी तरफ देख रहे थे, मुझे अपनी तरफ देखने का मौका ही कहां था! और इन सब लोगों के ऊपर मेरे पिता और मेरी मां जीवित थे। उन्होंने अपने बड़े-बुजुर्गों से लंबी उम्र का आशीर्वाद शायद इसी दिन के लिए लिया था कि जिंदा रहेंगे और एक दिन पोते की लाश को श्मशान तक पहुंचाएंगे।

इस लखनऊ शहर ने मेरा सबकुछ छीन लिया था। मेरा मन इस शहर से बुरी तरह उचट चुका था। जीवन क्षणभंगुर है यह समझाने के लिए जीवन ने बहुत क्रूर तरीका अपनाया था। वैसे इस तथ्य को मुलायमियत से समझाया भी नहीं जा सकता। मैंने उस शाश्वत सत्य को न सिर्फ समझ लिया था बल्कि शोकाकुल बने रहने के स्थान पर अपने आप को व्यस्त रखने की सोचने लगा ताकि सब लोगों के

सामान्य जीवन जीने की शुरुआत हो सके। मैं जीवन के उस हिस्से की स्मृतियों को अपने मन की स्लेट से पोंछ कर साफ कर देना चाहता था। बेटा, उसकी बीमारी, अस्पताल, अस्पताल के वार्ड, लंबे-लंबे वराण्डे, उन वराण्डों की फर्श से पोंछा लगाने के बाद उठती फिनायल की गंध, दवाएं, डॉक्टर, ऑपरेशन, कातर निगाहें, मुंह से निकलता झाग, मौत और जलती हुई चिता जैसे दृश्यों से मैं बुरी तरह घिर गया था।

मैं इस सारे कुछ को जितना ही भुलाने की कोशिश करता वह सब और भी तेजी से याद आता। इतनी सी बात मेरी समझ में नहीं आ पा रही थी कि भुलाने की कोशिश करना तो यादों को गहरा करने का ही दूसरा नाम है। और अभी तो उसको गए एक ही दिन हुआ था और मैं नादान यह सोचने लगा था कि मुझे उसकी यादों से जल्द से जल्द छुटकारा मिल जाए जो किसी भी तरह से मुमकिन नहीं था। सच बात तो यह है कि मुमकिन तो यह आज तक नहीं हो सका।

कैसे कहूं कि इतने वर्षों बाद भी उस प्रसंग को भूल पाया हूं क्योंकि आज जब उस हृदयविदारक प्रकरण को लिखने बैठा हूं तो कोई भी चीज लिखने से छूटने नहीं पाई है। हां, उस विषय में बातें करने से हमेशा बचता रहा हूं क्योंकि मुझे न अपने ऊपर यकीन है कि मैं अपने भीतर का सारा दर्द किसी के सामने उंड़ेल सकूंगा और न सामने वाले पर कि वह मेरी पीड़ा को सही-सही पहचान सकेगा। लेकिन अपने आप को और अपने परिवार को शोक के उस दमघोंटू वातावरण से बाहर निकालने के लिए मुझे कुछ न कुछ उपाय तो करना ही था। मैं अंतिम संस्कार के अगले ही दिन सचिव श्री रणवीर सिंह से मिला और उनसे अनुरोध किया कि मुझे वापस इलाहाबाद भेज दीजिए।

अभियंता संघ की गतिविधियों और बढ़ती लोकप्रियता के कारण पैदा हो गए विरोधियों ने (अव्वल तो मैं ठीक से आज तक नहीं जान पाया कि वे सब मुझसे विरोध भाव रखते क्यों थे और अगर मान लिया जाए कि मेरे किसी व्यवहार से उनको कभी कष्ट पहुंचा हो तो ऐसी भी क्या दुश्मनी कि एक छोटी-सी सांस पाने के लिए छटपटाते आदमी की गरदन दबा कर उसे मार डालने की कोशिशें शुरू कर दी जाएं।) इस बात की भनक पाते ही, कि मैं अपना स्थानांतरण इलाहाबाद करवाने की कोशिश कर रहा हूं, पूरे जोर-शोर से मेरे विरुद्ध अभियान छेड़ दिया। उन्होंने पूरी कोशिश की कि मैं इलाहाबाद न जाने पाऊं। उन्होंने अधिकारियों के पास यह 'सूचना' भिजवाई कि चूंकि बेटे के जीवन का भारी राशि का बीमा कराया गया था इसलिए उसे बचाने की कोशिश नहीं की गई। जबकि वास्तविकता यह थी कि उसका कोई बीमा था ही नहीं। लेकिन प्रभु, जिन्होंने मेरे ऊपर वज्रपात किया था, उनको शायद मेरी दशा पर दया आ गई। श्री रणवीर सिंह ने सहायक अभियंता (स्टोर) के पद पर मेरा स्थानांतरण लखनऊ से इलाहाबाद कर दिया।

इलाहाबाद पहुंच कर जैसे नए सिरे से जीवन जीने की शुरुआत हुई। मैं और मेरे परिवार के सभी लोग अपने आप से आंखें चुराते हुए समझ रहे थे कि स्थान बदलने से ज्यादा कुछ नहीं होने वाला क्योंकि लखनऊ से अपने साथ मन तो वही लेकर गए थे हम लोग। लेकिन कुछ ही समय बाद हमें लगने लगा कि स्थान परिवर्तन से भी बड़ा फर्क पड़ता है। चीजें धीरे-धीरे ठीक होने लगीं। प्रकृति ने मनुष्य को यदि भूलने का गुण और बहल जाने की मूर्खता का वरदान न दे रखा होता तो यह सारा संसार एक बहुत बड़ा पागलखाना बन जाता।

मैं फिर इलाहाबाद लौट आया हूं, इस बात की खबर मिलते ही मित्रों से मुलाकातों का सिलसिला चल निकला। बड़ा बेटा विपुल इंजीनियरिंग के तीसरे साल में था, वह अपने कॉलेज लौट गया और हम पति-पत्नी अपने आप को बहलाने, फुसलाने और किसी तरह सामान्य जीवन की ओर लौटने की कोशिश करने लगे। एक शाम 'दैनिक जागरण' के पत्रकार श्री रवीन्द्र पांडेय की बच्ची के जन्मदिन की पार्टी में मैं सपत्नीक उनके घर गया हुआ था। पार्टी में आए हुए तमाम लोगों में एक दुबली-पतली, गोरी और सुंदर सी लड़की ने हमारा ध्यान आकर्षित किया। वह लड़की अपने होने मात्र से ही जैसे उजास-सा फैला रही थी। उसका सलीकेमंद होना उसकी एक-एक चेष्टा से झलक रहा था। जो बात मेरे मन में आई वही बात पत्नी ने मुझसे कही-'ये कौन लड़की है? इससे अगर विपुल का ब्याह हो जाता तो कितना अच्छा होता।' हम भी अपने आंगन में सूतक की आंधी से आ गिरी शोक की पीली पत्तियों को बुहार कर बाहर फेंकने के रास्ते खोज रहे थे। मैंने तुरंत पांडेय जी से लड़की के बारे में पूछा तो उन्होंने बताया कि वह श्वेता है जो उनकी पत्नी पुष्पा की बहिन है। मैंने पांडेय जी से अपनी मंशा जाहिर की तो उन्होंने इसको मजाक समझा क्योंकि लड़की के पिता संपन्न नहीं थे और बिजली विभाग के एक अभियंता जिसका बेटा भी इंजीनियरिंग पढ़ रहा हो, उस घर में बेटी के विवाह की बात पर सहसा विश्वास करना उनके लिए कठिन था। मैं आदर्शों में जीने वाला प्राणी रहा हूं। मैंने बेटी के लिए एक लड़का देखा और उसका विवाह तय कर दिया और अब बेटे के लिए एक लड़की देखी थी जिससे विवाह तय कर देना चाहता था। मैंने पांडेय जी के माध्यम से लड़की के पिता से बात की और विवाह तय हो गया। मैंने अपनी होने वाली बहू के पिता को दहेज के भार से मुक्त करते हुए एक रुपए से तिलक लिया, बीस-पच्चीस बारातियों की बारात के साथ सादगी से बहू को विदा करा कर अपने घर लिवा लाया। घर-परिवार में एक प्राणी के बढ़ जाने से सचमुच बड़ा फर्क पड़ने लगा। विपुल इंजीनियरिंग पढ़ कर वापस लौट आए और उन्होंने इन्वर्टर बनाने का अपना स्वतंत्र काम शुरू किया। तभी इलाहाबाद के मोतीलाल नेहरू इंजीनियरिंग कॉलेज में उनको एम.टेक में एडमिशन भी मिल गया।

साल बीतते न बीतते पौत्री अनुष्का का जन्म हुआ और इसी के साथ जैसे चमत्कारिक रूप से भाग्य के दरवाजे खुल गए। 23 साल सहायक अभियंता के रूप में काम कर चुकने के बाद मुझे अधिशासी अभियंता के पद पर प्रोन्नति मिली।

लेकिन उससे पहले 1998 के हरिद्वार कुंभ की बात।

मैं सहायक अभियंता (स्टोर) के पद पर इलाहाबाद में नियुक्त था। एक दिन एक फोन आया।

'मैं सदस्य (वितरण) एस.एन. अग्रवाल बोल रहा हूं। इस समय मैं हरिद्वार में हूं।'

'जी,'

'तुम कितने आदमियों को लेकर कितनी जल्दी हरिद्वार आ सकते हो?'

'जी, काम क्या है?'

'यहां कुंभ में बिजली की हालत बहुत खराब हो गई है, तुम आ जाओ तो कुछ बात बन जाए...'

'ठीक है, सर।'

'वो मुझको पसंद नहीं करते। यहां व्यवस्था चरमरा गई है। इसी बहाने वो मुझको निबटाना चाहते हैं...'

'आप चिंता मत कीजिए...'

'तुम्हें प्रदेश भर से जितने भी आदमी चाहिए, जिस स्तर के अधिकारी चाहिए ले सकते हो।'

'जी, आप फिक्र मत कीजिए। मैं पहुंच रहा हूं।'

हवाओं में यह खबर तो गर्म थी कि चेयरमैन साहब श्री अग्रवाल से नाखुश हैं लेकिन मेले को लेकर उनके ऊपर तत्काल संकट आ पड़ा है, इसकी जानकारी मुझे उनके फोन से मिली।

मैंने देहरादून जाने वाली गाड़ी में एक बोगी भर कर आदमी लिये जिनमें कामगार से लेकर जूनियर इंजीनियर तक शामिल थे। मेरे पास यथेष्ट संख्या में काम करने वाले लोग थे पर मुझे उनसे भी ज्यादा भरोसा था कुंभ मेले में किए गए अपने अनुभव पर। मैं 1983-84 और 1994-95 के कुंभ सफलतापूर्वक संपन्न करा चुका था इसलिए मेरा दिमाग तेजी से चलना शुरू हो गया कि किन कारणों से बिजली आपूर्ति में बाधा आ सकती है।

पूरे दल को मुरादाबाद में गाड़ी बदलनी थी। मैंने सबको स्टेशन पर रोका और खुद टहलने निकल गया। मैं मधुमेह का जबरदस्त मरीज बन चुका था और

रोज सवेरे-शाम पांच किलोमीटर तेज गति से टहलना मेरी दिनचर्या का अत्यावश्यक भाग बन चुका था। टहलने के लिए निकलने से पहले थोड़ा समय था कि मैं जरा देर आराम कर लूं लेकिन इतने सारे मच्छर मैं अपनी जिंदगी में पहली बार मुरादाबाद के रिटायरिंग रूम में देख रहा था। मैंने आराम करने का ख्याल छोड़ा और टहलने निकल गया।

हरिद्वार पहुंचने पर मुझे लूटमार मचाए हुए लोगों के जबरदस्त विरोध का सामना करना था। यह वे लोग थे जो बगैर कोई काम किए या किसी भी तरह उल्टा-सीधा काम करके खूब सारा पैसा पीट लेना चाहते थे। इन लोगों में स्थानीय ठेकेदार और उनके कारिंदे शामिल थे। उन लोगों को जब यह पता लगा कि काम को संभालने के लिए बाहर से लोग बुलाए गए हैं तो उनको अपना खेल खत्म होता दिखाई देने लगा। पचास-साठ आदमियों के पहुंचने की सूचना पर वे जान गए कि अब वे मनमानी नहीं कर पाएंगे। हरिद्वार पहुंचने से पहले मैं रुड़की में अपने एक सहयोगी राजेश गुप्त के घर पर ठहरा। रुड़की से हरिद्वार आते समय रास्ते में ही मुझे इस जबरदस्त विरोध की खबर मिल गई थी। मेरे भीतर का नेता तुरंत जाग उठा जिसको ऐसे विरोधों का सामना करने और कोई सर्वमान्य हल निकालने का खासा अनुभव था। हरिद्वार पहुंच कर मैंने उन सारे लोगों को बुलाया जो वहां पहले काम कर रहे थे। मैंने उनको समझाया कि मैं यहां धर्म का काम करने आया हूं। मेरा इरादा किसी के पेट पर लात मारने का नहीं है। ठेकेदार अपना काम करते रहें, मेरे द्वारा लिए गए मजदूरों को उनकी दिहाड़ी मिलती रहे और हमें आप लोग अपना काम करने दें ताकि कुंभ की बिजली व्यवस्था सुचारु रूप से बहाल की जा सके। मेरी बात का अच्छा असर हुआ और सबके चेहरों पर मैंने सहमति का भाव देखा।

श्री अग्रवाल ने वरिष्ठ अधिकारी होने के नाते लखनऊ से अधीक्षण अभियंता श्री के.सी. सहाय और अधिशासी अभियंता श्री ओ.पी. मल्होत्रा को भी बुलवा लिया था। ये दोनों अधिकारी 1994-95 के इलाहाबाद कुंभ में भी तैनात रह चुके थे। लेकिन ये दोनों अधिकारी पिकनिक के मूड में थे और मेले का आनंद उठाने में व्यस्त हो गए। मैंने लक्ष्य निर्धारित किया कि 14 अप्रैल को होने वाले वैशाखी के स्नान पर्व से पहले मैं विद्युत व्यवस्था पूरी तरह से ठीक कर लूंगा। मेरे पास पंद्रह दिन थे और काम बहुत था। मैं यह खोजने में लगा कि आखिर इस अंधेरे का कारण क्या है। काफी मगजपच्ची के बाद मैंने पाया कि वहां ट्रांसफॉर्मर तो ज्यादा क्षमता के लगाए गए हैं लेकिन उसके भार को वहन करने में सक्षम कंडक्टर और केबिल नहीं बदले गए हैं। परिणामस्वरूप लोड बढ़ने के साथ ही पहले स्पैन का तार गल कर टूट जाता है और अंधेरा हो जाता है। जब पहला स्पैन ही लोड नहीं उठा पा रहा था तो बिजली आगे जाती तो कैसे जाती। मेरे सामने रात-दिन काम

करने की चुनौती थी। पुराना जर्जर कंडक्टर बदलना था और नए केबिल डालने थे। मेरे पास आदमियों की कोई कमी नहीं थी और मन में था 'कुछ कर दिखाना है' का उत्साह। मैं अपने अभियान में जुट गया और वैशाखी से पहले विद्युत व्यवस्था ठीक कर ली और इस बात से मगन मन इलाहाबाद लौट आया कि मैंने अपने होने को सार्थक कर दिखाया।

याद आता है 1998 के दिसम्बर का वह महीना जब मुझे सहायक अभियंता से अधिशासी अभियंता बनाया जाने वाला था। आदेश आज निर्गत होने वाला है, सुनते-सुनते और उस आज की प्रतीक्षा करते-करते सुबह से शाम हो जाती और आशाओं में कट रहा दिन शाम होते-होते निराशा में बदल जाता। लेकिन इंतजार न करता तो और करता भी क्या? उन दिनों श्री सदाकांत जी इलाहाबाद मंडल के आयुक्त थे और अपने गांव जौनपुर गए हुए थे। मुझे उनसे मिलने जौनपुर जाना था लेकिन प्रोन्नति के आदेश की इतनी आतुर प्रतीक्षा थी कि लगता था कि कहीं ऐसा न हो जाए कि यहां आदेश पहुंचे और उसको लेने के लिए मैं यहां मौजूद न रहूं। जौनपुर तो मुझे जाना ही था, इसलिए मैं चल पड़ा। प्रतीक्षा वह सुखद यंत्रणा थी जो मुझे हर दस-पंद्रह किलोमीटर पर किसी पी.सी.ओ. पर रोक देती ताकि मैं लखनऊ फोन करके जानकारी पा सकूं कि आदेश आज निकलेगा या नहीं, और निकलेगा तो कब तक मुझे मिल जाएगा। लौटते में भी यही रहा और शाम होते ही एक दिन और निराशा में डूब गया। अगले दिन ग्यारह बजे से फिर प्रतीक्षा शुरू हो गई। ऐसा लगने लगा कि जैसे मेरे जीवन में बस एक ही काम रह गया है और वह है अपनी पदोन्नति के आदेश की प्रतीक्षा करना। जब दोपहर बाद भी कोई समाचार नहीं मिला तो मैं बेचैनी में प्लाजा सिनेमा हॉल में जाकर बैठ गया। वहां से निकलने के बाद तक भी आदेश नहीं निकला था।

उन दिनों की बेचैनी और बेकली मुझे आज तक स्मरण है। जिनको आदेश निकालना होता है, उनके लिए वह कोई महत्वपूर्ण बात नहीं होती लेकिन जिनकी प्रोन्नति के आदेश निकलने वाले होते हैं उनके लिए एक-एक पल बहुत भारी गुजरता है। बाद में जब मैं स्वयं आदेश निकालने की स्थिति में आया तो मैंने प्रोन्नति आदेश निकालने में इस बात का हमेशा ध्यान रखा कि इसके निकलने में जरा भी विलम्ब न हो। वह कोई छुट्टी का दिन हो या कार्यदिवस, दिन को काम पूरा हो जाए या सारी रात जागना पड़े-आदेश को इंटरनेट पर शीघ्रातिशीघ्र डाल देने को मैं सर्वोच्च प्राथमिकता देता हूं।

प्रतीक्षा जब सहन नहीं हुई तो मैं इलाहाबाद से लखनऊ आकर यूपीएसईबी

के सचिव पी.आर. सिंह से मिलने गया। श्री सिंह ने सदस्य (वितरण) श्री एस.एन. अग्रवाल से कहा कि वह आज मुझे प्रोन्नत कर वाराणसी में अधिशासी अभियंता (स्टोर) के रूप में भेजना चाहते हैं लेकिन श्री अग्रवाल ने कहा कि नई नियुक्ति के बाद तत्काल इस पद पर तैनाती से बड़ी आलोचना होगी। इस बात पर दोनों ने सहमति प्रकट की और मुझे इलाहाबाद में ही मेयोहॉल डिवीजन का अधिशासी अभियंता बना दिया गया। अब मैं 'बड़ा साहब' बन गया था। नहीं, यह मैं किसी अहंकार में नहीं कह रहा हूं। पूरे बिजली विभाग में अकेले अधिशासी अभियंता का ही एक पद है जिसे बड़ा साहब कह कर पुकारा जाता है। और वह शायद इसलिए कि किसी भी भुगतान के लिए चेक पर हस्ताक्षर करने का अधिकार केवल अधिशासी अभियंता को यानी बड़े साहब को ही होता है।

मेयोहॉल में पद-भार संभालने के बाद मैंने देखा कि वहां उन असंतुष्ट लोगों की भीड़ जमा रहती है जिनके काम नहीं होते थे। उपभोक्ताओं पर बिजली बिलों का भारी बकाया था जिनकी वसूली नहीं की जा रही थी। कर्मचारी उपभोक्ताओं के शोषण में लिप्त थे और सरकारी राजस्व का भारी नुकसान हो रहा था। मुझ अकेले के लिए एक कमरा दिया गया था। दीवार से दीवार तक कार्पेट और कूलर की ठंडक से युक्त उस कमरे में मेरे आते ही भीड़ भर जाती। वे कोई खुशबूदार लोग नहीं होते थे कि जिनके आते ही कमरे में सुगंध की गमक तैर जाती। वह समाज के उस तबके के लोगों की भीड़ होती जिनके पास इत्र-फुलेल की कौन कहे, नहाने का साबुन और बदलने के लिए धुले हुए साफ कपड़े तक नहीं होते। मैंने लोगों के दिलों में यह विश्वास पैदा कर लिया था कि मैं उनके काम करूंगा और उनके पक्ष में न्यायोचित फैसले लिये जाएंगे। अक्सर मेरे पास ऐसे गरीब लोग आते जिनके बकाया बिलों की रकम बहुत ज्यादा होती और भुगतान करने की उनकी सामर्थ्य न होती। मैं कम पड़ रहे पैसे अपनी जेब से मिला कर उनके बिल जमा करवाता मगर उन्हें यह हिदायत भी देता कि जब सारी चीजें तुम खरीद कर लाते हो तो बिजली ही तुम्हें क्यों मुफ्त चाहिए। मैं उनको सुझाता कि रोज शाम को फेरी से लौट कर तुम्हारे पास जितनी रेजगारी बचा करे उसे एक डिब्बे में अलग जमा करते रहा करो, ऐसा करने से बिजली भर के पैसे तुम हर महीने आसानी से एकत्र कर लोगे। मैं उनसे कहता कि मैं कोई धन्ना सेठ नहीं हूं। मैंने इस बार तुम्हारी मदद कर दी है लेकिन हर बार ऐसा करना संभव नहीं होगा। मैंने अपने ऑफिस की दीवारों पर सूत्र-वाक्य लिखवा दिए-'या तो अभी या कभी नहीं'। लेकिन मैं उन लोगों का क्या करता जो संपन्न थे लेकिन उनके ऊपर न सिर्फ बिजली का भुगतान बकाया था बल्कि वे स्वीकृत लोड से अधिक बिजली खर्च कर रहे थे। मैंने इसके विरुद्ध एक सघन अभियान शुरू करने का निर्णय लिया। अपने अभियान दल में मैंने अपने डिवीजन के सभी लोगों को शामिल

किया, जिनमें सहायक अभियंता, जेई, बाबू और ऑफिस के अन्य कर्मचारी शामिल थे। मैंने इस जांच अभियान में दो अन्य अभियंताओं को भी अपने साथ ले लिया। ये थे, श्री आर.एन. सिंह और आर.एन. त्रिपाठी। दोनों मेरे बैच के थे लेकिन नौकरी के वरिष्ठता क्रम में मुझसे नीचे थे। मैं प्रोन्नत हो गया था और वे दोनों सहायक अभियंता थे। मैंने उन दोनों से कहा कि हमें टीम भावना से मिल कर काम करना है और काम के दौरान बॉस या सबॉर्डिनेट जैसा कोई भाव नहीं होगा। मैंने उनको एक उदाहरण देकर समझाया कि हाईकोर्ट के सभी जजों के अधिकार समान होते हैं लेकिन जो जज वरिष्ठतम होता है उसे मुख्य न्यायाधीश बना दिया जाता है। श्री सिंह गोरखपुर के इंजीनियरिंग कॉलेज में अध्यापक रह चुके थे। मैंने उन दोनों की सहमति लेकर मुख्य अभियंता से कह कर उनकी पोस्टिंग अपने साथ कराई थी। पुलिस बल इस अभियान में मेरे साथ था ही। अभियान की भनक लगते ही भगदड़-सी मच गई। लोगों ने रातोरात अपने ए.सी. उखड़वा दिए और बिजली की चोरी करने के लिए लगाए गए कटिया तारों को हटा लिया। कई उपभोक्ताओं और व्यापारियों ने इसका विरोध करना चाहा लेकिन अंततोगत्वा उन्हें अपने पैर पीछे खींचने पड़े।

इस अभियान के आशातीत परिणाम सामने आने पर मैं और मेरे सभी सहयोगी उत्साह से भरे हुए थे। सहयोगियों को भी विभाग में अपने होने की सार्थकता अनुभव हुई थी। बड़ी बकाया धनराशि की वसूली में अपने योगदान ने उनमें एक आत्मबोध का भाव भर दिया था। सरकारी नौकरी के बारे में एक मनोरंजक कहावत बहुत समय से सुनता आ रहा हूं कि, आप ऑफिस का कैशबॉक्स लेकर न भागे हों तो नौकरी से कोई आपको निकाल नहीं सकता, लेकिन वेतन लेने के साथ-साथ कर्मचारियों में काम के प्रति समर्पण का भाव जगाने और कार्यालय में कार्य-संस्कृति को विकसित करने की जिम्मेदारी उस अधिकारी की होती है जिसे उनसे काम लेना होता है या जो ऑफिस का सर्वोच्च अधिकारी होता है। काम के प्रति निष्ठा कर्मचारियों का अतिरिक्त बल होती है जो उन्हें और भी कुछ बेहतर करने के लिए प्रेरित करती है। मैंने अपने सभी सहयोगी एस.डी.ओ. को इलाहाबाद के उस समय के सबसे अच्छे होटल 'कान्हा श्याम' में सपरिवार रात्रिभोज पर आमंत्रित किया। सबकी खाने की मेज पर एक-एक मोबाइल फोन उनको उपहार में देने के लिए रखा जिनके सिमकार्ड एक्टीवेटेड थे। प्रबंधन का मेरा यह तरीका बहुत ही कारगर सिद्ध हुआ। सहयोगियों ने दोगुने उत्साह से काम करना शुरू कर दिया। लेकिन सदर तहसील का एक कुर्क अमीन कुछ ज्यादा ही उत्साह में आ गया जिसका नाम रामराज था। मैंने उसे उन उपभोक्ताओं से वसूली के काम में लगाया जिनके विरुद्ध रिकवरी सर्टिफिकेट जारी हो चुके थे। मैंने हिसाब लगाया कि अगर बिल एक लाख रुपए की बकाया

धनराशि का है और अगर वह अपने बिल को संशोधित कराने का प्रार्थनापत्र देता है और उसका बिल संशोधन के बाद बीस हजार हो जाएगा तो उपभोक्ता से बीस हजार रुपए लेकर उसके बिल का समायोजन कर दिया जाए। इस काम को अंजाम देने के लिए मैंने रामराज को एक जीप उपलब्ध करा दी और वह इस काम को करने लगा। लेकिन रामराज अधिकार मिलने पर बेहाथ हो गया। वह लोगों को आतंकित करने के अलावा उनको बेइज्जत भी करने लगा। कभी-कभी तो वह बात करने के लिए किसी-किसी को अपनी जीप में बैठने के लिए कहता और जब आदमी का आधा शरीर जीप के बाहर और आधा जीप के अन्दर होता, वह जीप चला देता। आदमी घिसटता हुआ कुछ दूर तक चला जाता। इसकी जानकारी मिलते ही मैंने उसे इस कार्य से मुक्त कर दिया। उसका यह क्रूरतापूर्ण व्यवहार बदनामी का कारण बनने लगा था और इस ख्याति को धूमिल करने लगा था कि नए साहब के आने के बाद से सारे काम बगैर रिश्वत दिए हो जाते हैं और नए साहब गरीबों के मददगार हैं।

मैंने अपने ऑफिस में एक स्लोगन लिखवा रखा था-'बिजली का उपभोग करते हैं तो भुगतान करना होगा।' मैंने देखा कि भुगतान की सबसे खराब हालत सरकारी कॉलोनियों की है जहां अधिकारी आते हैं, रहते हैं और बगैर बिजली के बिल का भुगतान किए चले जाते हैं। उनके आवासों के मीटर जले हुए होते और आवास में रहने वाले साहबों को इस बात की कोई चिंता नहीं रहती कि उन्हें रोशनी कैसे मिल रही है या उनके कमरे में वातानुकूलन कैसे हो रहा है? महात्मा गांधी मार्ग और तेलियर गंज की सरकारी कॉलोनियों के साथ-साथ सी.एम.ओ. कम्पाउंड से मैंने इस अभियान की शुरुआत की। अभियान की जद में तमाम आई.ए.एस., आई.पी.एस., पी.सी.एस. अधिकारी, डॉक्टर्स और इंजीनियर्स आ गए। उन सबका कहना था कि बिजली का कनेक्शन किसी और के नाम है और लंबे समय से कोई वसूली नहीं हुई है, उस सारी अवधि का बकाया भुगतान वे क्यों करें? मैंने उसका रास्ता यह निकाला कि वे इस बारे में आवेदन देकर अपने अधिवास के समय का भुगतान करें, शेष बकाया राशि को मैंने 'इनऑपरेटिव अकाउंट' अर्थात बट्टे-खाते में डाला। वर्तमान की मीटर रीडिंग नोट की गई और उसके बाद से इन कॉलोनियों के अधिवासियों से बिजली बिलों के नियमित भुगतान आने लगे। इसी तरह के अभियान मैंने अपने डिवीजन के शेष क्षेत्रों में भी चलाए। इस अभियान को लेकर अखबारों में कई दिनों तक समाचार छपते रहे और लोगों पर इसका अच्छा प्रभाव पड़ा। लोगों में यह अभियान चर्चा का विषय बना हुआ था। मैं लोगों को यह समझाने में सफल रहा था कि जब आप सारी वस्तुएं मोल लेते हैं तो बिजली भी आपको खरीद कर ही खर्च करनी चाहिए। ऑफिस में मेरे कमरे के सामने ही वह काउंटर था जहां बिजली के बिल जमा होते

थे। वह जगह मुझे अपनी जगह पर बैठे-बैठे दिखाई देती थी। पहले उस काउंटर पर इक्का-दुक्का ही कोई आदमी दिखाई देता था लेकिन इस अभियान के बाद वहां बिल जमा करने वाले उपभोक्ताओं की लंबी कतारें दीख पड़ने लगीं।

मैं एक दिन अपने ऑफिस में बैठा था तभी एक लंबे कद के आदमी ने मुझसे कमरे में आने की अनुमति मांगी।

'मैं शशिकांत मिश्र हूं। इलाहाबाद के सरयूपारीण इंटर कॉलेज का प्रिंसिपल...।'

'जी, फरमाइए,' मैंने कहा।

'मैं आपका अभियान लगातार अखबारों में देख रहा हूं। सिर्फ एक बात कहने के लिए आया हूं कि,

'जन्नत बना सका है हरगिज न इसको कोई
दुनिया यूं ही रही है दुनिया यूं ही रहेगी।'

राम आए, कृष्ण आए, ईसा मसीह आए, गुरु नानक आए लेकिन दुनिया में कोई बुनियादी परिवर्तन नहीं ला पाए। क्या इन अवतारों और महापुरुषों के उपदेशों और प्रयासों से इस दुनिया में रत्ती-भर भी बदलाव आ पाया?

मैंने शशिकांत मिश्र की टिप्पणी के पीछे छिपी अपने अभियान की प्रशंसा और साथ ही उसकी व्यर्थता की कसक को महसूस किया। मुझे तत्काल उनके शेर का जवाब शेर से देने के लिए पूरा शेर याद नहीं आया लेकिन मैंने जो कुछ उनसे कहा उसका मतलब था कि क्या बिजलियों के डर से आशियाना बनाना छोड़ दें?

फिर शशिकांत जी से आए दिन मुलाकातें होने लगीं और विभिन्न विषयों पर चर्चाएं होने लगीं। उनकी स्मरण-शक्ति बहुत अच्छी है और किसी भी मौके के लिए उनके पास एक से अधिक अशआर तैयार मिलते हैं। शशिकांत जी मेरे घनिष्ठ मित्र बन गए थे।

इलाहाबाद के मेयोहॉल डिवीजन में तैनाती के दौरान मुझे मनुष्य के अनेक रूप देखने को मिले। उन रूपों का साक्षात्कार होने और उनके बारे में निर्णय लेते समय आप कभी भी यह बात दावे के साथ नहीं कह सकते कि आपने सामने वाले व्यक्ति के सही रूप को पहचान लिया है और उसके बारे में आपका निर्णय सौ फीसद सही है।

एक दिन मैं अपने ऑफिस में बैठा हुआ था तभी एक आदमी मेरे कमरे में आया। सामान्य कद-काठी का वह आदमी धोती के ऊपर आधी बांह की कमीज पहने था। वह-'पीत पगा न झगा तन में' की जीती-जागती तस्वीर था जिसे देख कर ही दया-सी उमड़ती थी। लगता था कि इसको मदद की बहुत जरूरत है। उसकी बेचारी-सी लगती आंखें मदद की गुहार करती-सी जान पड़तीं। वह मेरे सामने आया और उसने मुझे बताया कि उसके ऊपर बिजली के बिल का पचास हजार रुपया बकाया हो गया है और वह उसका एकमुश्त भुगतान करने की स्थिति

में नहीं है। मैंने उसके बिल का पचास प्रतिशत तत्काल भुगतान और शेष पचास प्रतिशत का भुगतान आसान किस्तों में किए जाने के आदेश दे दिए। वह आदमी चला गया। उसके जाने के बाद वहीं खड़े ऑफिस के बाबू ने मुझसे पूछा,' क्या आप उस आदमी को जानते हैं?' मैंने कहा 'नहीं।' बाबू ने बताया कि 'वह आदमी साइंटिफिक इंस्ट्रूमेंट कंपनी का मालिक है, जिसके पास पैसे की कोई कमी नहीं है।' मुझे बेतरह गुस्सा आया। मुझे सुदर्शन की 'हार की जीत' कहानी की याद हो आई। कहानी में एक डाकू, बाबा खड्ग सिंह का घोड़ा हथियाने के लिए एक दिन बीमार कोढ़ी बन कर सड़क के किनारे बैठ जाता है और उस रास्ते से गुजरते हुए उसकी मदद करने के लिए बाबा खड्ग सिंह रुकते हैं और उसे अपने घोड़े पर बैठा लेते हैं। कुछ दूर जाते ही डाकू बाबा को घोड़े से नीचे गिरा देता है और खुद घोड़ा लेकर भाग निकलता है। बाबा उससे कहते हैं, घोड़ा ले जाओ, लेकिन इस घटना का जिक्र किसी से मत करना, नहीं तो लोग असहायों की मदद करना बंद कर देंगे। मैंने बाबू को दौड़ाया और उस आदमी को तुरंत वापस बुलवाया। वह आदमी आया। मैंने उससे कागज वापस लिया, अपने पहले के आदेश को काटा और सहायक अभियंता और जूनियर इंजीनियर को आदेश दिया कि उसके परिसर से मीटर और केबिल उखाड़ कर ले आएं। मैंने उस आदमी से कहा कि आपने मेरे साथ जो धोखा किया है उसकी सजा के तौर पर कम से कम पंद्रह दिन आपको बिना बिजली के रहना होगा। पांच-छह दिन ही बीते होंगे कि मुझे लगा कि सबक सिखाने के लिए इतनी सजा काफी है। पूरी धनराशि जमा कराने के बाद मैंने उसकी बिजली फिर जुड़वा दी।

इसी तरह एक दिन और मैं अपने ऑफिस में बैठा था तभी साठ-पैंसठ साल के सफेद दाढ़ी वाले एक मुस्लिम बुजुर्गवार मेरे कमरे में आए और मेरे सामने अपना बिजली का बिल रखा।

'नब्बे हजार रुपए का बकाया? अभी तक आर.सी. नहीं गई आपके पास?' मैंने बिल देख कर छूटते ही कहा। मैंने बिल के कोने पर रहने वाले परफोरेटेड भाग को तुरंत लगभग झपटते हुए फाड़ कर अपने पास रख लिया जिस पर नाम और पते के अलावा बकाया बिल आदि का विवरण संक्षेप में दर्ज रहता है। मैंने इस काम में तेजी इसलिए दिखाई कि एक इतना बड़ा बकाएदार मेरे सामने खड़ा था और उसको अपनी गिरफ्त में लिये रखने के लिए कागज का वह टुकड़ा बेहद जरूरी था।

'यहां तो कुएं में ही भांग पड़ी है। जाइए, अब आप आर.सी. से ही बिल का पैसा वसूल कीजिएगा,' बुजुर्गवार ने मुझे हिकारत से देखा, अपना बिल मेरे हाथ से लगभग छीन कर वापस लिया और चलने के लिए मुड़े।

बुजुर्गवार के बेखौफ और बेलौस जुमलों को सुन कर मुझे लगा कि यह एक

खरा आदमी है और इससे मुझे इससे अवश्य ही बात करनी चाहिए। अपने जीवन के अनुभव से मैं एक बात जान चुका था कि ईमानदार आदमी जब गुस्सा करता है, तो उसकी आवाज में खीझ और कुछ न कर पाने की हताशा की छटपटाहट अलग से सुनाई देती है।

'बताइए, आप इतने खफा क्यों हैं?' मैंने बुजुर्गवार को शांत करने के लिए उनके सामने हथियार डालने के भाव से कहा।

'मैं पिछले तीन सालों से बेसूद दौड़ रहा हूं। आपके कर्मचारी कहते हैं कि आधा पैसा मैं उन्हें दे दूं और आधा वह माफ करा देंगे। मैंने भी तय कर लिया है कि मैं रिश्वत में किसी को एक भी पैसा नहीं दूंगा। जो दूंगा वह सरकार को दूंगा किसी आदमी को नहीं। मैंने सुना कि एक नए ऑफिसर आए हैं जो न्याय करते हैं, इसलिए आपके पास आया हूं।' बुजुर्गवार ने तब तक अपने गुस्से पर काबू पा लिया था।

'तो मुश्किल क्या है? आपका बिल आपके पास है, पैसा जमा करने से आपको कौन रोक रहा है?' मैं दरअसल अभी तक उनकी समस्या जान ही नहीं पाया था क्योंकि उन्होंने तब तक मुझे उसके बारे में बताया ही नहीं था। मेरी दिलचस्पी उन बुजुर्गवार के प्रति जाग उठी थी और मैंने उनसे अपनी समस्या विस्तार से बताने को कहा।

'मैंने दस साल पहले अपने इस मकान के लिए बिजली का कनेक्शन लिया था। कुछ समय बाद दबंगों ने मेरे मकान को हथिया लिया और मैं बेघर हो गया। दबंगों ने मेरे मकान को गिरा कर वहां बहुमंजिली इमारत खड़ी कर दी। मैं चाहता हूं कि जिस मियाद तक मैं अपने उस मकान में रहा तब तक का बिजली का बिल आप वसूल कर लीजिए, बस।' बुजुर्गवार ने संक्षेप में बताया।

मैंने तुरंत एस.डी.ओ. आर.एन. त्रिपाठी और जूनियर इंजीनियर एस.के. विद्यार्थी को फोन मिला कर बिल पर लिखे नाम और पते पर तत्काल जाने और वहीं से वस्तुस्थिति की जानकारी देने को कहा।

'मैं दावे के साथ कह सकता हूं कि किसी को भी वह पता खोजे नहीं मिलेगा,' बुजुर्गवार ने मेरी कोशिशों को देखते हुए कहा।

मेरे इंजीनियरों ने जो रिपोर्ट दी वह बुजुर्गवार की बातों से मेल खाती थी। उन्होंने बताया कि वर्तमान बिजली का नया कनेक्शन पिछले पांच वर्षों से नहीं है और वहां एक बहुमंजिली इमारत है। वहां कोई पुराना बना हुआ मकान नहीं है। रिपोर्ट से पता लगा कि पुराना बकाया नौ हजार नौ सौ रुपए है।

'आप बिजली का बिल जमा करने के लिए इस कदर परेशान क्यों हैं? आप बिल जमा न भी करते तो कौन आपसे कहां पूछने जाता?' मेरे मन में बुजुर्गवार से बातें करने और उन्हें टटोलने की इच्छा जाग्रत हुई।

'वल्लाह, कमाल करते हैं आप। अल्लाह को क्या जवाब दूंगा कि कर्जा छोड़ आया हूं?' बुजुर्गवार का चेहरा रेहल पर रखी पवित्र किताब जैसा हो आया।

मैंने बुजुर्गवार को बताया कि आप पैसा जमा कीजिए, सारी कार्रवाई एक दिन में पूरी हो जाएगी। उन्होंने अगले दिन पैसा जमा करने की मोहलत मांगी और चले गए। वह अगले दिन फिर आए।

सांटिफिक इंस्ट्रूमेंट कंपनी के मालिक की घटना मैं भूला नहीं था। इतनी बातें हो जाने के बाद भी मेरे मन में आशंका बनी हुई थी कि बुजुर्गवार सचमुच पैसा जमा करेंगे या नहीं। पता नहीं इस तरह से अपनी मजबूरी और अल्लाह का वास्ता देने के पीछे कोई और चाल न हो। मैंने खुद उनसे जमा कराने के बजाय उनसे रुपए लिये, अपने चपरासी से उन्हें जमा करवाया, पैसा जमा करके रसीद उन्हें दी, पी.डी. अर्थात स्थायी विच्छेदन और 'कुछ बकाया नहीं' का प्रमाणपत्र उन्हें दिया और कहा, 'अब आप अल्लाह के सामने अच्छी तरह से कह सकते हैं कि आप कोई कर्ज छोड़ कर नहीं आए हैं।' मैंने उनको विदा देने के लिए हाथ जोड़ दिए।

'नहीं ऐसे नहीं जाऊंगा। आपसे गले मिल कर जाऊंगा,' बुजुर्गवार ने कहा और सामने बिछी मेज के किनारे से मेरी ओर बढ़े।

मैं भी उठ कर खड़ा हुआ और उनको अपनी बांहों में भर लिया।

'यही वो दफ्तर था, यही वो लोग थे,' इतना कहते-कहते बुजुर्गवार की आवाज रुंध गई और वह फूट-फूट के रोने लगे। उनकी हिचकियां मेरे सीने पर ठोकरें मारने लगीं। मेरी भी आंखें भर आईं। बुजुर्गवार का रोना बहुत देर बाद रुका और फिर वह चले गए।

इस अभियान ने जहां एक ओर मेरी छवि एक मेहनती और कर्तव्यनिष्ठ अधिकारी के रूप में स्थापित की वहीं मुझे लोगों की सेवा करने और उनके काम आने में एक अनिर्वचनीय सुख मिल रहा था। जब लोग मेरी तरफ आशा-भरी निगाहों से देखते तो मुझे अपने होने का अहसास होता और जब मैं उनका काम पूरा कर देता तो उनकी दुआओं और उनके आशीर्वाद से मुझे अपने जीवित होने का अहसास होता। अपने पद और रुतबे का रुआब दिखा कर अपने मन की करवाने में नाकाम रहने वाले लोगों की भी काफी संख्या थी। ऐसे लोग किसी न किसी तरह मेरी छवि को धूमिल करने का प्रयास करते रहते।

एक दिन मैं रविवार के दिन ऑफिस में बैठा काम कर रहा था। बिजली से संबंधित अभियान इतने जोर-शोर से चल रहा था कि ऑफिस के रोजमर्रा के काम करने का सामान्य दिनों में अवसर ही नहीं मिलता था, लिहाजा मुझे रविवार को भी ऑफिस आना पड़ता था। अचानक मोबाइल बज उठा।

'मैं डॉक्टर उत्तम बोल रहा हूं। डॉक्टर साहब आपसे बात करना चाहते हैं। रविवार है, आज तो आप घर पर ही होंगे। असुविधा न हो तो टैगोर टाउन पर

डॉक्टर साहब के घर आ जाएं।' यह डॉक्टर उत्तम, केंद्रीय मानव संसाधन मंत्री डॉक्टर मुरली मनोहर जोशी के पीए थे जिन्होंने संदेश दिया था कि डॉक्टर जोशी मुझसे मिलना चाहते हैं। मैं तुरंत टैगोर टाउन पहुंच गया। मुख्य ड्राइंगरूम से मिला हुआ एक छोटा सा बैठका और था जहां मुझे ले जाया गया। डॉक्टर जोशी बैठे थे और उनके साथ श्री अशोक सिंघल भी वहां मौजूद थे। मैंने जोशीजी के पैर छुए और बैठ गया।

'आपके खिलाफ गंभीर शिकायत है। आपके पास कोई उपभोक्ता अपना काम कराने आता है तो आप उसके सामने शर्त रखते हैं कि वह स्थानीय सांसद से सिफारिश करवाए तब आप उसका काम करेंगे?' डॉक्टर जोशी परोक्ष रूप से मेरी कार्यशैली पर कटाक्ष कर रहे थे।

'मान्यवर, मेरा सामान्य ज्ञान इतना है कि मैं भेद कर सकूं कि भारत सरकार के एक केंद्रीय मंत्री और एक सांसद से कैसे व्यवहार करना है। लगता है आपको कुछ गलतफहमी हो गई है।' मैंने कहा, फिर उसमें अपना आखिरी दांव फेंकते हुए जोड़ा–'मैं एक ईश्वरभक्त व्यक्ति हूं और इतना साहस रखता हूं कि इस बात को साबित कर सकूं कि मैंने जो कुछ कहा है पूरे होशोहवास में कहा है।'

'शिकायत तो आपके खिलाफ है,' डॉक्टर जोशी ने फिर अधूरा-सा वाक्य कहा और चुप हो गए।

'मैं जानना चाहता हूं कि वह कौन आदमी है? वह मेरे साथ हनुमानजी के मंदिर में चले और गंगाजल उठा कर कहे कि मैंने ऐसा कहा है।' मैंने पूरे आत्मविश्वास के साथ कहा, और जोड़ा–'अगर वह आदमी अपनी बात सिद्ध करने में सफल हो जाता है तो मैं कोई भी सजा भुगतने को तैयार हूं लेकिन अगर वह अपनी बात साबित नहीं कर पाता तो मैं आपसे विनम्र अनुरोध करूंगा कि ऐसे लोगों को अपने से दूर रखिए क्योंकि ऐसे लोग खतरनाक हो सकते हैं।'

तभी एक फोन आया।

'मिश्र जी मेरे सामने बैठे हैं और तुमने जो मुझे बताया ये उससे एकदम उलट बात कह रहे हैं। वह कह रहे हैं कि उन्होंने ऐसा कुछ नहीं कहा,' जोशीजी ने फोन पर कहा।

उधर से फोन करने वाले ने फिर कुछ कहा जिसे मैं नहीं सुन सकता था लेकिन डॉक्टर जोशी ने उसे फटकारा, वह मैं सुन सकता था। उनके कहने से अर्थ निकलता था कि सत्य उनको समझ में आ गया था।

फोन रखने के बाद डॉक्टर जोशी ने शिकायत करने वाले व्यक्ति का जो नाम बताया तो मेरे सामने सारी स्थिति स्पष्ट हो गई और सारा माजरा समझ में आ गया। शिकायतकर्ता पहले कांग्रेस के विधायक थे और बाद में भारतीय जनता पार्टी में शामिल हो गए थे। हुआ यह था कि ट्रैफिक पुलिस लाइंस चौराहे पर मैंने एक बड़े

मकान की चेकिंग की थी और विद्युत चोरी को लेकर भारी जुर्माना ठोंक दिया था। जब जुर्माना अदा नहीं किया गया तो मैंने मकान की बिजली काट दी। विधायक जी मौके पर पहुंचे लेकिन प्रकरण ऐसा नहीं था कि कोई मदद की जा सकती, मैंने उनकी मंशा के अनुसार कार्रवाई करने से इनकार कर दिया। खिरझिराए हुए विधायक जी ने मेरे खिलाफ डॉक्टर जोशी के पास यह शिकायत यह सोच कर की थी कि जिस सांसद की सिफारिश लाने का वह आरोप लगा रहे हैं वह विपक्षी पार्टी का है और उसका नाम सुनते ही डॉक्टर जोशी भड़क उठेंगे और मेरी भी उस पार्टी विशेष के प्रति निष्ठा साबित हो जाएगी।

इलाहाबाद बौद्धिक लोगों का शहर है। इलाहाबाद प्रवास के दौरान मैंने असंख्य लोगों के काम कराए और मेरे प्रशंसकों की संख्या में लगातार वृद्धि हो रही थी। यह कहना झूठ होगा कि अपनी इस प्रतिष्ठा से मुझे खुशी नहीं मिलती थी। बल्कि में तो यह कहूंगा कि प्रशंसा और प्रसिद्धि बहुत बड़ी प्रेरणा का काम करती हैं। और मैंने पाया कि लोगों का काम ईमानदारी से करने से प्रसिद्धि और प्रशंसा अपने आप आपके पास चल कर आती है। यह कोई उपदेश नहीं, स्वयं अनुभूत किया गया तथ्य है कि हम आदमी को चाहे गुड़ न दे पाएं मगर उससे गुड़ जैसी बात अवश्य करनी चाहिए। मैंने वहां लोगों से कहा था कि हाईकोर्ट आपके शहर में ही है, आप जब चाहें न्याय के लिए वहां जा सकते हैं लेकिन वहां जाने से पहले कृपा करके एक बार मेरे पास आ जाइए, हो सकता है आपको कोर्ट जाने की नौबत ही न आए। सोच कर और लिखते हुए बहुत अच्छा लगता है कि इलाहाबाद में मेरी तैनाती के दौरान बिजली से संबंधित न्यूनतम वाद दायर हुए। उस प्रवास के दौरान जाने-माने न्यायाधीश, वकील, पत्रकार, राजनेता और अधिकारियों के संपर्क में मैं आया जिन्होंने मुझे बहुत कुछ सीखने का अवसर दिया।

इलाहाबाद में मेरी तैनाती के दौरान ए.डी.एम.(सिटी) थे श्री बादल चटर्जी। अपनी तेज-तर्रार छवि के लिए ख्यात श्री चटर्जी बाद में इलाहाबाद मंडल के आयुक्त भी रहे। वह अक्सर गाड़ी लेकर मेरे ऑफिस आ जाते और कहते- 'चलिए, कहीं छापा मारते हैं।' मेरे और श्री चटर्जी के प्रयासों ने इन छापों और बिजली विभाग की सक्रियता को चर्चा का विषय बना दिया। अखबार इन गतिविधियों के विवरणों से भरे रहते और लोग रोज सवेरे किसी नई घटना की आशा में अखबार खोलने लगे। नॉर्दर्न इंडिया पत्रिका ने एक वर्ष तीन लोगों को 'मैन आफ द इयर' की उपाधि से विभूषित किया। प्रशासन के क्षेत्र में श्री बादल चटर्जी, इंजीनियरिंग के लिए मुझे और अपराध के क्षेत्र में गब्बर सिंह।

अपनी कार्यकुशलता और काम के प्रति समर्पण से मैंने जो यश कमाया था, मुझे कहने में कोई संकोच नहीं कि उसने मुझे किसी हद तक जैसे अपरिहार्य-सा बना दिया था। प्रत्येक काम के लिए शासन की निगाह मेरी तरफ उठती और प्रभु की कृपा, मेरा श्रम और गुरुजनों का आशीर्वाद कि मैं सारी परीक्षाओं में सफल होता रहा। एक दिन उ.प्र. राज्य विद्युत परिषद के चेयरमैन श्री जी.पी. सिंह इलाहाबाद के दौरे पर आए। उन्होंने मेरे काम-काज का अभिलेख देखा और बातचीत की। मैंने उन्हें मेयोहॉल डिवीजन में चलाए जा रहे अभियान के बारे में बताया। उन्होंने मेरी बातें सुन कर वहां मौजूद इलाहाबाद के मुख्य अभियंता श्री जी.डी. गुप्ता से कहा, लगता है मिश्र को कुछ-कुछ समय के लिए कई डिवीजनों में घुमाना पड़ेगा जिससे इस अभियान को राज्यव्यापी कामयाबी मिल सके। मैंने कहा-'ऐसा नहीं है सर, ददुआ अगर अपने अभियान में बांदा में सफल है तो जरूरी नहीं कि वह गोरखपुर में भी सफल रहे क्योंकि वहां तो हरिशंकर तिवारी की ही चलेगी।'

इलाहाबाद के एक डिवीजन रामबाग के अधिशासी अभियंता श्री जे.बी. सिंह का स्थानांतरण हो जाने पर मुझे मेयोहॉल के साथ रामबाग डिवीजन का भी अधिशासी अभियंता बना दिया गया। श्री सिंह मुझसे सीनियर थे लेकिन दोनों के पद बराबर थे। अखबारों ने मेरे कार्यों के बारे में लिख-लिख कर एक तरह की प्रतिस्पर्धा का वातावरण बना दिया था जिससे तंग आकर श्री सिंह ने अपना स्थानांतरण करवा लिया था। अब मैं कल्याणी देवी डिवीजन को छोड़ कर शहर के दो तिहाई भाग का प्रभारी था। कुछ ही समय बाद निर्माण के अधिशासी अभियंता श्री बी.बी. सिंह, जो बाद में मध्यांचल के प्रबंध निदेशक बने, का स्थानांतरण मेरठ हो गया, श्री सिंह द्वारा खाली किए गए पद पर भी मेरी ही तैनाती कर दी गई।

इसी बीच सरकार ने सन् 2000-2001 के कुंभ के कार्य को शुरू किए जाने का निर्णय लिया। इस बारे में इलाहाबाद के मुख्य अभियंता ने शक्ति भवन को एक प्रस्ताव भेजा कि अभी कुंभ के लिए अस्थायी खंड का गठन नहीं हुआ है और स्थायी निर्माण कार्य कराए जाने हैं इसलिए निर्माण खंड में रहते हुए कुंभ के निर्माण संबंधी कार्यों की जिम्मेदारी भी मुझे ही दे दी जाए। शक्ति भवन मुख्यालय पर सदस्य (वितरण) श्री एस.एन. अग्रवाल मेरी कार्यक्षमता से परिचित और कार्यशैली के प्रशंसक थे, उन्होंने इस विषय में तत्काल आदेश जारी कर दिए। कुंभ में निर्माण कार्य शुरू हो गया। चार-पांच माह बीतते-बीतते पहली जुलाई, 2001 को कुंभ मेले के अस्थायी खंड का विधिवत सृजन हो गया। तब मैंने मेयोहॉल और रामबाग डिवीजनों का कार्यभार छोड़ कर अकेले कुंभ मेले का कार्यभार संभाल लिया। 1 जुलाई, 2000 से 30 जून, 2001 तक मैं उस पद पर तैनात रहा और यह बात मैं निश्चित तौर पर कह सकता हूं कि मेरे जीवन का वह

कालखंड ऐसा गुजरा जिसने मुझे सबसे ज्यादा यश दिया।

पूर्ण कुंभ में इस तैनाती से पूर्व हालांकि मैं 1982-83 और 1994-95 के अर्धकुंभ में भी तैनात रह चुका था लेकिन तब में सहायक अभियंता था। अब सन् 2000 के कुंभ में मैं अधिशासी अभियंता था, कुंभ में बिजली का नोडल अधिकारी था और कुंभ में बिजली के क्षेत्र का प्रभारी था। यह मेरे जीवन का स्वर्णिम काल था क्योंकि मैंने कुंभ मेले में दी जाने वाली सभी सेवाओं की तुलना में बिजली विभाग का काम सबसे पहले पूरा कर लिया था। जिस दिन काम पूरा हुआ, उस दिन मैंने संगम तट पर लोकार्पण के कार्यक्रम की योजना बनाई। सेवा को लोकार्पित करने के लिए विधानसभा के तत्कालीन अध्यक्ष श्री केसरी नाथ त्रिपाठी को मुख्य अतिथि के रूप में आमंत्रित किया गया था। मैं लोकार्पण कार्यक्रम की तैयारियों में उत्साह से भरा हुआ पूरी तरह से व्यस्त था।

उन्हीं दिनों पिता, जो मेरे साथ ही रहते थे, गम्भीर रूप से अस्वस्थ हो गए। कुंभ की व्यस्तताओं के कारण मैं उनके लिए समय ही नहीं निकाल पा रहा था। मेरे छोटे भाई राम प्रताप मिश्र और गंगा प्रसाद मिश्र पिता की सेवा में लगे रहते। वही उन्हें नहलाते-धुलाते, लगातार लेटे रहने के कारण बन रहे घावों की साफ-सफाई करते, उनके शरीर पर पाउडर लगाते और उनके हाथ में रामचरित मानस पकड़ा देते। मेरे पिता की दृष्टि अत्यंत धुंधली हो चुकी थी। उन्हें पुस्तक में लिखा एक भी शब्द दिखाई नहीं पड़ता था लेकिन वह अपनी एक अंगुली मानस की चौपाइयों पर फिराते रहते जैसे वह उसका पारायण कर रहे हों। यह उनके जीवन भर का नियम था कि मानस का एक मास पारायण करने के बाद ही वह जल ग्रहण करते थे। मेरे मन में मानस के प्रति अनुराग मेरे पिता के कारण ही उत्पन्न हुआ था इसलिए मेरे लिए उनका यह कृत्य किसी बड़ी से बड़ी पूजा से किसी भी तरह कम नहीं था। यदि भगवान भाव के ही भूखे कहे जाते हैं तो मेरे पिता के पास भाव के अतिरिक्त और कुछ था भी नहीं जिसको वह अपने आराध्य को समर्पित करते।

वही हुआ जिसकी आशंका थी। जिस दिन संगम तट पर कुंभ के कार्यों का लोकार्पण था उसी दिन पिता नहीं रहे। मेरा जीवन जैसे उजड़-सा गया था। मेरे प्रेरणास्रोत, जिनके चरण-चिन्हों पर चल कर मैं यहां तक पहुंचा था और जिन्होंने मेरे भीतर मानवीय गुणों का रोपण किया था, उनका पार्थिव शरीर सामने था। मेरे जीवन का महत्वपूर्ण अध्याय समाप्त हो गया था। न जाने कितना कुछ शेष था उनसे पाने को, न जाने कितनी बातें थीं जो उनसे जाननी और समझनी थीं और न जाने जीवन के कितने नए आयामों से उनके जरिये परिचित होना था, लेकिन मेरा पथ-प्रदर्शक तो मौन हो गया था। मैं अधिक समय तक उनको इस तरह निश्चल लेटे देख नहीं सकता था। मेरे मन में उदास आंधियों के बवंडर उठ रहे थे। मैंने इस सब से निगाहें चुराते हुए एक रास्ता निकाला। मैंने जूते पहने और रोज सवेरे तेजी

से चलने वाली कसरत करने के लिए घर से निकल गया। मैं जैसे अपने आप को आजमा भी रहा था कि पिता ने जो किसी भी समय विचलित न होने का विचार दिया था, मैं अवसर पड़ने पर उस पर कितना खरा उतर सकता हूं। टहलते समय मन में बराबर आ रहा था कि टहल कर लौटूंगा तो रोज की तरह पिता अपने बिस्तर पर लेटे हुए, कुर्सी पर बैठे हुए या मानस पढ़ते हुए नहीं मिलेंगे। सच्चाई तो यह थी कि वह अब मुझे कभी भी मिलने वाले नहीं थे।

मैं टहल कर लौटा तो मेला आयुक्त सदाकांत जी पुष्पचक्र लिये मेरी प्रतीक्षा में खड़े थे। असली परीक्षा अब होनी थी। लोगों का विचार था कि चूंकि संगम तट पर होनेवाले आयोजन की सारी परिकल्पना मेरी थी और मैं ही उसका कर्ता-धर्ता था इसलिए इस कार्यक्रम को कुछ दिनों के लिए स्थगित कर दिया जाए। लेकिन मेरा ऐसा विचार नहीं था। पिता ने ही चौपाई पढ़ कर बताया था कि-

धीरज धर्म मित्र अरु नारी।
आपद काल परिखिअहिं चारी॥

यह आपत्काल था और मेरे धीरज की परीक्षा थी। मैंने कार्यक्रम स्थल पर अंतिम संस्कार के तुरंत बाद पहुंचने की योजना बनाई और वैसा ही किया। बिना किसी विचलन के मैंने सारा कार्यक्रम संपन्न कराया।

जाने-माने इंजीनियर और बिजली विभाग के प्रमुख श्री आर.के. नारायण ने कहा-'वह जिस विभाग के मुखिया हैं, शासन की बैठकों में उसे कभी प्रशंसा नहीं मिली। केवल कुंभ के कार्यों के लिए हमें प्रशंसा मिलती है।'

आई.ए.एस अधिकारी श्री जीवेश नंदन, जो मेला अधिकारी थे, ने कहा-'मैं कई जिलों का जिलाधिकारी रहा हूं। जब कभी विभिन्न विभागों की समीक्षा बैठक होती तो अंत में बिजली विभाग का नंबर आता और समीक्षा बैठक वहीं समाप्त हो जाती। सबका यही विचार होता कि इस विभाग ने पैसा ले लिया होगा और काम नहीं किया होगा। कुंभ में किए गए कार्यों को देख कर यह मिथ टूट गया है।'

मुख्य अतिथि पद से बोलते हुए विधानसभा के तत्कालीन अध्यक्ष श्री केसरी नाथ त्रिपाठी ने कहा-'मिश्र जी न केवल ऊर्जा विभाग में तैनात हैं बल्कि स्वयं ऊर्जा के प्रतीक हैं।'

मुझे याद है, कुंभ में बिजली विभाग का काम सबसे पहले पूरा हो गया था और चारों ओर इस बात की प्रशंसा हो रही थी क्योंकि इतने विशाल आयोजन को लेकर लोगों के मन में आशंकाएं होना स्वाभाविक ही था। उस समय जब बिजली विभाग अपना काम पूरा करके मेला शुरू होने की इत्मीनान से प्रतीक्षा कर रहा था तब लोक निर्माण विभाग का काम बेहद पिछड़ा था। अखबार जब तुलना करते तो बिजली विभाग को प्रशंसा मिलती और लोक निर्माण विभाग को आलोचनाओं का सामना करना पड़ता। लोक निर्माण विभाग के तत्कालीन राज्य मंत्री श्री

राकेशधर त्रिपाठी इलाहाबाद के स्थानीय निवासी थे। उनको अपने विभाग की आलोचना खल गई। उन्होंने इस आलोचना को अपनी व्यक्तिगत आलोचना माना और न जाने कहां से यह सूंघ लिया कि इसके पीछे मेरा हाथ है। उन्होंने इसके लिए विशेष रूप से एक संवाददाता सम्मेलन बुलाया और उसमें मेरी व्यक्तिगत आलोचना तो की ही साथ ही, यह धमकी भी दी कि वह मुझे देख लेंगे। प्रदेश के एक मंत्री द्वारा इस तरह की बातें संवाददाताओं से करने का परिणाम यह निकला कि नगर के पत्रकार दो खेमों में बंट गए। जो पत्रकार पहले से ही मेरे विरुद्ध रहा करते थे उनको तो मेरे खिलाफ मोर्चा खोलने का जैसे सुनहरा अवसर ही मिल गया था। 'अमर उजाला' अखबार ने तो मेरे खिलाफ मुहिम ही छेड़ दी। मेरी किसी राई जैसी गलती को पर्वत बना कर छापने लगे।

मेरी वर्षों की आदत थी कि मैं हिन्दी के 4–5 अखबार पढ़ने के बाद ही अपनी दिनचर्या शुरू करता था। सवेरे–सवेरे जब पूर्वग्रह से भरी खबरें देखता तो निराश हो जाता और काम करने का सारा उत्साह क्षीण हो जाता। मैंने अपने मन को समझाने की कोशिश की कि जब कोई व्यक्ति अच्छा काम करता है तो उसे तारीफ के साथ–साथ इन बातों के लिए भी तैयार रहना चाहिए। लेकिन मन इस तरह के प्रबोधन सुनने को तैयार नहीं हो पाता। मैंने अपनी परेशानी का जिक्र अपने परम शुभेच्छु और अभिभावक जैसे श्री सदाकांत जी से किया। उन्होंने मुझे सलाह दी कि मैं मेलावधि में कोई अखबार न पढ़ूं, खासकर 'अमर उजाला' तो बिलकुल नहीं। मैंने ऐसा ही किया।

कुंभ की नियमित समीक्षा बैठकें होतीं। इसमें प्रदेश के नगर विकास मंत्री श्री लालजी टंडन, नगर विकास विभाग के प्रमुख सचिव श्री अतुल कुमार गुप्त, जो बाद में राज्य के मुख्य सचिव बने, और प्रदेश के अन्य अनेक मंत्रिगण लखनऊ से आकर समीक्षा बैठकें करते। बैठकों में पावर कॉरपोरेशन की जम कर प्रशंसा होती। अच्छे कार्यों के साथ–साथ इसका एक कारण यह भी था कि स्थानीय स्तर पर बिजली विभाग की प्रशंसा का माहौल श्री सदाकांत जी बनाए रखते थे। एक दिन तो कमाल ही हो गया! प्रदेश के तत्कालीन मुख्यमंत्री श्री राजनाथ सिंह मेला क्षेत्र में समीक्षा बैठक में आए। सभी विभागों के बारे में उन्हें जो टीका–टिप्पणी करनी थी उन्होंने की लेकिन जब बिजली विभाग का नंबर आया तो उन्होंने श्री सदाकांत जी से मुखातिब होते हुए कहा–'बिजली विभाग की चर्चा आपसे हो चुकी है और उसके बारे में कुछ कहना ही नहीं है।'

यह एक बड़ी प्रशंसात्मक टिप्पणी थी जिसे सुन कर मैं और मेरे सभी सहयोगी आह्लादित हो उठे। जब सभी विभाग तमाम तरह की आलोचनाओं का सामना कर रहे हों वहां एक विभाग चर्चा से भी परे मान लिया जाए तो यह कोई मामूली बात नहीं कही जा सकती।

दरअसल जब मेले की तैयारियां चल रही थीं तब कुंभ में भाग लेने वाले सभी तेरह अखाड़ों के प्रतिनिधि काम पूरा न होने की शिकायतें करते थे। इस पर सदाकांत जी ने एक व्यवस्था दी कि सभी विभागों के नोडल अधिकारी शाम के समय एक स्थान पर एकत्रित हो कर सारे अखाड़ों के प्रतिनिधियों के साथ बैठक करेंगे और उनकी समस्याओं को जानकर उनका तत्काल निराकरण करेंगे। ऐसी ही एक बैठक में जब सारे विभाग अखाड़ों के निशाने पर थे तब बिजली विभाग का कोई जिक्र न होने पर अपर मेला अधिकारी श्री एस.के. पांडेय ने पूछा–'आप लोगों को बिजली विभाग से कोई शिकायत नहीं है?' तब नगा सम्प्रदाय के सबसे बड़े अखाड़े, जूना अखाड़े के प्रमुख स्वामी परमानंदजी ने उठ कर कहा–'इनसे भी शिकायत है।' मैं चौंक पड़ा कि इतने श्रम और कुशल प्रबंधन के बाद भी विभाग से किसी को क्या शिकायत हो सकती है? सभी अखाड़ों को निर्बाध विद्युत आपूर्ति सुनिश्चित करने के लिए मैंने अलग-अलग क्षमता के ट्रांसफार्मर लगाए थे और उन्हें भूमिगत स्वतंत्र फीडर से जोड़ दिया था। बिजली आपूर्ति में किसी भी प्रकार की बाधा की आशंका को समाप्त करने के लिए मोटे-मोटे केबिलों का इस्तेमाल किया गया था। और इस सारी व्यवस्था का परिणाम भी सामने दिखाई पड़ रहा था कि बिना किसी व्यवधान के बिजली की अबाध आपूर्ति बनी हुई थी। अब किस प्रकार की शिकायत हो सकती थी जिसके बारे में स्वामीजी कह रहे थे? मैं सांस रोके उनकी शिकायत की प्रतीक्षा करने लगा। तभी स्वामीजी ने यह कह कर मीटिंग के गंभीर हो गए माहौल को एकदम हल्का कर दिया कि–'इनसे यह शिकायत है कि ये किसी शिकायत का कोई मौका क्यों नहीं देते हैं?'

फरवरी 2001 के आखिरी दिन थे। कुंभ मेला समाप्ति की ओर था। जगह-जगह साधु-संत और संस्थाएं अपने-अपने कैंपों में विभिन्न विभागों के अच्छे कार्यों के लिए संबंधित विभाग के अधिकारियों को सम्मानित करने के लिए आयोजन करने लगीं। बिजली विभाग को जहां शीर्ष संस्था अखाड़ा परिषद ने अपने शिविर में सम्मानित किया वहीं हरिचैतन्य ब्रह्मचारी, जो गंगा स्वच्छता अभियान की अलख आज भी जगाए हुए हैं, ने सदाकांत जी और मुझे अपने कैंप में सम्मानित किया। उस अवसर पर श्री सदाकांत जी द्वारा दिया गया भाषण मुझे आज भी अविकल याद है जिसमें उन्होंने कहा था–'कुंभ एक मानवी नहीं दैवी आयोजन है। मां गंगा अपने यश की रक्षा स्वयं करती हैं अन्यथा सोचें कि करोड़ों लोग बिना किसी औपचारिक बुलावे के आते हैं और सकुशल घर वापस लौटते हैं, ये कोई कम बड़ी बात है! कुंभ मेले में विभिन्न विभागों द्वारा जो व्यवस्था की जाती है, वह तो प्रतीकात्मक है अन्यथा इतने बड़े जनसमुद्र को संतुष्टि के दायरे में बांधे रखना क्या किसी मानवी आयोजन में संभव है?'

मेले की समाप्ति के ही दिन थे, तभी पता लगा कि मेले में राज्यपाल

महामहिम श्री विष्णुकांत शास्त्री जी आ रहे हैं। राज्यपाल श्री शास्त्रीजी ने कुंभ के विषय में कोई बैठक तो नहीं की लेकिन मेला क्षेत्र में जो उनका कैंप ऑफिस था वहां इलाहाबाद उच्च न्यायालय के न्यायाधीश न्यायमूर्ति पलोक बसु ने जो पत्र राज्यपाल जी को भेजा वह संपूर्ण मेला अवधि में चर्चा का विषय बना रहा। उस पत्र में न्यायमूर्ति पलोक बसु ने राज्य सरकार द्वारा किए गए कार्यों की भूरि-भूरि प्रशंसा की थी और दो अधिकारियों श्री सदाकांत जी और मेरे बारे में एक-एक पैराग्राफ लिख कर जिस तरह वह चीजों को लिखित में लाए, मेरे लिए आज भी प्रेरणास्त्रोत का काम करता है। पत्र में न्यायमूर्ति पलोक बसु ने लिखा कि संपूर्ण मेला अवधि में इतनी उत्तम कोटि की बिजली व्यवस्था थी कि पूरी मेलावधि में एक बार भी न तो ट्रिपिंग हुई और न ब्रेकडाउन हुआ। यह विभाग के उत्तम कार्य का परिचायक है जिसके लिए मैं कुंभ मेला में बिजली विभाग के नोडल अधिकारी ए.पी. मिश्र को बधाई देता हूं। यह पत्र मैं अभिलेखों में सुरक्षित रखने हेतु भेज रहा हूं।

मेला समाप्ति से पूर्व लगभग एक दर्जन प्रशंसा-पत्र विभिन्न स्तरों से निर्गत हुए जिनमें प्रदेश के तत्कालीन मुख्यमंत्री श्री राजनाथ सिंह, मुख्य सचिव श्री भोला नाथ तिवारी, मेला आयुक्त श्री सदाकांत, ऊर्जा राज्य मंत्री श्री विवेक सिंह तथा अनेक संस्थाएं शामिल थीं जिन्होंने अपने-अपने कैंप में बुला कर मुझे सम्मानित किया।

डॉक्टर मुरली मनोहर जोशी केंद्र में मानव संसाधन विभाग के मंत्री थे और उत्तर प्रदेश में उनकी पार्टी की सरकार थी। वह मेले में आए लेकिन जब उनके ठहरने की बात आई तो उन्होंने प्रशासन के पण्डाल में ठहरने से मना कर दिया। उन्होंने इच्छा व्यक्त की कि उनके सपरिवार ठहरने की व्यवस्था बिजली विभाग के कैंप में की जाए। यह विभाग के लिए गौरव की बात थी कि केंद्रीय मंत्री होने के अलावा राष्ट्रीय स्तर पर ख्यात एक भौतिक विज्ञानी, जो इलाहाबाद जैसे विश्वविख्यात विश्वविद्यालय में प्रोफेसर रहा हो, प्रशासन के लकदक कैंप को छोड़ कर बिजली विभाग के साधारण से कैंप में विश्राम करना चाहे। डॉक्टर जोशी के बिजली विभाग के कैंप में विश्राम करने से विभाग को जबरदस्त ख्याति मिली क्योंकि जेड श्रेणी की सुरक्षा प्राप्त डॉक्टर जोशी के लिए तैनात कमाण्डो सारे समय कैंप के चारों ओर अपनी पोजीशन लिये रहे।

मेले का समापन हो गया था। मेले में अस्थायी निर्माण कार्यों में प्रयुक्त सामग्री उखाड़ कर विभागीय स्टोर में जमा करने का काम चल रहा था। तभी खबर मिली कि देश के प्रधानमंत्री श्री अटल बिहारी वाजपेयी जी 14 अप्रैल, 2001 को

कुंभ मेले के विभिन्न विभागों के नोडल अधिकारियों को चाय पर सम्मानित करना चाहते हैं। आयोजन राजभवन में आयोजित किया गया था और सम्मानित होने वालों में मैं भी शामिल था। आयोजन का समय दिन में ग्यारह बजे रखा गया था जिसमें प्रधानमंत्री जी को सम्मानित होने वालों से अनौपचारिक रूप से परिचय भी प्राप्त करना था लेकिन समयाभाव के कारण यह स्थगित कर दिया गया और घोषणा हुई कि प्रधानमंत्री जी आमंत्रित अतिथियों के साथ केवल चाय पिएंगे।

अटलजी के घुटने का ऑपरेशन हो चुका था लेकिन वह चलने-फिरने में तब भी असुविधा महसूस करते थे। चाय के बाद वह काफी जोर लगा कर अपनी कुर्सी से उठे। उनके उठते ही डॉक्टर मुरली मनोहर जोशीजी भी उठ कर खड़े हो गए। मैं आमंत्रित अतिथियों में दूसरी कतार में बैठा था लेकिन मेरी आंखें भारतीय राजनीति के कीर्तिपुरुष को लगातार देख रही थीं। तभी डॉक्टर जोशी ने इशारे से मुझे अपने पास बुलाया। मैंने वहां पहुंच कर अटलजी के पैर छुए। जोशीजी ने मेरा परिचय वाजपेयीजी से कराते हुए कहा-'ये वही अधिकारी हैं जिनके बारे में मैंने आपको विमान में बताया था।' यह कह कर उन्होंने मेरी प्रशंसा करनी शुरू कर दी। संभवत: विमान में उन्होंने वाजपेयीजी को वह घटना बताई होगी जब पिता के निधन के बावजूद मैंने कुंभ का कार्य बाधित नहीं होने दिया। मैं आत्मविभोर था क्योंकि मैंने कभी स्वप्न में भी कल्पना नहीं की थी कि मैं कभी भारत के प्रधानमंत्री के सामने खड़ा होऊंगा और उनसे बातें कर सकूंगा। मैं किंकर्तव्यविमूढ़ खड़ा रह कर उस अवसर को गंवाना नहीं चाहता था जो सौभाग्य से मेरे सामने आ खड़ा हुआ था। तभी मेरी प्रत्युत्पन्नमति ने मेरा साथ दिया और मैंने बलरामपुर के वसीले से अपना परिचय दिया-'मैं गोंडा का रहने वाला हूं।' मैंने यह बात इसलिए कही क्योंकि मैं बचपन से सुनता आया था कि अटलजी को लोकसभा में पहुंचाने का काम सबसे पहली बार बलरामपुर संसदीय क्षेत्र ने ही किया था। मैंने दूसरा वाक्य भी तुरंत बोला-'मैं बचपन से आपकी वक्तृत्व शैली का प्रशंसक रहा हूं।' अटल जी मुस्कराए, मेरी पीठ पर आशीर्वादस्वरूप हाथ रखा और आगे बढ़ गए।

तभी मंच से उतनी ही दूरी पर खड़े इलाहाबाद के वरिष्ठ पुलिस अधीक्षक श्री प्रमोद तिवारी मंच की ओर लपके लेकिन चौकस एन.एस.जी. कमांडो ने उनके पैर पर अपना पैर कुछ इस तरह रखा कि वह वहीं जड़ हो गए क्योंकि उन्हें मंच की ओर आने का कोई इशारा नहीं हुआ था। यह बात श्री तिवारी ने मुझे स्वयं बताई थी। उन्होंने यह समझा कि डॉक्टर जोशी अपने क्षेत्र के वरिष्ठ अधिकारियों का परिचय प्रधानमंत्री से करवा रहे हैं, इसलिए वह मंच की ओर बढ़े थे।

मेला संपन्न हो जाने के बाद एक दिन मैंने सारे अखबारों की कतरनों का अध्ययन किया और पाया कि एक 'अमर उजाला' को छोड़ कर सारे अखबारों ने बिजली विभाग के कार्यों की सराहना की है। यह सरासर नाइंसाफी थी। क्या एक

अखबार का संवाददाता इतना निरंकुश हो सकता है और अपनी मनमानी करने में इस हद तक जा सकता है कि वह तथ्यों और गुणवत्ता की अनदेखी कर दे और न्याय का दंड अपने हाथ में लेकर जिसको जैसी चाहे सजा सुना सकता है? मेरा मन व्यथित तो था ही। लेकिन मन में क्रोध भरा होने के बावजूद मैंने ठंडे दिमाग से सोचा और निश्चय किया कि मैं 'अमर उजाला' के शीर्ष प्रबंधन से मिल कर उसके सामने अपना विरोध दर्ज करूंगा। मैंने इलाहाबाद के अपने मित्र श्री एस.के. मिश्र को अपने साथ लिया और नौचंदी एक्सप्रेस से बरेली पहुंच गया। अखबार के मालिकान में से एक श्री राजुल माहेश्वरी बरेली में ही रहते थे। जरा देर की प्रतीक्षा के बाद मेरा सामना एक दुबले-पतले इकहरे बदन के जिस साधारण से लगते व्यक्ति से हुआ तो विश्वास करने में समय लगा कि मैं एक इतने बड़े समाचार पत्र के मालिक से मिल रहा हूं। बातचीत का सिलसिला शुरू हुआ तो मैंने उनके सामने सारे समाचारपत्रों की कतरनें एक के बाद एक करीने से रखीं और उनसे कहा-'आप देख सकते हैं कि 'अमर उजाला' को छोड़ कर किसी भी अन्य अखबार ने बिजली विभाग के विरुद्ध कोई खबर नहीं छापी है लेकिन आपके अखबार की खबरों को देख कर ही लगता है कि ये खबरें दुर्भावनावश लिखी गई हैं।' मैंने उन्हें और स्पष्ट किया-'आपके अखबार ने कंधा देने का काम किया है ताकि उस पर बन्दूक रख कर मेरे विरोधी ट्रिगर दबा सकें।' मैं अपने साथ टेंडर फाइलों के अस्सी गट्ठर ले गया था। उन फाइलों में कुंभ से संबंधित क्रय की गई सामग्री और कराए गए कार्यों की पूरी जानकारियां थीं। मैंने श्री माहेश्वरी से कहा-'आप अपने ही पत्रकारों की टीम बना कर जांच करा लें और अगर मैं दोषी पाया जाता हूं तो मैं कोई भी सजा भुगतने को तैयार हूं।' लेकिन, मैंने आगे कहा-'अगर मैं दोषी नहीं पाया जाता हूं तो आप अपने उन लोगों के विरुद्ध कार्रवाई करें जिन्होंने एक पक्ष बन कर मेरे विरुद्ध अखबार का दुरुपयोग किया है।' मेरी बात धैर्यपूर्वक सुनने के बाद श्री माहेश्वरी ने कहा-'हम अखबार चलाते हैं-'क्रूसेड' नहीं।' ये श्री माहेश्वरी के मुंह से निकले पहले शब्द थे जिनसे मैं बहुत प्रभावित हुआ। वह कह रहे थे-'हम किसी से नाराज होते हैं तो उसके विरुद्ध समाचार छापते हैं। नाराजगी फिर भी दूर नहीं होती तो दोबारा छाप देते हैं लेकिन किसी के विरुद्ध अभियान नहीं छेड़ते। जो विरोध आप आज दर्ज कराने आए हैं, उसे पहले ही दिन दर्ज करा दिया होता तो दूसरे दिन कोई समाचार नहीं छपता।' उन्होंने कहा-'जो कुछ हो गया है उसे वापस तो नहीं लौटाया जा सकता लेकिन आप जल्दी ही अखबार में परिवर्तन अपने पक्ष में देखेंगे।' मैं आश्वस्त हो कर इलाहाबाद वापस लौट आया। मेरे साथ अन्याय हुआ था और उसके प्रतिकार के लिए मुझे अपना पक्ष प्रस्तुत ही करना था। श्री माहेश्वरी से मिलने के बाद मेरे मन में यह विश्वास पुख्ता हुआ कि उन्होंने जिस गम्भीरता से मेरी बात सुनी थी,

अवश्य ही वह मेरे प्रति सहानुभूति रख रहे होंगे।

लौटने के अगले दिन पता लगा कि इलाहाबाद में 'अमर उजाला' अखबार का पूरा प्रबंधन बदल दिया गया और उसके नए मुखिया बन कर श्री प्रभात सिंह पदस्थापित हो गए।

सन् 2001 की मई या जून का महीना था। मेले के कारण शरीर पर जबरदस्त मेहनत पड़ी थी। आराम करने के बाद भी थकान थी कि उतरने का नाम ही नहीं लेती थी। मुझे बुखार चढ़ गया। कई दिनों से बुखार में तप रहा था तभी खबर मिली कि प्रदेश के ऊर्जा मंत्री श्री नरेश अग्रवाल इलाहाबाद के यात्रिक होटल में ठहरे हुए हैं। विभाग का मंत्री शहर में हो तो उसके विभाग के अधिकारियों का उसके पास पहुंचना प्रोटोकॉल में शामिल माना जाता है। लेकिन मैं बुरी तरह बुखार में जल रहा था इसलिए पहुंच नहीं पा रहा था। जिस दिन श्री अग्रवाल को जाना था उस दिन मुझे लगा कि अगर आज भी नहीं पहुंच पाया तो मंत्री महोदय को बहुत नागवार गुजरेगा। मेरी कई दिन की दाढ़ी बढ़ी हुई थी और मैं उसी हालत में उनसे मिलने चला गया। मिलने पर मैंने उनसे कहा कि मुख्यमंत्री जी ने कुंभ मेले में काम कर चुके नोडल अधिकारियों को सकुशल मेला संपन्न होने के बाद उनके इच्छित स्थान पर तैनाती का निर्णय लिया है। इसी क्रम में अनेक अधिकारियों को उनके मनपसन्द तैनाती के आदेश भी प्राप्त हो गए हैं। मैंने अनेक अधिकारियों के नाम गिना कर उनसे पूछा कि क्या मुझे भी इच्छित तैनाती मिल सकेगी? श्री अग्रवाल ने छूटते ही पूछा–'तुम लखनऊ में एक्सीएन (स्टोर) बनोगे?' उस समय अधिशासी अभियंता स्तर के अधिकारी के लिए यह महत्वपूर्ण पद माना जाता था। मैंने तत्काल अपनी स्वीकृति दे दी। उन्होंने मेरे सामने ही पावर कॉरपोरेशन के चेयरमैन श्री आर.के. नारायण से फोन पर कहा कि वह आज शाम उनके घर आ जाएं, कुछ अधिकारियों की तैनाती के बारे में चर्चा करनी है। मुझे याद आया कि बचपन में जब कभी बुखार आ जाता था तो मेरे मन को बहलाने के लिए मैं जिस चीज से खेलना चाहूं मुझे दे दी जाती थी। उन खिलौनों से, अगर बुखार तेज नहीं होता था तो, मन बहुत बहल जाता था। श्री अग्रवाल की बात सुन कर बुखार में मेरा मन कुछ उसी तरह से बहल गया था।

कुछ ही दिनों बाद पता लगा कि चेयरमैन और मंत्री महोदय मेरी तैनाती को लेकर एकमत थे लेकिन सप्ताह बीत जाने के बाद भी आदेश जारी नहीं हो रहे थे। एक दिन सवेरे मैं सो रहा था, तभी घर के लैंडलाइन फोन की घंटी बजी। ऑपरेटर ने बताया कि निदेशक (कार्मिक एवं प्रबंधन) श्री पी.आर. सिंह बात करेंगे।

'तुम लखनऊ आना चाहते हो?' उन्होंने छूटते ही पूछा।

'जी,' मैंने कहा।

'तुम इलाहाबाद में क्यों नहीं रहना चाहते? तुम चाहो तो तुम्हें एक्सीएन स्टोर

इलाहाबाद बना सकता हूं।' श्री सिंह ने कहा।

मेरे सामने पसोपेश की स्थिति थी। मैं कुंभ मेले में बड़ी सफलता और स्पृहणीय प्रशंसा पा चुका था। अब मैं अपने चरम पर ही उस शहर को अलविदा कहना चाहता था। मुझे कहावत याद आई कि मेले को तब छोड़ देना चाहिए जब वह खूब भरा हो।

'लखनऊ स्टोर डिवीजन के लिए तो मैंने बी.जे. सिंह को कह दिया है। उनके आदेश का तो प्रस्ताव भी बन गया है,' श्री सिंह ने मुझे चुप पा कर कहा।

'ठीक है। अभी आप मेरे प्रकरण पर कुछ मत कीजिए क्योंकि मैं तो अभी कुंभ के अस्थायी डिवीजन में तैनात ही हूं,' मैंने कहा।

अगले दिन मैंने चेयरमैन श्री आर.के. नारायण और ऊर्जा मंत्री के वैयक्तिक सहायक श्री जी.एल. गुप्ता से बात की। मैंने निदेशक कार्मिक से हुई बातचीत का जिक्र किए बगैर उनसे अनुरोध किया कि मेरी तैनाती में अब कोई विलंब न किया जाए। मेरे फोन का असर हुआ और निदेशक कार्मिक श्री पी.आर. सिंह की इच्छा के विपरीत उसी दिन मेरी तैनाती के आदेश निर्गत हो गए। मैंने 2 जुलाई, 2001 को लखनऊ में एक्सीएन (स्टोर) का पदभार संभाल लिया।

कुंभ मेले में महीनों दिन-रात के किए गए अथक श्रम का एक दुष्परिणाम यह हुआ कि मेरी रीढ़ की हड्डी पर लगातार दबाव के कारण कमर में भयानक दर्द रहने लगा। अपनी हालत पर सोचता तो ध्यान आता कि काम के दबाव के कारण मैंने अपने शरीर की बुरी तरह उपेक्षा की थी और उसी लापरवाही का नतीजा था यह दर्द, जो मुझे किसी तरह चैन नहीं लेने दे रहा था। उस दर्द में यही खयाल आता–

चट्टानों पर खड़ा हुआ तो छाप रह गई पांवों की।
सोचो कितना बोझ उठाकर मैं गुजरा इन राहों से॥

डॉक्टर की सलाह पर मुझे कई महीनों तक कमर पर लोहे की पट्टी बांधनी पड़ी। एक्सीएन स्टोर की कूल पोस्टिंग के बाद मेरे कमर के दर्द में कमी होने लगी। ऐसा कैसे हुआ, यह ईश्वर की कृपा ही कही जाएगी।

मेरी पोस्टिंग को अभी सवा दो साल ही हुए होंगे कि अचानक एक दिन भारतीय जनता पार्टी ने बहुजन समाज पार्टी से अपना समर्थन वापस ले लिया, मायावती जी की सरकार गिर गई। नई सरकार समाजवादी पार्टी की बनी जिसमें ऊर्जा विभाग मुख्यमंत्री श्री मुलायम सिंह यादव जी ने अपने ही पास रखा था। 2003 के सितम्बर महीने में मैं विभागीय कार्यवश नई दिल्ली में पावर फाइनेंस कॉरपोरेशन गया हुआ था। दोपहर बाद मेरे एक परिचित ने फोन करके मुझे सूचित किया कि मुझे अधिशासी अभियंता स्टोर के पद से हटा दिया गया है। यह समाचार मेरे लिए एक बड़ा झटका था क्योंकि इस नई सरकार में मैं अपने आप को बहुत

सुरक्षित समझ रहा था। मुझे लगता था कि सपा की जिस सरकार में श्री रेवतीरमण सिंह हों और पार्टी के शीर्ष पर श्री जनेश्वर मिश्र हों उसमें मेरे हित के विरुद्ध कोई बात कैसे हो सकती है! मैंने दिल्ली में मौजूद श्री जनेश्वर मिश्र जी से मुलाकात करने का समय लिया। जनेश्वर जी से मिलना मेरे लिए कभी भी दुष्कर नहीं रहा। चाहे वह केंद्र में परिवहन और जहाजरानी मंत्री रहे हों, पेट्रोलियम मंत्रालय देख रहे हों, चाहे रेल या संचार मंत्री रहे हों, लगभग पच्चीस वर्षों से मैं उनसे निरंतर संपर्क में रहा था। उनसे मेरी इतनी निकटता थी और मुझे उनका इतना स्नेह प्राप्त था कि यदि उनसे जुड़े संस्मरण लिखने बैठूं तो एक स्वतंत्र पुस्तक तैयार हो जाए, अस्तु!

उसी दिन शाम को मैंने उनके 8, राजेंद्र प्रसाद मार्ग पर उनसे भेंट की और अपनी व्यथा बताई। मैंने उनसे स्पष्ट कहा कि मुझे उस स्थान से अकारण ही हटा दिया गया है और अब यह मेरे लिए प्रतिष्ठा का प्रश्न बन चुका है। जनेश्वर जी ने सारी बातें गंभीरता से सुनीं और चेहरे पर कोई भाव लाए बिना बैठे रहे। जो लोग जनेश्वर जी को जानते हैं उन्हें मालूम होगा कि भाषण को छोड़ कर निजी बातचीत में आदमी को उनके लंबे मौन को बर्दाश्त करने को तैयार रहना पड़ता था। दस-बारह मिनट चुप रहने के बाद उन्होंने मौन तोड़ा और पूछा–'किससे बात करनी होगी?' मैंने बताया कि इसमें मुख्यमंत्री जी के अलावा कोई और सहायक नहीं हो सकता। फिर लंबी चुप्पी के बाद उन्होंने अगले दिन सवेरे आने को कहा। मैंने उनसे विदा ली।

मैं होटल लौट आया। मैं लखनऊ में चल रही उठा-पटक और जनेश्वर जी के बारे में सोच रहा था। मैंने अनुमान लगाया कि उन्होंने सोचने में इतना समय इसलिए लिया कि वह तत्क्षण निर्णय नहीं कर पा रहे होंगे कि इस मामले में क्या करना चाहिए? मैं आश्वस्त था कि 'छोटे लोहिया' के नाम से पुकारे जाने वाले श्री जनेश्वर जी अगर श्री मुलायम सिंह जी को फोन कर देंगे तो बिगड़ा काम बनने में भला क्या देर लगेगी!

अगले दिन मैं सवेरे उनके आवास पर फिर पहुंच गया। जैसे उन्होंने पहले से सोच रखा हो, मुझे देखते ही उन्होंने अपने स्टाफ से उत्तर प्रदेश के मुख्य सचिव अखंड प्रताप सिंह को फोन मिलाने को कहा। फोन पर उन्होंने कहा कि यह मेरे घर का लड़का है इसे वहीं, उसी स्थान पर, रहने दें। उधर से ए.पी. सिंह जो कुछ जनेश्वर जी से कह रहे थे वह तो मैं नहीं सुन सका लेकिन बाद में उन्होंने मुझे बताया कि ए.पी. सिंह के अनुसार मुख्यमंत्री को शिकायत मिली है कि ए.पी. मिश्र बहुजन समाज पार्टी का बहुत खास अधिकारी रहा है और उस समय के ऊर्जा मंत्री श्री रामवीर उपाध्याय उसके रिश्तेदार हैं। जनेश्वर जी ने बताया कि ए.पी. सिंह इस बात के लिए तैयार हैं कि मैं किसी भी दूसरे स्थान पर तैनाती ले सकता हूं। इस बेनतीजा कवायद और बगैर किसी ठोस आश्वासन के मैं लखनऊ वापस लौट

आया। मैंने इस बीच श्री रेवतीरमण सिंह से भेंट करनी चाही लेकिन वह शहर में नहीं थे। मैंने फोन पर उनको सारा विवरण बताया। उन्होंने मुख्यमंत्री से बात करने का आश्वासन दिया लेकिन उनका भी कोई प्रयास सार्थक परिणाम नहीं ला सका।

अंत में मैंने नए पद–अधिशासी अभियंता (नियोजन)–का कार्यभार ग्रहण करने का मन बना लिया। मैंने पावर कॉरपोरेशन के अध्यक्ष और प्रबंध निदेशक श्री अरुण कुमार मिश्र से पूछा कि मुझे क्या करना चाहिए? उन्होंने मुझसे कहा कि ये तैनाती आदेश तुरंत कार्यान्वित होने हैं इसलिए जहां के आदेश हैं मुझे तुरंत कार्यभार संभाल लेना चाहिए। लेकिन मैं जनेश्वर जी से अपनी निकटता के कारण इतनी आसानी से हार नहीं मानना चाहता था। मैंने उन्हें फोन किया तो उन्होंने बताया कि वह अगले दिन इलाहाबाद पहुंच रहे हैं। उन्होंने मुझसे इलाहाबाद पहुंचने को कहा। मैं अगले दिन इलाहाबाद में बेली रोड स्थित उनके निवास पर पहुंच गया। मुझे देखते ही उन्होंने मुख्यमंत्री जी को फोन मिलाने को कहा। वह मुख्यमंत्री जी से देर तक बहुत सारी बातें करते रहे लेकिन मेरा जिक्र बिलकुल नहीं किया। मैं प्रतीक्षा करता रहा कि जनेश्वर जी इस बात के बाद या अबकी इस बात के बाद मेरे काम के लिए कहेंगे लेकिन बात खत्म हो गई और मेरे बारे में उन्होंने मुख्यमंत्री जी से कुछ नहीं कहा। बातचीत खत्म हो जाने के बाद उन्होंने एक बार फिर मुख्य सचिव ए.पी. सिंह से बात करना उचित समझा। उनसे बात करने पर ए.पी. सिंह ने उनसे कहा–'वह तो मेरे पास आया ही नहीं।' और बात खत्म हो गई।

मैं जनेश्वर जी का संकोच समझ गया। राजनीतिक गलियारों में ट्रांसफर और पोस्टिंग एक उद्योग की तरह फल–फूल चुका था। मैंने अनुमान लगाया कि एक अभियंता के ट्रांसफर के लिए इस हद तक प्रयास करना कि सिफारिश करने के लिए आदमी सीधे मुख्यमंत्री के पास तक चला जाए, संदेह पैदा करने के लिए काफी माना जा सकता था। यों जनेश्वर जी इस तरह के कार्यव्यापार से बहुत ऊपर माने जाते थे लेकिन यह प्रतिष्ठा और नाम उन्होंने बहुत कठिन तपस्या से पाया था। इसे वह किसी भी मूल्य पर खोने का खतरा नहीं उठाना चाहते थे। उन्होंने जीवन भर लोगों को देने का ही यश कमाया था, कभी किसी से कुछ लेने की बदनामी से वह दूर ही रहे थे। वह मुझे प्रेम करते थे, मान देते थे। प्रेमवश वह मुझे बार-बार अपने पास बुला तो लेते थे कि तुम्हारे बारे में मुख्यमंत्री जी से बात कर लूंगा। इस बारे में वह पक्का इरादा भी कर लेते थे लेकिन मेरे वहां जाते ही उनका संकोच सामने आ कर खड़ा हो जाता। वह बात करने के लिए फोन मिलवाते जरूर थे लेकिन और तमाम बातें करने के दौरान वह उस बात को करने से कतरा जाते जिसके लिए उन्होंने फोन मिलवाया था। अंत में मैंने निर्णय लिया कि जनेश्वर जी को मैं किसी धर्मसंकट में नहीं पड़ने दूंगा। मैंने अपने स्थान पर तैनात किए गए नए

अधिकारी को कार्यभार सौंपा और अपने नए तैनाती के स्थान शक्ति भवन में अधिशासी अभियंता (नियोजन) के पद पर कार्यभार संभाल लिया।

सारी उथल-पुथल समाप्त हो चुकी थी। मेरे स्थान पर नए अधिशासी अभियंता वी.के. अग्रवाल पदस्थापित हो गए। उनके बारे में पता चला कि उनकी पत्नी उषा बिरजी अखंड प्रताप सिंह के अधीन तब तैनात थी जब वह प्रदेश में तकनीकी शिक्षा के सचिव हुआ करते थे। राज्य में नई सरकार बनते ही अग्रवाल दंपती ए.पी. सिंह से मिले और दोनों ने मिल कर बसपा सरकार से मेरी निकटता और श्री रामवीर उपाध्याय से मेरी रिश्तेदारी की मनगढ़ंत कहानियों का ताना-बाना बुना। ए.पी. सिंह केवल प्रदेश के मुख्य सचिव ही नहीं थे, उनकी छवि हमेशा से एक दबंग अधिकारी की रही थी। एक अधिशासी अभियंता को हटा देना और अपने मनपसंद अधिकारी को तैनात करना उनके लिए क्या मुश्किल था? और फिर ए.पी. सिंह कोई जनेश्वर मिश्र तो थे नहीं जो यह विचार करते कि इस तरह से एक कार्यकुशल अभियंता को बिना आरोपों की जांच किए और बगैर तथ्यों का पता लगाए अकारण उसके पद से कैसे हटा सकते हैं!

मैं शक्ति भवन विस्तार के चौथे तल पर जाने लगा। नियोजन का कार्य संपादित करने वाला यह गतिविधियों से शून्य वह ऑफिस था जहां लोग ग्यारह-बारह बजे से पहले आते ही नहीं थे। वहां करने के लिए ऐसा कोई काम नहीं था जिसके लिए नित्यप्रति समय पर आने, सजग रहने या अपनी कल्पनाशीलता का प्रयोग करने की आवश्यकता महसूस की जा सके। उसको ऑफिस होना था इसलिए वह ऑफिस था। वहां ऑफिस जैसी कोई हलचल नहीं थी। बेहद उबाऊ दिन थे जिनसे छुटकारा पाने का कोई रास्ता दीख नहीं पड़ता था। मैंने इस खाली समय के सदुपयोग करने का रास्ता खोज लिया था। मैंने अपने घर के छोटे-से पुस्तकालय को संवारा और बहुत दिनों से जो पुस्तकें समयाभाव के कारण नहीं पढ़ पा रहा था उन्हें पढ़ना शुरू किया। मेरे पास धर्म, अध्यात्म, कहानी, उपन्यास और अन्य अनेक विषयों की पुस्तकें थीं जिनको पढ़ कर मैं न सिर्फ उस अवसादपूर्ण वातावरण से अपने आपको बचाए रख सकता था बल्कि अपने आपको समृद्ध कर सकता था। ये पुस्तकें ही तो हैं जिन्हें मनुष्य को सबसे अच्छा मित्र कहा गया है। मुझे किताबों के अलावा मुशायरों और कवि सम्मेलनों की सी.डी. संग्रह करने का भी शौक रहा है जिन्हें मैं सफर करते समय कार में सुनता रहता और कभी-कभी घर में भी कविता का सुख उठाता। इन सीडी में गंभीर शाइर का कलाम भी होता और रफीक शादानी जैसे मजाहिया शाइर की शायरी भी होती जो कहने को तो मजाहिया शाइर थे लेकिन गंभीर बातें वह अपने पुरमजाक अंदाज में कुछ इस तरह कह जाते कि आप हंसते भी और उनकी कही बात विचार भी करते। लखनऊ में अमीनाबाद में गोमती एजेंसी इस तरह की सीडी प्राप्ति का

प्रमुख स्थान है जहां से मैं सीडी लाता और सुनता रहता।

नए पद पर तैनाती को अभी नब्बे दिन नहीं हुए थे और मैं अपने आपको नई परिस्थिति में ढाल नहीं पाया था। एक दिन ऐसे ही मैं मुशायरे की कोई सीडी लगा रहा था तभी घर का लैंडलाइन फोन बज उठा। ऑपरेटर ने बताया कि कार्मिक और प्रबंधन के निदेशक श्री एस.सी. गोविल बात करेंगे। मैंने सोचा कि श्री गोविल ने नियोजन से कहीं और जाने के बारे में मेरी इच्छा जानने के लिए फोन किया होगा। अब तक मेरी यह उम्मीद इसलिए बनी हुई थी क्योंकि मुझे मालूम हुआ था कि तत्कालीन सरकार के अनेक मंत्रियों ने मेरी कर्तव्यनिष्ठा को देखते हुए नियोजन जैसे महत्वहीन स्थान से हटा कर मुझे किसी महत्वपूर्ण स्थान पर भेजे जाने का अनुरोध किया था। ऐसे अनेक अनुरोध पत्र मुख्यमंत्री के पास से हो कर शक्ति भवन आ चुके थे। मैंने समझा कि श्री गोविल उसी संदर्भ में बात करेंगे। लेकिन उनसे बात करने पर मेरा अनुमान गलत निकला।

'आपके लिए सी.एम.डी. महोदय का आदेश है कि आपको आज ही रात सैफई पहुंचना है। वहां की विद्युत व्यवस्था ध्वस्त हो गई है। सैफई महोत्सव चल रहा है और मुख्यमंत्री सैफई में ही कैंप कर रहे हैं। आपका मुख्यालय आगामी पंद्रह दिनों के लिए सैफई बना दिया गया है। आप वहीं रह कर महोत्सव की शेष अवधि यानी 31 दिसंबर तक वहां की बिजली व्यवस्था देखेंगे। आप पूरे प्रदेश से जिस अधिकारी और कर्मचारी को अपने साथ लेना चाहें, ले सकते हैं। आपको नीली बत्ती लगी गाड़ी भेजी जा रही है ताकि आपको आवागमन में कोई कठिनाई न हो।' श्री गोविल बगैर रुके बोलते रहे और मैं दम साधे सुनता रहा।

'लेकिन सर, इटावा तो मैंने नक्शे में देखा भी है, सैफई तो मैंने नक्शे में भी नहीं देखा। फिर जब वहां वितरण के वरिष्ठ अधिकारी मौजूद हैं तब मैं वहां जा कर क्या कर सकूंगा?' मैंने चिढ़ से भरी हुई आवाज में त्वरित टिप्पणी में कहा।

'मुझे जो आदेश आप तक पहुंचाना था वह मैंने पहुंचा दिया। अब इस आदेश में आपको कुछ परिवर्तन कराना है तो आप सीधे सी.एम.डी साहब से बात कर लें। आदेश की प्रति और नीली बत्ती लगी गाड़ी आपके घर पर पहुंच रही होगी,' श्री गोविल का बहुत सारा जोर नीली बत्ती लगी गाड़ी पर था। उन्होंने मुझे संदेश देकर अपना पल्ला झाड़ा और फोन काट दिया।

मेरे मन में उठा-पटक के पिछले महीनों की गतिविधियां घूम गईं। यह व्यवस्था का नया चेहरा था जो कल तक मेरी तमाम प्रार्थनाओं की अनसुनी कर रहा था और आज कठिन समय पड़ने पर मुझे नीली बत्ती से नवाज रहा था। अभी कल ही सारे प्रशस्ति पत्र, सारे सम्मान और उपलब्धियों के सारे महान आख्यान बुहार कर एक किनारे सरका दिए गए थे और मैं किसी पार्टी से निकटता रखने वाला अधिकारी और किसी मंत्री का रिश्तेदार मान कर सजा के योग्य पाया गया

था और आज 90 दिन भी नहीं बीते थे कि मेरे ये सारे 'गुनाह' जाने कहां बिला गए थे!

मैंने अपने एक परम शुभेच्छु निदेशक (वित्त) श्री एस.के. अग्रवाल को फोन करके इस फोन के बारे में बताया तो उन्होंने कहा कि आपके पास खोने के लिए कुछ नहीं है। अगर सैफई की विद्युत व्यवस्था को आप संभाल ले गए तो बल्ले-बल्ले, और नहीं तो प्लानिंग की कुर्सी तो है ही, लौट कर फिर उसी पर बैठ जाइएगा। उन्होंने इस निर्णय के पीछे की अन्तर्कथा जो बताई उसके तहत कॉरपोरेशन के सभी निदेशकों की एक अनौपचारिक बैठक में यह तय पाया गया कि इस संकट से पार पाने में मैं ही एक व्यक्ति हूं, जो सक्षम हूं। चर्चा में यह बात भी सामने आई कि जो व्यक्ति कुंभ में इतनी अच्छी व्यवस्था कर सकता है वह 'ट्रस्टेड' और 'टेस्टेड' है और यह काम उसी को दिया जाना चाहिए। निदेशकों की इस भावना का पता लगने पर मुझे आत्मिक संतोष मिला और मेरे मन का कसैलापन धुल गया। कुंभ में मेरे द्वारा किए गए उत्कृष्ट कार्यों का यह भी एक प्रशंसा पत्र जान पड़ा क्योंकि शक्ति भवन में तो कोई भी ऐसा नहीं था जिसे मेरी मनचाही तैनाती पर कोई आपत्ति होती। मैंने पत्नी को एक बड़े सूटकेस में दस-पंद्रह पैंटें और कमीजें रखने को कहा और अन्य जरूरी सामान की पैकिंग करने लगा क्योंकि बकौल श्री गोविल 'नीली बत्ती लगी गाड़ी' किसी भी समय आ सकती थी।

वह सन् 2003 के दिसंबर माह की बेहद ठंडी रात थी। मुझे रात ही में अवर अभियंता पंकज शर्मा और दो-तीन कार्यदायी संस्थाओं के प्रतिनिधियों को सैफई पहुंचने के निर्देश देने के बाद सवेरे 4 बजे तक लखनऊ से इटावा के लिए निकल जाना था। घने कोहरे की रात थी। आगे कुछ दूर का रास्ता भी सूझ नहीं रहा था। कार की गति बहुत धीमी थी। मानो चल न रही हो, रेंग रही हो। मैंने अनुमान लगाया कि अगर इसी गति से चलता रहा तो इटावा और उसके बाद सैफई न जाने कब पहुंच पाऊंगा? कानपुर पहुंचते-पहुंचते मेरा धैर्य जवाब दे गया। मैंने कानपुर में कार छोड़ दी और कालका मेल पकड़ ली जो संयोग से जाने के लिए तैयार खड़ी थी। मैंने ड्राइवर को निर्देश दिया कि वह कार लेकर इटावा पहुंचे। जो पहले पहुंचेगा वह दूसरे की प्रतीक्षा करेगा। मैं शाम को इटावा पहुंचा तो देखा कि कार वहां पहले ही पहुंच चुकी थी और ड्राइवर मेरा इंतजार कर रहा था। पूछते-पूछते मैं जब सैफई पहुंचा तब तक जाड़े का दिन बहुत जल्दी ढल चुका था और शाम गहराती हुई उतर आई थी।

सैफई पहुंच कर मैंने 33 केवी के बिजलीघर का पता लगाया और वहां पहुंचा। मैंने पहुंचते ही पूछा कि 11 केवी का कोई 'आउटगोइंग फीडर' है जो 'स्पेयर' में हो? पता लगने पर कि एक फीडर है, मैं तुरंत सैफई के महोत्सव स्थल

पर पहुंचा जहां बिजली की सप्लाई बहाल होनी थी। मैंने तुरंत 300 मीटर केबिल और 400 केवीए के ट्रांसफार्मर की मांग की जो मुझे तत्काल उपलब्ध करा दिया गया। मेरे अनुभव ने योजना बनाई कि 11 केवी के एक स्वतंत्र फीडर से सैफई के सांस्कृतिक पंडाल को जोड़ दिया जाए और अब तक जो व्यवस्था पंडाल के लिए है उसे वैकल्पिक आपूर्ति के रूप में तैयार रखा जाए जिससे यदि स्वतंत्र केबिल में कोई परेशानी आ जाए तो सप्लाई उससे चालू रखी जा सके। मेरे साथ के लोग कुंभ में मेरे साथ काम कर चुके थे और चुनौती को स्वीकार करके मेरी ही तरह उत्साह से भरे हुए थे। रात आते-आते मैंने पहले की व्यवस्था की मरम्मत करके उसे काम लायक बना दिया था लेकिन वह बहुत विश्वसनीय नहीं थी। जाड़े की वह कठिन रात थी और मुझे सारी रात जाग कर बिजली की मुकम्मल और मजबूत व्यवस्था करनी थी। यह मेरे जीवन की उन चंद रातों में थी जब मैंने एक पल को भी पलकें नहीं झपकाई थीं। अगले दिन सवेरे आगरा डिस्कॉम के प्रबंध निदेशक श्री नियोगी अपने स्टाफ ऑफिसर श्री कृपाल सिंह के साथ सैफई आए। कृपाल सिंह आगरा के अधीक्षण अभियंता (स्टोर) भी थे। कृपाल सिंह ने मुझे देखते ही चीखते हुए कहा-'ए.पी. मिश्र आ गया है, अब कोई समस्या नहीं होगी।' यह वही कृपाल सिंह थे जो बाद में आगरा के प्रबंध निदेशक बने। मुझे ताज्जुब हुआ कि कृपाल सिंह जैसे लोगों के रहते हुए मुझे लखनऊ से सैफई क्यों भेजा गया क्योंकि कृपाल सिंह ऐसे आदमी थे जो अपने सामने किसी को गिनते नहीं थे।

कई रात और कई दिन लगातार काम से सारे कील-कांटे दुरुस्त हो गए। मैं अब दावे के साथ कहने की स्थिति में था कि ग्रिड फेल होने की स्थिति को छोड़ कर सैफई की बिजली व्यवस्था अन्य किसी कारण से प्रभावित नहीं हो सकती। मेरा श्रम लोगों की निगाह में आए बिना नहीं रह सका-खासकर समाचार पत्रों की निगाह में। सभी समाचार पत्रों ने अपनी हेडलाइन बनाई कि बिगड़ी विद्युत आपूर्ति को लखनऊ से आए एक अधिकारी ने संभाला जिन्हें कॉरपोरेशन ने खासतौर पर इसी काम के लिए सैफई भेजा था।

बिजली व्यवस्था में अब करने को कुछ नहीं था लेकिन आश्वस्ति के लिए आवश्यक था कि मैं समारोह के दौरान लगातार पंडाल में मौजूद रहूं। ऐसा करना इसलिए भी जरूरी था क्योंकि महोत्सव के अधिकतर दिनों में मुख्यमंत्री श्री मुलायम सिंह यादव वहां स्वयं मौजूद रहते थे। जिस दिन कार्यक्रम कुछ जल्दी समाप्त हो जाता उस दिन मैं रात में इटावा आ जाता और विभाग के सहायक अभियंता विवेक दीक्षित के घर ठहर जाता जो उन्होंने बलराम सिंह यादव चौराहे पर किराए पर ले रखा था। वहां के सारे गेस्ट हाउस भरे हुए थे और कार्यक्रम के देर तक चलने वाले दिन मुझे कार्यक्रम के बाद पंडाल में ही सोना होता था- ओढ़ने-बिछाने की कोई व्यवस्था न होने के बावजूद-क्योंकि इटावा लौटने के

लिए तब तक काफी देर हो चुकी होती थी। समारोह के दौरान दरी के ऊपर बिछाई गई चादर लपेट कर सोना कष्टकर तो बहुत था लेकिन क्या कर सकता था क्योंकि गरमाई देने वाला कंबल तो इटावा में ही मिल सकता था। जब कभी सैफई से रात के समय इटावा जाना होता तो ड्राइवर को रास्ता बताने के लिए कार की एक खिड़की से मैं और दूसरी से अनिल पांडेय सिर निकाल कर बाहर देख कर रास्ता बताते। टहलना मेरी दिनचर्या का एक अपरिहार्य अंग बन चुका था। देर रात इटावा पहुंचने के बाद भी घने कोहरे के बीच मुख्य मार्ग पर प्रात: टहलने का क्रम जारी रहता। भीषण जाड़े और कोहरे की अधिकता के कारण टहल कर आने के बाद लगभग पचास मिनट तक आंखों से पानी निकलता रहता, जो तापमान के सामान्य हो जाने के बाद ही बंद होता। आंखों से इस तरह पानी निकलने का दुष्परिणाम यह हुआ कि बिना किसी ज्ञात कारण के आंखों के नीचे सूजन आ गई जो आज 11 वर्ष बीत जाने के बाद भी ज्यों की त्यों है। अनेक टेस्ट कराए लेकिन कोई डॉक्टर नहीं बता पाया कि इस सूजन का क्या कारण है और इसे कैसे ठीक किया जा सकता है।

सैफई महोत्सव समाप्त होने को था और उसी के साथ मेरा सैफई प्रवास भी समाप्त हो जाने वाला था। उन्हीं दिनों कानपुर जोन के मुख्य अभियंता श्री ननकौना प्रसाद द्वारा यह सूचित किए जाने पर कि मुख्यमंत्री श्री मुलायम सिंह यादव उस इंजीनियर से मिलना चाहते हैं जिसकी प्रशंसा में अखबार के अखबार रंगे हुए हैं और जिसके आने के बाद से महोत्सव निर्विघ्न चल रहा है। मैं उनके साथ मुख्यमंत्री से मिलने उनके आवास पर गया। मैंने अपने जीवन में इतना सुरुचिपूर्ण ड्राइंग-रूम पहले कभी नहीं देखा था जो श्री यादव के आवास के बेसमेंट में बना हुआ था। हर चीज में एक करीना दिखाई देता था लेकिन वह करीना केवल पैसे से खरीदी गई वस्तुओं के कारण नहीं था, वह करीना परिष्कृत रुचि और वस्तुओं को बरतने के सलीके को लेकर था। ननकौना प्रसाद ने मुख्यमंत्री से मेरा औपचारिक परिचय कराया और उसके बाद बातचीत मेरे और मुख्यमंत्री श्री यादव के बीच सिमट गई। बातचीत के दौरान मेरे, मुख्यमंत्री और उनके नए-नए इंजीनियरिंग पढ़ कर आए पुत्र श्री अखिलेश यादव के अलावा वहां एक-दो लोग और थे।

'बिजली का यह संकट क्यों पैदा हुआ?' श्री यादव ने मुझसे पूछा।

'एक तो अभियंताओं ने पूर्वानुमान नहीं लगाया और दूसरे 'प्रिवेंटिव मेंटीनेंस' की कोई व्यवस्था नहीं की गई थी इसलिए यह संकट पैदा हुआ,' मैंने उन्हें बताया।

'आपने ऐसा क्या किया है कि अगले वर्ष यह संकट पैदा न हो?' श्री यादव ने जानना चाहा।

'अब सैफई महोत्सव में लाइट के जाने को लोग इतिहास की तरह याद करेंगे,' पिछले आठ-दस दिनों के दौरान किए गए कार्यों का ब्योरा देने के बाद मैंने पूरे आत्मविश्वास के साथ कहा।

'हम सैफई की सड़कों पर तार खिंचवा कर स्ट्रीट लाइट लगवाना चाहते हैं। आप बताइए कि खंभे लोहे के ठीक रहेंगे या सीमेंट के?' श्री यादव ने दूसरा सवाल किया।

मैंने उन्हें विस्तार से बताया कि लोहे और सीमेंट के खंभों के अलग-अलग गुण और दोष हैं। मेरी बात पूरी होती तभी मेरे बगल में बैठे श्री अखिलेश यादव ने बातचीत में हस्तक्षेप करते हुए लोहे के खंभों के बारे में अपनी राय दी। मैंने फिर दोनों के गुण-दोषों की चर्चा करनी चाही। इस पर श्री मुलायम सिंह यादव ने अपने बेटे की तरफ अंगुली से इशारा करते हुए कहा-'इंजीनियर है, इंजीनियर।'

'मैं जानता हूं, सर।' मैंने कहा और उसके बाद अन्य विविध विषयों पर बातचीत चलती रही।

'चलिए, खाना खाते हैं,' सहसा नेताजी उठे और कहा।

'मैं तो डायबिटिक हूं। मेरा खाना तो परहेजी होता है,' मैंने कहा लेकिन नेताजी के साथ-साथ चलता रहा।

डायबिटीज का जिक्र आया तो नेताजी ने बताया कि जनेश्वर जी को एक बार हाइपोग्लाइसीमिया (लो शुगर) की समस्या हो गई थी। जनेश्वर जी की बात निकली तो मैंने उन्हें बताया कि मेरे उनसे 25-30 साल पुराने संबंध हैं। और यह भी कि यहां सैफई में रहते हुए मैं लोक निर्माण विभाग के गेस्ट हाउस में उनसे मिलने भी गया था।

वह गुंबद के आकार की छत वाला एक बड़ा-सा कमरा था जहां हम बातें करते-करते पहुंच गए थे। कमरे के बीचोबीच एक बड़ा सा दस्तरख्वान बिछा था यानी डायनिंग टेबिल पड़ी थी। मेरी आंखें चौंधिया गईं क्योंकि एक साथ इतने व्यंजन मैंने अपने जीवन में कभी देखे नहीं थे। जितनी खूबसूरत और महंगी क्रॉकरी थी उतनी ही चमचमाती हुई कटलरी थी जो कमरे को नहला रही दूधिया रोशनी में अलग से लश्कारे-सी मार रही थी। परोसे गए व्यंजनों की जल्दी गिनती नहीं की जा सकती थी, इसी बात से अंदाजा लगाया जा सकता है कि मेज कितनी बड़ी थी और कितने लोग एक साथ बैठ कर खाना खा सकते थे। परोसे गए सभी व्यंजन बहुत 'रिच' थे जिन्हें चलताऊ भाषा में तर माल कहा जाता है।

मेज के चारों ओर श्री अखिलेश यादव, इटावा के तत्कालीन जिलाधिकारी श्री वी.बी. सिंह, इटावा के तत्कालीन एस.एस.पी. श्री अखिलेश मेहरोत्रा, मैनपुरी के तत्कालीन जिलाधिकारी श्री एस.एन. पांडेय और मुख्यमंत्री के विशेष सचिव श्री चंद्रमा प्रसाद यादव बैठे थे। बातचीत का सिलसिला वहां भी चलता रहा।

'आप मिश्र जी कहां पोस्टेड हैं?' नेताजी ने पूछ लिया। वह प्रदेश के मुख्यमंत्री ही नहीं थे, वह केंद्रीय मंत्री रह चुके थे और अपनी पार्टी के राष्ट्रीय अध्यक्ष के पद पर शोभित थे। लेकिन उनके ये पद और उनके अनुरूप उनका व्यवहार उनके घर के भीतर नहीं आने पाता था। प्रोटोकॉल को वह घर के बाहर ही छोड़ देते थे। घर के भीतर वह परम स्नेही और उत्तम कोटि के मेजबान थे जो अपने घर पर आए सभी मेहमानों को अपने हाथ से भोजन परोस रहे थे और आग्रहपूर्वक और खाने का अनुरोध कर रहे थे।

'मुझे खुड्डे लाइन पर डाल दिया गया है।' मेरे मन में आक्रोश तो भरा ही था सो मैंने नेताजी के अपनत्व का सहारा और प्रोत्साहन पा कर अपने को रोकते-रोकते भी कह दिया। दरअसल कहना तो मैं यह चाहता था कि मुझे गधा लाइन पर डाल दिया गया है लेकिन श्री यादव के स्नेहिल व्यवहार ने मुझे अधिक कटु होने से रोक लिया।

'कितना कॉम्पीटेंट ऑफिसर है लेकिन इसे शक्ति भवन में अटैच कर रखा है,' अखिलेश मेहरोत्रा ने नेताजी से कहा।

'सी.पी.,' कहते हुए नेताजी ने चंद्रमा प्रसाद की ओर देखा।

'जी सर,' चंद्रमा प्रसाद आदेश लेने के लिए तत्पर हुए।

'कल ए.के. मिश्र आ रहे हैं। उनसे कहना कि ये जहां चाहें इन्हें पोस्ट कर दें,' नेताजी ने कहा और बात आई-गई और खत्म हो गई।

तभी कोई एक सेवक कटोरी में कुछ लेकर आया।

'क्या है?' नेताजी ने पूछा।

'अमूल का मक्खन है साब,' उसने बताया।

'अरे, इटावा का घी दुनिया भर में मशहूर है और तुम मक्खन लेकर आए हो? ले जाओ इसको और घी ले कर आओ,' नेता जी ने मीठी फटकार लगाते हुए कहा। पलक झपकते वही सेवक घी लेकर हाजिर हो गया। जरा देर में खाना खत्म हो गया।

मेरा मन, मुहावरे में कहूं तो, बल्लियों उछल रहा था। अगले दिन पावर कॉरपोरेशन के चेयरमैन और प्रबंध निदेशक ए.के. मिश्र आ रहे थे और मुख्यमंत्री द्वारा मेरे बारे में सी.पी. को दिए गए निर्देश ने मुझे पुलकित कर दिया था। मुझे बेचैन रखने वाले बीते दिनों का सारा कलुष नेताजी के इतनी देर के सान्निध्य में जैसे धुल-पुंछ गया था। कुंभ में मेरे द्वारा किए गए कार्यों का मोल उच्च प्रशासनिक अधिकारी नहीं आंक पाए, इस बात ने मुझे दुःखी और निराश किए रखा था। कभी-कभी लगता कि यह व्यवस्था किसी की भी न तो परवाह करती है और न उसके किए को मान देती है। मैं बिजली व्यवस्था में सुधार के लिए क्या-क्या करने की योजना ही बनाता रह गया और मुझे एक ऐसी जगह फेंक

दिया गया जहां मेरी कोई उपयोगिता ही नहीं थी। मैं अविश्वास से भरा यह सोचता रहा था कि क्या यह भी मुमकिन हो सकता है कि जिसके कार्य की उत्कृष्टता को राज्य के कई मंत्री, केंद्रीय मंत्री और उनके जरिए प्रधानमंत्री तक स्वीकार कर चुके हों, उसके बारे में प्रदेश के मुख्य सचिव स्तर के प्रशासनिक अधिकारी को कोई जानकारी ही न हो? मैंने अंतिम रूप से मान लिया था कि यह व्यवस्था किसी कर्मशील व्यक्ति को अकारण दंडित तो कर सकती है लेकिन किसी को पुरस्कृत करना उसे आता ही नहीं। लेकिन नेताजी श्री मुलायम सिंह यादव से मिलने और उनके द्वारा सी.पी. यानी चंद्रमा प्रसाद को मेरे लिए दिए गए निर्देश से लगा कि पिछला अनुभव ऐसा था जिसमें कहा जा सकता था कि 'गुन न हेरानो गुनगाहक हेरानो है'। लेकिन अब लगा कि इतनी देर से मैं जिनके पास बैठा हूं वो सबसे बड़े गुनगाहक हैं और मेरे श्रम और प्रतिभा का पुरस्कार मुझे इन्हीं से मिलेगा।

अगले दिन पूर्व निर्धारित कार्यक्रम के अनुसार पावर कॉरपोरेशन के अध्यक्ष और प्रबंध निदेशक (सी.एम.डी.) श्री अरुण कुमार मिश्र सैफई पहुंचे। उन्होंने पहले मेरे द्वारा किए गए काम का जायजा लिया, सारी सूचनाएं लीं और उसके बाद मुख्यमंत्री श्री मुलायम सिंह यादव से मिलने गए। वहां से लौटे तो मुझसे भेंट हुई, उनकी बातों से मैं जान गया कि नेताजी का संदेश उनको मिल गया है।

'कहां जाना चाहते हो?' सी.एम.डी. ने मिलते ही पूछा। मेरे कुछ कहने से पहले ही उन्होंने जोड़ा–'तुम्हें वहां पोस्ट नहीं करूंगा जहां से ट्रांसफर हो कर आए हो।'

'जब सारे निर्णय आपको ही करने हैं तो जहां आप चाहें,' मैंने भरसक कोशिश की कि मेरी आवाज में किसी प्रकार की कटुता न आने पाए लेकिन मैं बहुत अधिक सफल नहीं हो पाया।

'च्वायस बताओ,' सी.एम.डी. ने पूछा।

'उसका निर्णय भी मैं आप पर ही छोड़ता हूं,' मैंने कहा और चुप हो गया।

'बाकी बातें लखनऊ में करेंगे,' उन्होंने कहा।

'जी, बेहतर है,' मैंने कहा और उनके सामने से हट गया।

शायद वह 28 दिसंबर, 2003 का दिन था। अगले दिन सैफई महोत्सव की समाप्ति थी। सारी व्यवस्था पूरी हो चुकी थी और अब मेरे वहां रुकने का कोई औचित्य नहीं था। यों भी मुझे अपने बेटे विपुल को लेकर भिवंडी (महाराष्ट्र) जाना था जहां उसे बी.एस.एन.एल. की अपनी नौकरी में कार्यभार संभालना था। शताब्दी से मैं लखनऊ के लिए रवाना हो गया। मुझे जानकारी थी कि सी.एम.डी. ए.के. मिश्र भी उसी गाड़ी से लखनऊ जा रहे हैं। मैं ए.सी चेयरकार में था और वह ए.सी प्रथम श्रेणी में यात्रा कर रहे थे। नेताजी और सी.एम.डी. के बीच हुई बातचीत ने मेरे मन में उथल-पुथल मचा रखी थी। मेरा मन नहीं माना। मैं उस

'इंटरकनेक्टेड' ट्रेन के कई डिब्बे पार करता हुआ उनके सामने जा खड़ा हुआ।

'सर, मैं अपने बेटे को लेकर महाराष्ट्र जा रहा हूं उसको ज्वायन कराने के लिए। इसलिए मैं एक-दो दिन शहर से बाहर रहूंगा,' मैंने सी.एम.डी. को बताया।

वह अपनी बर्थ पर बैठे थे और मैं उनके सामने खड़ा था।

'सर, मैं शहर में लेसा के रूरल डिवीजन में पोस्ट होना चाहता हूं।' मैंने सोचा कि मिले हुए अवसर का पूरा इस्तेमाल अपनी बात पहुंचाने में कर लिया जाए।

यह वह डिवीजन था जिसका नाम तब ई.डी.डी. खुर्रमनगर हुआ करता था। उसके अब तीन डिवीजन हो गए हैं।

'वहां कौन तैनात है और कितने दिनों से?' सी.एम.डी. ने बहुत देर बाद पूछा।

'शायद वहां पी.सी. सेठ तैनात हैं पिछले दो-ढाई साल से।'

'मिश्र, मैं तुम्हें वहां तैनात करना चाहता हूं जहां तुम्हें पोस्ट करके मैं निश्चिंत हो सकूं,' सी.एम.डी. ने अपना मन खोला।

'वह कौन-सी जगह है, सर?'

'एक्सीएन हुसैनगंज। (एक्सीएन-शब्द एक्जीक्यूटिव इंजीनियर का छोटा रूप अर्थात अधिशासी अभियंता) वहां का एक्सीएन ए.के. सिंह प्रमोट हो रहा है। मैं तुम्हें वहां पोस्ट करना चाहता हूं ताकि मैं निश्चिंत हो सकूं। वह एक वी.आई.पी. डिवीजन है और,'

'वहां का एक्सीएन और अधीक्षण अभियंता तो अभी कुछ दिन पहले ही निलंबित किए गए हैं,' मैंने उनकी बात बीच में काटते हुए कहा।

उन अधिकारियों के निलंबन का कारण यह था कि प्रधानमंत्री श्री अटल बिहारी वाजपेयी का कोई कार्यक्रम डॉली बाग स्थित गन्ना संस्थान में चल रहा था तभी बिजली का ब्रेक-डाउन हो गया था। यह वह महत्वपूर्ण डिवीजन था जिससे राज भवन, विधान भवन, मुख्यमंत्री आवास, मंत्रियों के निवास, विधायक निवास, बहुखंडी मंत्री आवास, सरकार के अनेक महत्वपूर्ण कार्यालयों और लखनऊ के फैशनेबिल बाजार हजरतगंज को विद्युत आपूर्ति की जाती थी। ट्रेन में बहुत देर तक बात नहीं हो पाई और मैं वापस अपनी सीट पर लौट आया।

अगले दिन लखनऊ से जहाज पकड़ कर विपुल के साथ मुंबई गया और उसका वहां का इंतजाम करके 31 तारीख को दोपहर बाद नई दिल्ली आ गया। दिल्ली में मेरे इलाहाबाद के मित्र रफअत हमीद ने नए साल के स्वागत के लिए एक होटल में पार्टी आयोजित की थी। रात देर से सो पाया।

पहली जनवरी को देर तक सोता रहा। मेरे मोबाइल पर मिस कॉल थी जो शक्ति भवन के अनुभाग अधिकारी जी.पी. सिंह की थी। मैंने अनुमान लगाया कि मेरे आदेश जारी हो गए हैं। मैंने उन्हें फोन मिलाया, मेरा अनुमान सही निकला। लेकिन श्री सिंह ने जो कुछ मुझे बताया उससे मन खिन्न हो गया। मुझे लेसा के

अधिशासी अभियंता के रूप में लखनऊ के ऐशबाग में तैनात कर दिया गया था। ऐशबाग डिवीजन काफी समस्याग्रस्त माना जाता था और वहां की तैनाती दंड के रूप में ली जाती थी। मुझे जरा भी अच्छा नहीं लग रहा था लेकिन मैं कर भी क्या सकता था।

मैंने दोपहर का जहाज पकड़ा और शाम को सी.एम.डी. से मुलाकात करने के लिए शक्ति भवन पहुंच गया।

'आपको धन्यवाद देने आया हूं, सर। लेकिन आपने तो कहा था कि आप मुझे हुसैनगंज डिवीजन में तैनात करेंगे,' मैंने कहा, क्योंकि इतना तो मुझे कहना ही था।

'मिश्र, मुझे खयाल था कि ए.के. सिंह 31 दिसंबर को प्रमोट हो रहे हैं लेकिन वह 31 जनवरी को प्रमोट होंगे। तुम 31 जनवरी को आना और हुसैनगंज के लिए अपने ऑर्डर ले लेना,' सी.एम.डी. ने कुछ इस तरह कहा मानो अपनी सफाई देते हों।

'अगर मुझे ऐशबाग डिवीजन में सिर्फ तीस दिन ही काम करना है तो मुझे वहां क्यों पोस्ट कर रहे हैं, सर? मैं अभी नियोजन में ही रुक जाता हूं और पहली फरवरी को हुसैनगंज में ज्वायन कर लूंगा,' मैंने विनम्रतापूर्वक कहा।

'तुम्हारा सैफई का काम देखने के बाद तुम्हें एक दिन भी अटैच रखना तुम्हारे साथ भी अन्याय होगा और पावर कॉरपोरेशन के साथ भी,' सी.एम.डी. श्री अरुण कुमार मिश्र ने कहा तो मेरा मन उनके प्रति कृतज्ञता से भर उठा।

मैं निरुत्तर हो कर चला आया।

अगले दिन सवेरे ऐशबाग पहुंच कर बड़े साहब के बैठने का कमरा देखा तो बहुत मायूसी हुई। जिस कुर्सी पर मुझे बैठना था उसके सामने अलग-अलग विशेषताओं वाली 4-5 कुर्सियां रखी थीं। किसी कुर्सी का हत्था टूटा हुआ था, कोई प्लास्टिक की थी, किसी की पीठ टिकाने वाली जगह टूटी हुई थी और किसी में बैठने वाली जगह पर पटरा बिछा कर काम चलाया जा रहा था। उस दिन सामान्य परिचय करने के बाद घर लौट आया।

अगले दिन ऑफिस जाने से पहले बैंक गया और अपने खाते से दस हजार रुपए निकाले। इंदिरा नगर के राजधानी फर्नीचर की दूकान पर जाकर ऑफिस के लिए एक मेज, एक अपने बैठने की कुर्सी और सामने बैठने के लिए पांच कुर्सियों की खरीदारी की। यह सारा सामान अपने सामने लदवाया ताकि मेरे पहुंचने से पहले वह ऑफिस में ऊपर के कमरे में लग जाए। मैंने वह कमरा भी छोड़ दिया था जिसमें पिछले एक्सीएन एस.के. गर्ग बैठा करते थे।

कमरे को ठीकठाक करने के बाद मैंने अपने शिविर सहायक को आवश्यक निर्देश दिए और क्षेत्र की वस्तुस्थिति का जायजा लेने निकल पड़ा। मैंने उस दिन से लेकर 31 जनवरी तक राजाजीपुरम, पारा, अपट्रान और ऐशबाग में विभिन्न

अनियमितताओं के लिए कनेक्शन काटने और राजस्व वसूली का व्यापक अभियान चलाया। जिस सतनाम सिंह को मैं जूनियर इंजीनियर संगठन के बड़े नेता के रूप में जानता था, वह भी मेरे उस अभियान में शामिल हो गए। एक दिन निरीक्षण के दौरान मैंने देखा कि सतनाम सिंह खुद खड़े हो कर कनेक्शन कटवा रहे हैं। समाचार पत्रों में अभियान को लेकर समाचार प्रकाशित होने लगे और दोपहर बाद अखबारों के संवाददाता मेरे कमरे में जमा होने लगे यह जानने के लिए कि नया क्या कुछ हुआ है।

अधिशासी अभियंता ए.के. सिंह 31 जनवरी को पदोन्नत होकर अधीक्षण अभियंता बन गए और जैसा कि सी.एम.डी. श्री ए.के. मिश्र ने वायदा किया था 31 जनवरी, 2004 को हुसैनगंज में मेरी तैनाती के आदेश जारी हो गए। मैंने पहली फरवरी को अपना कार्यभार संभाल लिया। एक दिन पहले मैं ऐशबाग के ऑफिस जाया करता था और अब अगले दिन मैं दारुलशफा स्थित अपने नए ऑफिस जाने लगा। लगा ही नहीं कि मेरा डिवीजन बदल गया है और मैं कहीं से स्थानांतरित हो कर कहीं और आ गया हूं। तैनाती के अगले दिन से ही अवैध कनेक्शन काटने और राजस्व वसूली का वही अभियान मैंने हुसैनगंज में भी शुरू कर दिया जो पिछले दिन तक ऐशबाग में चल रहा था। मैंने पहले ही दिन कंप्यूटर से रिपोर्ट निकलवाई, बकाएदार उपभोक्ताओं के इलाकों को चिह्नित किया और एक पत्रक छपवा कर बंटवाया जिसमें स्पष्ट सूचना थी कि अमुक दिन इलाके में जांच की जाएगी, बकाएदारों द्वारा बिल न जमा किए जाने पर कनेक्शन काटे जाएंगे, बिलों को संशोधित करने और राशि को समायोजित करने के लिए शिविर लगाए जाएंगे, अगर आवश्यक हुआ तो मीटर बदले जाएंगे और नए कनेक्शन दिए जाएंगे। मेरे अभियान के जोर पकड़ने से अन्य बड़े साहबों के लिए भी जरूरी हो गया कि वे भी अपने डिवीजनों में इसी प्रकार के अभियान चलाएं और सरकारी राजस्व वसूली में वृद्धि दर्ज करें।

अपने सेवाकाल के प्रारंभ से ही मैं इस सिद्धांत का हिमायती रहा हूं कि यह टीम ही होती है, जो सफलता दिलाती है, न कि कोई एक व्यक्ति। यह अलग बात है कि सफलता मिल जाने पर सारा श्रेय उस व्यक्ति के हिस्से में आता है जो टीम का नेतृत्व करता है। ऐसे में टीम की अगुवाई कर रहे आदमी की जिम्मेदारी बहुत बढ़ जाती है। जो आपके अधीन हैं वह काम करने के लिए तो विवश हैं ही लेकिन उनके मनोयोग को भी उस काम में शामिल करने से उनके लिए काम फिर काम नहीं रह जाता, कुछ और ही हो जाता है जिसमें उन्हें आनंद आने लगता है और नेतृत्व करने वाले उस आदमी के साथ काम करने में वह अपनी खुशकिस्मती समझने लगते हैं। यह संभव हो सकता है कुछ प्यार भरे बोलों से, अपने अधीनस्थों के दु:ख-सुख में भागीदार बनने से और उन्हें यह प्रतीति कराने से कि

यह मेरे अकेले की उपलब्धि नहीं है इसमें आप सबका भी महत्वपूर्ण योगदान है। पश्चिमी देशों के बाल रोग विशेषज्ञों का मानना है कि बच्चा जब भी कोई काम करने का प्रयास करे तो उसकी हौसलाअफजाई करते हुए 'वेरी गुड'–'गुड ब्वाय' या 'गुड गर्ल' जैसे प्रोत्साहन देने वाले शब्द अवश्य बोलने चाहिए, इससे बच्चे में आत्मविश्वास बढ़ता है। सोचिए जरा कि जब प्रशंसा का यह सकारात्मक असर अबोध बच्चे पर पड़ सकता है तो आपकी टीम में तो वो लोग होते हैं जो हर प्रकार से समझदार होते हैं।

अब तक मैंने निर्माण, स्टोर और मीटर अनुभागों में काम किया था। इलाहाबाद के जमनापार इलाके में दोहरे चार्ज के दौरान कुछ समय वितरण का काम भी किया था लेकिन मुझे वह इतना पर्याप्त अनुभव नहीं लगता था जिसके बल पर मैं यह कह सकता कि मैं राजधानी के एक अत्यंत महत्वपूर्ण डिवीजन में विद्युत वितरण की व्यवस्था संभाल सकता हूं। लेकिन कुछ ही समय काम करने के बाद मुझे समझ में आ गया कि नगरीय विद्युत वितरण में जो सबसे महत्वपूर्ण बात है वह यह कि बिजली आपूर्ति में उत्पन्न हुई बाधा के कारण को जल्दी से जल्दी पहचानना, उससे भी महत्वपूर्ण बात है उस कारण को जल्दी से जल्दी समाप्त करना और उससे भी महत्वपूर्ण बात है जल्दी से जल्दी और कम से कम समय में बिजली बहाल करना। इन तीन सबसे महत्वपूर्ण और जल्दी से जल्दी किए वाले कार्यों की जानकारी हो जाने के बाद वितरण के काम को लेकर मेरे मन में जो संकोच था वह समाप्त हो गया।

आज जब मैं नए-नए अधिकारियों को ब्रेक-डाउन को लेकर असंवेदनशील पाता हूं तो मुझे कष्ट होता है। मैं यह मानता हूं कि मैं साहब तो जरूर हूं लेकिन केवल वातानुकूलित कमरे में बैठने के लिए नहीं हूं। मैंने इंजीनियरिंग की पढ़ाई की है और बाहर निकलना मेरे कार्य का एक प्रमुख अंग है। आज यह देखकर अफसोस होता है कि बड़े अधिकारी ब्रेक-डाउन की जगह पर जाना तक अपनी शान के खिलाफ समझते हैं। काम करने और समस्याओं से जूझने का अपना अलग मजा होता है और अगर आप ऐसे अवसरों पर मुंह नहीं चुराते हैं तो आपके पास लोगों से साझा करने के लिए अनेक अनुभव होते हैं।

मुझे याद है कि हुसैनगंज डिवीजन में अपनी तैनाती के दौरान बहुखंडी मंत्री आवास की 11 केवी की खराब केबिल को बदल कर नई केबिल डाल कर सप्लाई चालू करने में पूरी रात लग गई थी। मैं और मेरे अधीक्षण अभियंता श्री एस़.पी. त्रिपाठी कुर्सी डाल कर पूरी रात डॉलीबाग की सड़क पर बैठे रहे थे और सूरज निकलने से कुछ ही देर पहले वहां से तब हटे जब सप्लाई चालू हो गई। इसी तरह की एक घटना विक्रमादित्य मार्ग स्थित मुख्यमंत्री आवास पर हुई थी जब तूफान के कारण विद्युत आपूर्ति बाधित हो गई थी जिसे बहाल करने में पूरी रात

लग गई थी। मैं विक्रमादित्य मार्ग की सड़क पर पूरी रात जीप पर ही बैठा रहा था।

संवेदनशीलता मनुष्य को मनुष्य के निकट लाती है। व्यक्ति और व्यक्ति के बीच विश्वास मजबूत होता है तो दुनिया सुंदर और रहने लायक मालूम पड़ने लगती है। क्योंकि मुझे जीवन में बहुत सारे लोगों का प्यार और विश्वास मिला है जिसके सहारे मैं यहां तक आ सका हूं इसलिए मुझे यह अपना कर्तव्य लगता है कि मैं भी प्रेम और सद्भावना की परंपरा को जारी रखूं। आप मानें या न मानें मैं तो इस बात पर पक्की तौर पर विश्वास करता हूं कि दुआओं में बहुत असर होता है और हम सबको जब भी मौका मिले ऐसे काम करते रहना चाहिए जिससे लोगों के दिलों से हमारे लिए शुभकामनाएं निकलें।

मैं दारुलशफा में अपने ऑफिस में बैठा था। उस दिन भी मेरा कमरा हमेशा की तरह समाज के उस वर्ग के लोगों से भरा हुआ था जिनको आमतौर पर कोई पास बिठाना गवारा नहीं करता। आप जानते हैं कि समाज में दो ही वर्ग होते हैं, एक अमीर वर्ग और दूसरा गरीब वर्ग। एक वृद्धा थी जो दूसरे वर्ग की थी और बड़ी विपत्ति में थी। उसका पति मर चुका था, उसका एक बेटा भी मर चुका था, एक बेटा कहीं चला गया था और एक बेटा जो जीवित था वह नीम-पागल था। किसी एक बेटे का बेटा यानी उसका पोता उसके साथ खड़ा था। वह अपने उसी पोते के साथ मिल कर पान-सिगरेट की दूकान चलाती थी। उस वृद्धा ने बताया कि बिजली का बिल अस्सी हजार तक बढ़ गया है और मौतों के कारण आमदनी बंद हो जाने और तमाम परेशानियों में फंसे रहने के कारण वह बिल का भुगतान नहीं कर सकी और अब बिजली काट दी गई है। उसने बताया कि अंधेरे में दूकानदारी न हो सकने के कारण उसे दूकान बहुत जल्दी बढ़ा देनी पड़ती है जिससे उसकी आमदनी बहुत कम हो गई है। तीन-तीन बहुओं, खुद अपना और एक पोते का खर्च चलाने में बहुत कठिनाई आ रही है। धैर्य की प्रतिमूर्ति बनी उस वृद्धा ने अपना सारा कष्ट बिना आंसू बहाए बताया और मुझसे मदद की गुहार की। मैंने तत्काल उसके बिल को जितना कम कर सकता था किया, बाकी रुपए अपने पास से मिलाए और बिल जमा करवाया। पावर हाउस को मैंने फोन करके तुरंत बिजली जोड़ने के निर्देश दिए। आकाशवाणी लखनऊ के समाचार वाचक और कथाकार नवनीत मिश्र उस समय मेरे कमरे में ही मौजूद थे। वह अपनी सिगरेट की खरीदारी उसी वृद्धा की दूकान से ही करते थे। इस घटना के बाद अगले दिन जब हम दोनों उसकी दूकान पर गए तो उसने मुझसे पान के और नवनीत मिश्र से सिगरेट के पैसे लेने से इनकार कर दिया। काफी समझाने-बुझाने के बाद वह पैसे लेने पर राजी हुई। उसके बाद मैं ट्रांसफर होकर नोएडा चला गया। वह मेरे बारे में नवनीत जी से बराबर पूछती रहती और नोएडा का फोन नम्बर मांगती रहती ताकि किसी दिन मुझसे बात कर सके। उसने अनुरोध किया कि जब कभी साहब

लखनऊ आएं तो नवनीत जी अवश्य बताएं ताकि वह उनसे मिल सके। वृद्धा ने अपनी अवधी बोली में नवनीत मिश्र से कहा–'इतनी जल्दी तो भइया भगवानौ नाई सुनत हैं।' एक मनुष्य के लिए इससे बड़ी प्रशंसात्मक टिप्पणी और क्या हो सकती है, मैं नहीं जानता।

इसी तरह एक दिन मैं घोड़ा अस्पताल से सदर की ओर जा रहा था कि मैंने देखा कि रास्ते में गड्ढेनुमा एक जगह में टेलीविजन के कई एंटिना लगे हुए थे। टाट और बोरों की आड़ से बनाई गई झोपड़-पट्टी जैसी जगह में रह रहे उन लोगों की हैसियत टीवी रखने की नहीं लग रही थी। रुक कर मैंने ध्यान से देखा तो पाया कि वहां अधिकतर कनेक्शन कटिया के थे और कुछेक कनेक्शन वैध भी थे। मैं तुरंत ऑफिस लौट आया। मैंने अपने ऑफिस की टीम को वहां भेजा और सारी केबिल वहां से उतरवा ली और ऐसी व्यवस्था कर दी कि वहां बिजली पहुंचने न पाए।

अगले दिन जब मैं ऑफिस में अपने कमरे में जाने के लिए पहले तल पर पहुंचा तो मेरी एक स्टाफ स्मृति राय, जिसका कमरा मेरे कमरे से पहले पड़ता था, ने मुझसे मजाकिया अंदाज में कहा–'जाइए, आपके रिश्तेदार आपके कमरे में आपका वेट कर रहे हैं।' घुसते ही देखा कि कमरा लोगों की भीड़ से खचाखच भरा हुआ था। ये वही लोग थे जिनके बिजली के कटिया कनेक्शन मैंने पिछले दिन कटवा दिए थे। मैंने कटिया वालों से बिजली चोरी और बकाएदारों से बिल अदा न करने की वजह तलब की। उन्होंने कहा कि हम सब तो भिखारी हैं, भीख मांग कर काम चलाते हैं, बिजली का बिल कैसे जमा करें? मैंने उनको एक रास्ता सुझाया कि सप्ताह में सात दिन होते हैं उनमें से एक दिन की भीख आप हमारे नाम कर दें। मैंने उनसे कहा कि आप सब एक-एक गुल्लक खरीद लीजिए और सप्ताह में एक दिन भीख में मिले सारे पैसे उसमें डाल दीजिए। महीने के आखिर में आप पाएंगे कि बिजली बिल भर के पैसे आपने जमा कर लिये हैं। भिखारी मेरी बात से सहमत हो गए। अब सवाल उन कनेक्शनों का था जो बिल के बकाया होने की वजह से तब तक नहीं जोड़े जा सकते थे जब तक कि वे पूरा भुगतान न कर दें। मैंने उन सब से कहा कि आप सब मिल कर बकाया बिल का भुगतान कर दें तो बिजली तुरंत जोड़ दी जाएगी। कुछ समय बाद बिजली का बकाया बिल जमा करने पर उनके कनेक्शन जोड़ दिए गए। इस घटना ने उन लोगों को मुझसे बहुत गहरे जोड़ दिया था। कई बार वे सब अपनी विभिन्न समस्याओं को लेकर मुझसे मिलते और मुझसे बातें करते।

भिखारियों के बाद मैंने उन रसूख वाले बकाएदारों को निशाने पर लिया जिनके पास धन की कोई कमी नहीं होती लेकिन जो अपनी पहुंच और

दबदबे की वजह से बिल जमा न करके अपनी दबंगई दिखाते थे और जिनके सामने पूरा विभाग नतमस्तक रहता था। मैंने बटलर पैलेस, डॉलीबाग कॉलोनी और विधायक निवासों में, जहां माननीय विधायकों के अलावा अनधिकृत आवंटी रहते थे, अपना अभियान छेड़ दिया। इनमें वे माननीय विधायक शामिल नहीं थे जिन्हें अलग से आवंटन मिला हुआ था। समाचार पत्रों के व्यापक समर्थन से ऐसा महौल बनने लगा कि उसने अभियान को और सफल बना दिया। दरअसल मेरे लिए यह सवाल सिर्फ राजस्व चोरी का नहीं था यह एक ऐसी वजह थी जिसके कारण मेरा हुसैनगंज डिवीजन राजस्व वसूली में हमेशा पिछड़ा रहता और वहां की तैनाती के बाद से मैं भीतर ही भीतर शर्मिंदा-सा महसूस करता रहा था। मेरे आने के बाद अन्य डिवीजनों से राजस्व वसूली को लेकर एक तरह की प्रतिद्वंद्विता-सी शुरू हो गई थी जिसमें मुझे हर हाल में विजयी होना था। तब तक यह डिवीजन छठे या सातवें स्थान पर रहा करता था, मेरा लक्ष्य इसे पहले स्थान पर लाना था और यह तभी मुमकिन था जब बड़े बकाएदार बिजली का बिल जमा करें। अभियान ने अपना रंग दिखाया और मेरे डिवीजन की हालत में उत्तरोत्तर सुधार होने लगा।

मैंने एक कार्ययोजना बनाई। मैंने अपने अधीन अवर अभियंताओं और उप खंड अधिकारियों की एक बैठक बुलाई और योजना का प्रारूप उनके सामने रखा। मेरे सारे सहयोगियों ने एक स्वर से वायदा किया कि वे सब डिवीजन को पहले स्थान पर लाने के लिए मनप्राण से जुटेंगे। मैंने एक नई परंपरा शुरू की। मैं हर महीने की 26-27 तारीख को अपने खंड के किसी होटल में रात्रिभोज पर बैठक आयोजित करता जिसमें मैं अपने सहयोगियों के साथ राजस्व वसूली के लक्ष्यों की चर्चा करता और स्थिति स्पष्ट करता कि हम लक्ष्य के कितने पास हैं और कितना राजस्व लाना अभी शेष है। जो धनराशि लगता कि लक्ष्यपूर्ति के लिए कम पड़ रही है उसे वसूली की क्षमता के अनुसार अवर अभियंताओं और उप खंड अधिकारियों के बीच बांट देता। सारे डिवीजनों में एक प्रतिस्पर्धा-सी शुरू हो गई थी और सबकी निगाह एक-दूसरे की लक्ष्यपूर्ति पर बराबर बनी रहती। खासकर महीने के अंतिम दिनों में तो सबकी निगाहें और भी चौकन्नी हो जातीं जब कैशबंदी का समय आता। यह एक खेल-सा हो गया था जिसे खेलने में मुझे और मेरे सभी सहयोगियों को बहुत आनंद आने लगा था। मैंने अपने सहयोगियों से एक काम और करने के लिए कहा। मैंने उनसे कहा कि महीने के अंतिम सप्ताह में उन्हें धनराशि का जो लक्ष्य मिलता है उसकी वसूली करने के बाद वह मिला हुआ चेक तुरंत जमा करने के बजाय कैशबंदी के समय तक अपने पास रखेंगे और कम्प्यूटर के बंद होने से एक घंटे पहले ही उसे जमा करेंगे। मेरी कार्ययोजना और मेरे सहयोगियों की कुशलता ने बाजी पलट दी। लोग बताते कि लक्ष्य प्राप्ति न हो

कर वह सांप-सीढ़ी का खेल जैसा हो गया। अभी आंखें देख रही हैं कि हुसैनगंज डिवीजन सातवें स्थान पर है और कैशबंदी में केवल आधा घंटा या पैंतालीस मिनट रह गए हैं और अब उसकी श्रेणी में सुधार की कोई गुंजाइश नहीं है लेकिन उसी आधे घंटे और पैंतालीस मिनट की अवधि में कंप्यूटर के बंद होते-होते जैसे धन की मूसलाधार वर्षा होने लगती और कंप्यूटर बताता कि हुसैनगंज डिवीजन लक्ष्य प्राप्ति में पहले स्थान पर आ गया है। उत्साह से भरे हुए सब लोग अगले महीने के पहले सप्ताह में एक और डिनर पार्टी में मिलते जिसमें महीने भर की कार्ययोजना बनती। यह क्रम मेरे वहां के दो-सवा दो साल के कार्यकाल में बराबर चला और हुसैनगंज डिवीजन को राजस्व वसूली का लक्ष्य हासिल करने में कभी किसी परेशानी का सामना नहीं करना पड़ा।

हुसैनगंज डिवीजन में मुझे लगभग एक साल हो गया था। एक बार किसी काम से इलाहाबाद गया था और कार से लखनऊ लौट रहा था। पी.जी.आई. के सामने मेरे मोबाइल की घंटी बजी, देखा श्री सदाकांत जी का फोन था जो तब सचिव बैंकिंग के पद पर तैनात थे।

'मिश्र जी, अभी उज्जैन चलना है, वहां कुंभ के आयोजन को सफल बनाने के लिए मध्य प्रदेश की मुख्यमंत्री ने हम दोनों को लाने के लिए विमान भेजा है,' उन्होंने कहा तो मुझे थोड़ा आश्चर्य हुआ और थोड़ी खुशी भी हुई कि मेरे काम का यश दूर-दूर तक जा पहुंचा है।

'मुख्यमंत्री ने प्रशासन के लिए मुझे, पुलिस व्यवस्था के लिए आलोक शर्मा को और इंजीनियरिंग के लिए आपको बुलाया है। हमारे बुलावे का पत्र मध्य प्रदेश के मुख्य सचिव ने उत्तर प्रदेश के मुख्य सचिव को लिख दिया है,' सदाकांत जी ने विस्तार से बताया।

दिन के दो बज रहे थे और चार बजे हम लोगों को उज्जैन के लिए निकलना था। मैंने घर पहुंच कर बैग तैयार किया और चार बजने से कुछ पहले ही अमौसी हवाई अड्डे पहुंच गया। मैं और सदाकांतजी एयरपोर्ट के उस लाउंज में चले गए जहां से चार्टर्ड विमान उड़ान भरते हैं। लेकिन एक समस्या यह थी कि आलोक शर्मा उस समय सहारनपुर के एस.एस.पी. थे और वह इतने कम समय में लखनऊ नहीं आ सकते थे। सदाकांत जी ने तय किया कि वे इस विमान को पहले दिल्ली ले जाएंगे और आलोक शर्मा को वहीं आने के लिए कह दिया। हम लोग हवाई जहाज को ऐसा बरत रहे थे जैसे वह जहाज न हो कोई तिपहिया स्कूटर वाहन हो।

दिल्ली पहुंचने पर हमें वी.आई.पी. लाउंज में ठहराया गया जहां थोड़ी देर बाद आलोक शर्मा भी पहुंच गए। अब हम जहाज से उज्जैन के लिए रवाना हुए। विमान की वह हम सबकी ऐसी पहली यात्रा थी जिसमें पायलट सहित हम केवल चार यात्री सवार थे। जहाज की सीट पर पैर पर पैर रखे बैठा मैं पायलट की एक-

एक गतिविधि देख पा रहा था। ऐसा पहली बार था कि मेरे और कॉकपिट के बीच में कोई पर्दा नहीं था। अचानक लगा कि हवाई जहाज चलाना तो किसी ऑटोवेहिकल चलाने से भी आसान है क्योंकि मैं देख रहा था कि पायलट कुछ भी नहीं कर रहा था और विमान था कि फिर भी आराम से उड़ा चला जा रहा था। हमें उज्जैन हवाई अड्डे पर उतरना था लेकिन दिल्ली से उड़ान भरने में देर हो जाने के कारण अब हम उज्जैन में नहीं उतर सकते थे क्योंकि उज्जैन की हवाई पट्टी पर रात में विमान उतारने की सुविधा नहीं थी। एयर ट्रैफिक कंट्रोल द्वारा दी गई व्यवस्था के अनुसार अब हमें इंदौर हवाई अड्डे पर उतरना था।

इंदौर हवाई अड्डे पर मध्य प्रदेश सरकार के अधिकारियों की टीम मौजूद थी। सबके लिए अलग-अलग गाड़ियों की व्यवस्था थी। हम तीनों लोग रातोरात इंदौर से उज्जैन पहुंच गए। रात को सर्किट हाउस में विश्राम किया और सवेरे हमको बताया गया कि दिन में 11 बजे मुख्यमंत्री सुश्री उमा भारती हम लोगों और प्रदेश के अधिकारियों के साथ बैठक करेंगी।

मुख्यमंत्री उमा भारती ने बैठक में बताया कि श्री गोविंदाचार्य जी 2001 के कुंभ में प्रयाग गए थे और वहां की प्रशासनिक, पुलिस और बिजली की उत्तम व्यवस्था से बहुत प्रभावित हुए। हमने प्रयाग कुंभ में प्रशासन, पुलिस और बिजली का काम कुशलतापूर्वक संपन्न कराने वाले तीनों अधिकारियों को उज्जैन आमंत्रित किया है ताकि ये अपने अनुभव हमारे यहां के अधिकारियों के साथ साझा कर सकें। उन्होंने इस बात पर विशेष रूप से जोर दिया कि उत्तर प्रदेश से इन अधिकारियों को बुलाए जाने का यह अर्थ कतई नहीं है कि मध्य प्रदेश के अधिकारियों की कार्यक्षमता को कम करके आंका जा रहा है या उनकी योग्यता पर प्रश्नचिह्न लगाया जा रहा है।

मुख्यमंत्री के निर्देशानुसार कुंभ क्षेत्र में प्रशासन, पुलिस और बिजली के कार्यों का जायजा लेने के लिए तीन ग्रुप बना दिए गए। प्रशासनिक अधिकारी श्री सदाकांत के साथ हो गए, पुलिस अधिकारियों का नेतृत्व आलोक शर्मा कर रहे थे और बिजली विभाग के अभियंताओं का दल मेरे साथ था। हम लोग अपने-अपने दलों के साथ कुंभ क्षेत्र के निरीक्षण के लिए निकल गए। सच कहूं तो प्रयाग के जिस विशाल कुंभ क्षेत्र का मुझे अनुभव था उसके सामने क्षिप्रा नदी का कुंभ क्षेत्र एकदम बच्चा-सा मालूम पड़ रहा था। मैंने मौके पर किए गए प्रबंधों की विस्तृत जानकारी ली, इलाहाबाद में कुंभ के विशाल आयोजन के बारे में अपने अनुभव साझा किए और नियत समय पर वापस लौट आए।

मुख्यमंत्री उमा भारती ने हम लोगों के साथ फिर बैठक की। इस बार की बैठक में उनके अलावा हम तीन लोग और मुख्यमंत्री के सचिव और कुंभ मेले के मात्र मेला अधिकारी ही मौजूद थे। उमा भारती ने कहा कि आप तीनों निर्मम

समीक्षा करके बताइए कि हमारे अधिकारियों के प्रबंधों में क्या-क्या कमियां रह गई हैं और उन्हें दूर करने के लिए क्या किया जाना चाहिए?

ये वही मुख्यमंत्री उमा भारती थीं जो अब से कुछ घंटे पहले कह रही थीं कि मध्य प्रदेश के अधिकारी अत्यंत कार्यकुशल हैं, अब अकेले बैठक करके जानना चाहती थीं कि कहां कौन सी कमी है। अपने अधिकारियों के मनोबल को बनाए रखते हुए काम में और सुधार लाने की उनकी यह नीति हमें बहुत अच्छी लगी। बड़े और विस्तृत क्षेत्र में काम कर चुके हम लोगों के अनुभवों को स्वीकार करना उनकी उदारता और बड़े मन का परिचायक लगा। बैठक के दौरान हम लोग जो सुझाव देते वह मुख्यमंत्री के सचिव नोट करते जाते।

बैठक खत्म हुई। तब तक चार्टर्ड विमान इंदौर से उज्जैन आ चुका था। हमने उज्जैन से उड़ान भरी और देर शाम लखनऊ पहुंच गए।

माननीय उच्चतम न्यायालय में दायर एक जनहित याचिका में आदेश हो गए थे कि कॉरपोरेशन में अवकाशप्राप्त आई.ए.एस. अधिकारी आर. व्यंकटनारायण की अध्यक्षता में एक समिति बनाई जाए जो चपरासी से लेकर मुख्य अभियंता तक के ट्रांसफर के प्रस्ताव का अनुमोदन करेगी तभी उसका क्रियान्वयन होगा। समिति के अन्य सदस्य थे सी.ई.ए. के सदस्य श्री शैलेंद्र पांडेय, विजिलेंस कमीशन के सचिव श्री बनर्जी तथा उत्तर प्रदेश के प्रिंसिपल अकाउंटेंट जनरल। निर्देशों में कहा गया कि इसके लिए कॉरपोरेशन अपनी स्थानांतरण नीति बनाए और उसी के अनुसार समिति अपनी कार्यविधि अपनाएगी। यह समिति हर महीने नियमित बैठक करती और उसमें पावर कॉरपोरेशन द्वारा प्रस्तुत प्रस्तावों की विवेचना करके उसका अनुमोदन करती।

लखनऊ में मेरे सेवाकाल की अवधि स्थानांतरण के लिए निर्धारित परिधि में आ गई थी और उसके अनुसार मेरा स्थानांतरण होना था। सबसे ज्यादा जांच-परख नोएडा और गाजियाबाद में तैनाती के लिए होती थी। अदालती निर्देशों के तहत गठित समिति ने मानक बनाया था नोएडा और गाजियाबाद ट्रांसफर के लिए अर्हता होगी कि व्यक्ति की दस वर्षों की वार्षिक गोपनीय आख्याएं सर्वोत्कृष्ट हों, उसकी कभी विजिलेंस जांच न हुई हो और उसके विरुद्ध विभाग में कोई शिकायत लंबित न हो। 28-30 साल के सेवाकाल में व्यक्ति कभी न कभी किसी न किसी प्रकार से इस दायरे में आ ही जाता। सूची तैयार हुई तो इन मानकों में सबसे पहला नाम मेरा पाया गया। मुझे समिति ने नोएडा में तैनात कर दिया।

अपने स्थानांतरण के बारे में सोच-सोच कर मैं परेशान रहा करता था कि पता नहीं कहां भेज दिया जाऊं। एक बार तो समिति ने चयन को रेंडम करने के लिए

पावर कॉरपोरेशन द्वारा प्रस्तावित ट्रांसफर आदेशों में कंप्यूटर द्वारा इस तरह का फेरबदल कर दिया जिससे पहले क्रम पर प्रस्तावित व्यक्ति पचासवें पर पहुंच गया और तीसरे नंबर का बयालीसवें स्थान पर पहुंच गया। इससे हुआ यह कि अप्रत्याशित ढंग से कई लोगों को अच्छी पोस्टिंग मिल कई और गई वजनदार लोग खराब पोस्टिंग की जद में आ गए। स्थानांतरण में मनमाना परिवर्तन करने का अधिकार भी समिति को ही था और वह किसी की अनुशंसा नहीं सुनती थी।

मैंने पावर कॉरपोरेशन के सी.एम.डी. श्री दीपक सिंघल से अनुरोध किया कि मुझे नोएडा के लिए अवमुक्त कर दिया जाए। उन्होंने कहा कि अवमुक्त तो मैं तुम्हें कर दूंगा लेकिन 3 सितम्बर को अमरीका के पूर्व राष्ट्रपति श्री बिल क्लिंटन आ रहे हैं और मुख्यमंत्री श्री मुलायम सिंह यादव के 5, कालिदास मार्ग स्थित आवास पर उनका कार्यक्रम आयोजित है। तुम्हारी उपस्थिति जरूरी होगी। मैं इतना अवश्य कर सकता हूं कि इधर लखनऊ से क्लिंटन जाएं और उधर आप नोएडा के लिए प्रस्थान कर जाएं। मैं भी उस समारोह में आमंत्रित था। हुआ भी वैसा ही। मैं 4 सितंबर, 2005 को नोएडा के लिए रवाना हो गया।

नोएडा में जिस व्यक्ति की जगह पर मुझे पोस्ट किया गया था, वह एक अत्यंत रसूखदार व्यक्ति का बहनोई था। उसने कोशिश तो बहुत की लेकिन मेरी पोस्टिंग को रुकवा नहीं पाया। मैंने नोएडा में काम करना शुरू किया जो मेरे लिए एकदम नया अनुभव था। उनतीस साल की सेवावधि में यह पहला अवसर था जब मुझे पश्चिमी उत्तर प्रदेश में तैनात किया गया था। मैंने पाया कि वहां राजस्व का लक्ष्य इतना था जो कई बार छोटे-मोटे परिक्षेत्र के बराबर था जिसको प्राप्त करने के लिए मैंने नई रणनीति के तहत काम करना शुरू किया और अवर अभियंताओं और कर्मचारियों को जमीनी स्तर पर सक्रिय किया।

एक दिन मैं अपने ऑफिस में बैठा था तभी एक अधेड़ दंपती ने मेरे कमरे में प्रवेश किया। संभवत: वे भी पूर्वी उत्तर प्रदेश के थे और अपने उद्यम के लिए नोएडा में बस गए थे। उन्होंने अपना कनेक्शन न किए जाने की शिकायत की और कहा-'मैं पूरा जीवन कनेक्शन की प्रतीक्षा कर सकता हूं, आप जो भी ऑब्जेक्शंस लगाते जाएंगे उन्हें पूरा करने की कोशिश करता रहूंगा लेकिन किसी को अतिरिक्त पैसा नहीं दूंगा।' मैंने अपने कार्यालय के सभी संबंधित लोगों को बुलाया और उनको ताकीद की कि ऐसे लोगों का काम जरूर कर दिया जाए क्योंकि ऐसे ही लोगों के दम पर यह व्यवस्था चल रही है। उन सज्जन का काम हो गया और वे मेरे ऐसे प्रशंसक हो गए कि जब भी आते आम और जामुन उपहार में लाते।

मैं लखनऊ जैसे संवेदनशील इलाके में काम कर चुका था जहां राजनीतिज्ञों

और प्रशासनिक अधिकारियों की बहुलता थी इसलिए समस्याओं के प्रति संवेदनशीलता और उनका त्वरित निस्तारण मेरी आदत में शामिल हो चुका था। इसका सीधा प्रभाव मेरी कार्यशैली पर पड़ा जिसके कारण मैं अपेक्षाकृत ज्यादा तेजी से सोच पाता हूं और किसी समस्या को ऐसा नहीं मानता जिसका कोई समाधान न हो।

उत्तर प्रदेश में संभवत: नोएडा ही ऐसी जगह है जहां आर.डब्ल्यू.ए. अर्थात रेजीडेंट्स वेलफेयर एसोसिएशन बहुत मजबूत स्थिति में है। वैसे तो प्रत्येक सेक्टर की अपनी एसोसिएशन है लेकिन सारी एसोसिएशंस को मिला कर फेडरेशन ऑफ नोएडा रेजीडेंट्स वेलफेयर एसोसिएशन (फोनरवा) का गठन किया गया है जो पूरे नोएडा के अधिवासियों की आवाज बन कर काम करता है। मैं अपनी कार्यशैली से एसोसिएशन के अधिकारियों को यह संदेश देने में सफल रहा कि मेरी संवेदनशीलता का स्तर पिछले अधिकारियों से अलग है। मेरे मोबाइल पर आई हुई कोई भी कॉल अनसुनी नही रहती और किसी वजह से अगर उसी समय फोन नही उठा पाता तो कॉलबैक तो शत प्रतिशत करता ही हूं। अर्थ की उस नगरी में मैंने लोगों को यह समझाने में सफलता प्राप्त कर ली कि कोई भी उद्यमी या उपभोक्ता अपनी समस्या को लेकर यदि मुझसे एक बार मिल लेगा तो उसका कार्य होने की सौ प्रतिशत गारंटी है।

सितंबर 2006 की सुबह जब मैं घर से टहलने के लिए निकल रहा था तभी मेरा मोबाइल बजा। पश्चिमांचल डिस्कॉम, मेरठ के मैनेजिंग डाइरेक्टर श्री आलोक सिन्हा का फोन था मैं जिनके अधीन था। श्री सिन्हा ने बताया–'पावर कॉरपोरेशन के चेयरमैन श्री अशोक खुराना, जो प्रदेश के ऊर्जा सचिव भी हैं, मुझसे बात करना चाहते हैं।' इससे पहले मैंने श्री खुराना से कभी बात नहीं की थी और यह भी अनुमान नहीं लगा पा रहा था कि मुझसे वह बात क्यों करना चाहते हैं? मैंने श्री सिन्हा से पूछा–'क्या मेरे खिलाफ कोई शिकायत हुई है?' उन्होंने कहा–'चेयरमैन साहब आपसे कुंभ मेले के बारे में बात करना चाहते हैं।' तब मेरी जान में जान आई। तत्काल मैंने श्री खुराना को फोन मिलाया। मैंने अपना परिचय दिया और बताया कि मेरठ के एम.डी. साहब का निर्देश था कि मैं आपसे बात करूं। श्री खुराना ने मुझसे पूछा–'तुम लखनऊ कितनी जल्दी आ सकते हो?' मैंने पूछा–'क्या काम है, सर?' उन्होंने कहा–'कुंभ के बारे में तुमसे बात करनी है।' मैंने उन्हें बताया–'कुंभ से संबंधित सारे रिकॉर्ड लखनऊ में ही रखे हुए हैं।' 'तुम दो दिन बाद लखनऊ आ जाओ।' उन्होंने आदेश दिया और फोन काट दिया।

मैं अपने सारे रिकॉर्ड लेकर दो दिन बाद शक्ति भवन में श्री खुराना के सामने हाजिर था। कमरे में कुंभ मेले में अस्थायी निर्माण खंड में नवनियुक्त अधिशासी

अभियंता श्री लाल सिंह राकेश मौजूद थे। श्री खुराना ने कुंभ मेले से संबंधित कुछ और अधिकारियों को भी बुला रखा था। श्री खुराना ने कुंभ मेले के बारे में कुछ बुनियादी सवाल श्री राकेश से पूछे। जहां तक याद है श्री खुराना ने उनसे पूछा– 'मेला क्षेत्र में कुल कितने खंभे लगेंगे?' लंबे मौन के बाद श्री राकेश ने बताया– 'दो हजार या उससे कुछ ज्यादा।' यह संख्या कुल लगने वाले खंभों का केवल दसवां हिस्सा थी। फिर श्री खुराना मेरी तरफ मुड़े। मैं पूरी तैयारी के साथ गया था। मेरे पास सन् 2001 के कुंभ का नक्शा था। मैंने उन्हें नक्शे में चिह्नित करके समझाया कि यह अपर बंध है, यह लोअर बंध है, यह झूंसी और यह संगम का इलाका है। मैंने अपने पिछले तीन कुंभ मेलों के अनुभवों का सार भी उनके सामने रखा। श्री खुराना ने बैठक खत्म कर दी और सबको जाने के लिए कह दिया। सबके चले जाने के बाद श्री खुराना ने बताया–'अभी कुछ ही दिन पहले मुख्यमंत्री जी ने घोषणा की है कि कुंभ प्रदेश सरकार के लिए एक अत्यंत महत्वपूर्ण आयोजन है और इसकी व्यवस्था में किसी प्रकार की ढिलाई होने पर विभाग के वरिष्ठतम अधिकारी को जिम्मेदार माना जाएगा। इसी बात को ध्यान में रखते हुए पावर कॉरपोरेशन के प्रबंध निदेशक श्री अवनीश अवस्थी को उन्होंने इलाहाबाद दौरे पर भेजा था। वहां से लौट कर श्री अवस्थी ने जो रिपोर्ट दी वह बेहद निराशाजनक थी।' चेयरमैन श्री खुराना ने लगभग निश्चयात्मक स्वर में फैसला सुनाते हुए मुझसे कहा–'मैं कुंभ में आपको तैनात करना चाहता हूं। मैं जानता हूं कि आपको नोएडा छोड़ कर आने में असुविधा होगी लेकिन आपके लिए आदेश में व्यवस्था होगी कि कुंभ समापन के बाद आपको वापस नोएडा भेज दिया जाएगा।' मैंने उनको एक-एक करके पांच स्थितियां गिनाईं जो पिछले कुंभ में थीं और इस कुंभ में नहीं थीं। वह कुर्सी की पीठ पर टिक गए और आंखें बंद करके सुनते रहे। मेरे सारे कथन का सार यही था कि काम करने में जो आजादी मुझे 2001 के कुंभ में मिली हुई थी वह अब नहीं है इसलिए यदि सन् 2000 की सफलता को दोहराए जाने की उम्मीद मुझसे कर रहे हैं तो संभव है मैं उसमें सफल न हो सकूं।

सच तो यह था कि मैं नोएडा जैसी जगह को छोड़ कर और सन् 2000 की सफलता की अप्रतिम ऊंचाई को पा चुकने के बाद व्यर्थ में अपने को किसी इम्तहान में नहीं डालना चाहता था। मैंने जब अपनी इस भावना का जिक्र इलाहाबाद के अपने एक पत्रकार मित्र से किया तो उनकी त्वरित टिप्पणी थी– 'यदि आपकी मानें तो एक विंबलडन जीत जाने के बाद खिलाड़ी को अपना रैकेट खूंटी पर टांग देना चाहिए।'

बातचीत में जब श्री खुराना को लगा कि मैं किसी भी कीमत पर कुंभ में नहीं जाना चाहता हूं तो उन्होंने अपना प्रशासनिक रूप दिखाया। उन्होंने धमकाने के

अंदाज में कहा–'नाउ आई विल पोस्ट यू इन कुंभ एंड सी हाउ यू वांट ज्वायन।' मेरे सामने हथियार डाल देने के अलावा और कोई रास्ता नहीं बच रहा था। मैं रामचरितमानस की एक चौपाई कहते हुए कमरे से बाहर निकल गया–

सिर धरि आयसु करिय तुम्हारा।
परम धरम यह नाथ हमारा॥

पता नहीं श्री खुराना ने इसका अर्थ समझा या नहीं।

मैंने जहाज पकड़ा और नोएडा वापस आ गया। दो दिन बीतते–बीतते मैं सेक्टर 25 के स्टेडियम में टहल रहा था, तभी मोबाइल बजा। एम.डी. श्री अवनीश अवस्थी ने कहा–'मिश्र, तुम्हारे कुंभ के आदेश जारी हो गए हैं। टेक फर्स्ट फ्लाइट, कम टु लखनऊ, टेक योर ऑर्डर्स एंड ज्वायन इलाहाबाद टुडे इटसेल्फ।'

प्रबंध निदेशक श्री अवस्थी की आवाज में अंतिम निर्णय लिए जा चुकने की टंकार साफ सुनाई दे रही थी जिससे पता लगता था कि उनके और चेयरमैन श्री खुराना के बीच मेरी अनिच्छा को लेकर अवश्य ही बात हुई होगी और श्री अवस्थी ने तभी सोच लिया होगा कि हवाई जहाज पकड़ने, लखनऊ पहुंचने, ऑर्डर लेने और आज ही इलाहाबाद में पदभार संभालने के आदेश उन्हें मुझ तक किन शब्दों में पहुंचाने हैं। उनकी टोन और आवाज सामान्य नहीं थी उसमें अधिकार और आदेश की झनझनाहट स्पष्ट सुनाई दे रही थी। मैं फिर एक बड़ी परीक्षा के लिए अपने आप को तैयार करने लगा। मेरी समझ में आ गया कि मां गंगा ने अपनी सेवा के लिए फिर मेरा चयन कर लिया है। मैं, जैसा कि आदेश था, जहाज से लखनऊ पहुंचा, अपनी तैनाती के आदेश प्राप्त किए और शाम को कार से इलाहाबाद पहुंच गया।

इलाहाबाद में अधीक्षण अभियंता के पद पर श्री शक्ति सिंह तैनात थे। मैं उनके पास गया और उनसे कहा–'आज मुझे चार्ज लेना है।' लेकिन मैं चार्ज लेता कैसे? कुंभ मेला डिवीजन के अधिशासी अभियंता श्री लाल सिंह राकेश तो लापता थे। उनके द्वारा चार्ज दिए बगैर मैं चार्ज लेता कैसे? श्री राकेश तो सरकारी भाषा में 'एब्सकांडिंग फ्रॉम ड्यूटी' थे। मैंने सारी स्थिति से लखनऊ मुख्यालय को अवगत कराया तो वहां से व्यवस्था दी गई जिसके तहत मुझे श्री राकेश की अनुपथिति में ही 'इन एबसेंसिया' चार्ज दे दिया गया।

मैंने काम करना शुरू भी कर दिया लेकिन अभी तीन दिन ही बीते थे कि श्री राकेश ने मेरी कुंभ मेले में तैनाती के खिलाफ एक याचिका इलाहाबाद उच्च न्यायालय में दाखिल कर दी। ये वही राकेश जी थे जिन्होंने चेयरमैन श्री खुराना द्वारा यह पूछे जाने पर कि कुंभ में कुल कितने खंभे लगेंगे, बताया था कि दो हजार या उससे कुछ अधिक। उस दिन बैठक से श्री खुराना ने उनके सहित सभी अभियंताओं को कमरे से बाहर जाने को कह दिया था और मुझसे देर तक मंत्रणा

करते रहे थे। कौन जाने श्री राकेश ने उस दिन अपने आप को अपमानित सा महसूस किया हो और उसी दिन सोच लिया हो कि मेरी तैनाती होने पर वह क्या कदम उठाएंगे। श्री राकेश ने अपनी याचिका में मेरी तैनाती को इस आधार पर चुनौती दी थी कि उच्चतम न्यायालय द्वारा कॉरपोरेशन में स्थानांतरण के लिए बनाई गई नीति का पालन नहीं किया गया है। उन्होंने अपनी याचिका में कहा था कि ए.पी. मिश्र को दिया गया स्थानांतरण आदेश सक्षम समिति द्वारा अनुमोदित नहीं है। हालांकि यह आवश्यक नहीं था क्योंकि ऐसे आदेश कार्यहित में जारी किये जा सकते थे जिसका समिति से कार्योपरान्त अनुमोदन तीन माह में लिया जा सकता था। इसकी काट प्रस्तुत करते हुए आनन-फानन में आई.ए.एस. श्री एस.के. अग्रवाल और कॉरपोरेशन के चेयरमैन और प्रदेश के प्रमुख सचिव ऊर्जा श्री अशोक खुराना की दो सदस्यीय समिति ने अनुमोदन प्रदान कर दिया। याचिका का मुख्य आधार यह था कि ए.पी. मिश्र लंबे समय तक इलाहाबाद में तैनात रहे हैं और अधिक समय तक वहां रह चुकने के कारण उन्हें दोबारा वहां तैनात नहीं किया जा सकता। उच्च न्यायालय में लंबी बहस चली। कॉरपोरेशन के वकील ने तर्क रखा कि यह कोई स्थानांतरण नहीं है बल्कि मेला अवधि के लिए किया गया 'डिप्लॉयमेंट' है। कुंभ मेला समाप्त होने के बाद ए.पी. मिश्र वापस अपने मूल तैनाती स्थान नोएडा वापस चले जाएंगे। अदालत ने इसे स्वीकार किया और याचिका खारिज कर दी।

लेकिन श्री राकेश भी हार मानने को तैयार नहीं थे। उन्होंने एक और याचिका दाखिल की जिसमें मेरी तैनाती को इस आधार पर चुनौती दी कि मेरी नियुक्ति, सर्वोच्च न्यायालय द्वारा न्यायमूर्ति श्री व्यंकटनारायण की अध्यक्षता में गठित मूल समिति द्वारा अनुमोदित नहीं है। पता लगाने पर मालूम हुआ कि श्री व्यंकटनारायण विदेश में हैं। कॉरपोरेशन के प्रबंध निदेशक श्री अवनीश अवस्थी ने उनका संपर्क सूत्र खोजा और समिति के दो सदस्यों की संस्तुतियों के साथ प्रस्ताव श्री व्यंकटनारायण के अनुमोदन के लिए उनके ईमेल पर वाशिंगटन भेज दिया। उनका अनुमोदन मिलते ही उसे श्री राकेश की दूसरी याचिका के जवाब में दाखिल कर दिया गया जिसे कोर्ट ने स्वीकार कर लिया। इस तरह इस मामले का पटाक्षेप हो गया।

इस अर्धकुंभ मेले के मेलाधिकारी थे एक आई.ए.एस. श्री प्रज्ञानराम मिश्र। उनके कान मेरे विरोधियों ने मेरे विरुद्ध अच्छी तरह से भर दिए थे। जब मैं पहली बार औपचारिक रूप से उनसे मिलने गया तो बातचीत में पूरे समय वह बहुत उखड़े-उखड़े से रहे। मैंने अपना धैर्य बनाए रखा और अपना सारा ध्यान अपने काम पर ही केंद्रित कर दिया। मेरे पास किसी भी बात का एक ही जवाब था, और वह था मेरा श्रम और अंतिम रूप से सामने आने वाला उस श्रम का प्रतिफल। सारे

विरोधों और सारे पूर्वग्रहों को निस्तेज करने का मेरे पास एक यही हथियार था जिस पर मुझे पूरा भरोसा था।

जब कुंभ का काम पूरा हो गया तो मैंने दीपावली के आसपास संगम के अपर बंध पर एक समारोह आयोजित किया तो उन्हीं श्री प्रज्ञानराम मिश्र ने अपने संबोधन में कहा–'ए.पी. मिश्र जैसे केवल चार अधिकारी पी.डब्ल्यू.डी., स्वास्थ्य, सिंचाई और जल निगम में होते तो मैं चारों धाम की यात्रा पर चला जाता और तब लौटता जब कुंभ का पहला स्नान होता।' श्री प्रज्ञानराम जी की ख्याति एक बेहद ईमानदार अधिकारी की रही है। इसलिए मैंने कॉरपोरेशन के सामने यह प्रस्ताव रखा कि कुंभ मेले के लिए सामानों की खरीद और कराए जाने वाले कार्यों के लिए जो निविदाएं आमंत्रित की जाएं, उसका निर्णय करने वाली समिति में श्री प्रज्ञानराम जी को भी रखा जाए जिससे किसी प्रकार की शिकायत की संभावना न रहे। उनको समिति में रखने का असाधारण लाभ हुआ। एक तो श्री मिश्र इलाहाबाद के स्थानीय निवासी थे और मेले में काम करने वाले अधिकतर ठेकेदारों के बारे में उन्हें पर्याप्त जानकारी थी। उन्हें सिविल कार्यों की भी सटीक जानकारी थी जिसका लाभ मेले में कराए गए कार्यों में खूब मिला। दूसरे मेले के लिए सामान की खरीद और कार्यों में श्री मिश्र की मोल-तोल की अद्‌भुत शैली ने उस कुंभ में करोड़ों रुपए की बचत कराई।

इस बीच कुंभ के औपचारिक कार्य शुरू होने से पहले श्री एस.एम. अग्रवाल को इलाहाबाद क्षेत्र का मुख्य अभियंता बना कर भेजा गया। मेरे कई मित्रों ने बताया कि श्री अग्रवाल को आपके ऊपर अंकुश रखने के लिए भेजा गया है। श्री अग्रवाल की ख्याति विभाग में एक ईमानदार अधिकारी की तो थी लेकिन वितरण इकाई में परीक्षण खंड को छोड़ कर वह कहीं मुख्य धारा में तैनात नहीं रहे थे इसलिए उनकी सोच बेहद अव्यावहारिक थी। इस बात का अंदाजा इसी एक घटना से लगाया जा सकता है कि एक दिन श्री अग्रवाल एक झोले में कुछ क्लैम्प लेकर रामेश्वर नामक लोहार के पास खुल्दाबाद चले गए और खुद को ठेकेदार बताते हुए पूछा कि इस तरह के क्लैंप तुम मुझे कितने में दोगे? इस घटना को जानने वालों ने मुझे बताया कि श्री अग्रवाल का ऐसा करने का एक तो मकसद यह था कि वह क्लैंप के वास्तविक मूल्य की जानकारी ले सकें ताकि वह बता सकें कि क्लैंप की खरीद में कितना घोटाला हुआ है और दूसरा अगर ऐसी कोई चीज पकड़ में न आए तो पहले से दाम मालूम होने के कारण खरीद के समय मोल-तोल करके वाहवाही लूट सकें। श्री अग्रवाल की एक विशेषता और थी कि जिस कागज पर अंतिम निर्णय उनके उच्च्च अधिकारी को लेना होता था उस पर तो वह तत्काल हस्ताक्षर कर देते थे लेकिन मजाल थी कि जिस कागज पर उनके हस्ताक्षर से निर्णय होना हो उस पर कोई उनसे उनके दस्तखत ले सके। उनकी इस सोच का

परिणाम यह हुआ कि कुंभ के कार्य और सामग्री के क्रय में बाधा आने लगी। मेरे लिए ऐसे माहौल में काम करना लगभग असंभव और असह्य हो गया। मुझे लगा कि अगर श्री अग्रवाल पूरी मेलावधि तक तैनात रहेंगे तो कुंभ को सफलतापूर्वक संपन्न कराना कठिन हो जाएगा। मैंने सीधे चेयरमैन श्री अशोक खुराना से बात की और उनसे अनुरोध किया कि या तो श्री अग्रवाल को यहां से हटा दिया जाए या मुझे वापस नोएडा भेज दिया जाए। मेरे लिए संकट केवल श्री अग्रवाल ही नहीं थे बल्कि मेरे साथ कभी सहायक अभियंता के रूप में काम कर चुके श्री सुहर्ष अवस्थी भी थे। किन्हीं अज्ञात कारणों से वैचारिक स्तर पर मेरी कार्यशैली उनसे मेल नहीं खाती थी। लेकिन मैंने इस बारे में मौन रहना ही उचित समझा, क्योंकि एक आदमी एक ही समय में कितने मोर्चे एक साथ खोल सकता है? कुछ ही दिनों में श्री अग्रवाल को स्थानांतरित करके उनके स्थान पर श्री आर.एस. पांडेय को तैनात कर दिया गया। श्री पांडेय ने बेहद सूझ-बूझ से काम लेते हुए कुंभ के जितने लंबित कार्य थे उन्हें त्वरित गति से निपटाया।

वर्ष 2001 की ही तरह 2006-07 के कुंभ में भी बिजली विभाग ने अपने काम को समय से पूरा करने के लक्ष्य को आगे रखा। शासन द्वारा निर्धारित तिथि 15 दिसंबर, 2006 तक काम पूरा कर लेने वाला बिजली विभाग पहले स्थान पर था।

एक दिन मैं कुंभ क्षेत्र में बने अपने शिविर में बैठा हुआ था तभी कांग्रेस के एक नेता श्री रमेश चंद्र पांडेय आए। उनके साथ भगवा वस्त्र धारण किए हुए एक संन्यासी भी थे। श्री पांडेय ने संन्यासी महोदय से परिचय करवाते हुए बताया-'ये अंगदजी महाराज हैं और रामचरितमानस के अद्‌भुत वक्ता हैं।' मैंने उन्हें बताया कि मैं आपकी रामकथा कुंभ और माघ मेलों में आपके कैंप के सामने अपनी गाड़ी में बैठे-बैठे कई बार सुनता रहा हूं। फिर देर तक अंगदजी महाराज से मानस पर चर्चा होती रही। अंत में उन्होंने अपने आने का प्रयोजन बताया कि उनका कैंप लग चुका है लेकिन बिजली का कनेक्शन नहीं मिल पा रहा है। मैंने संबंधित अधिकारी को फोन किया और ठेकेदार के लिए नोट लिख कर स्वामीजी को ही दे कर विदा किया।

अगले दिन मैं झूंसी क्षेत्र में निरीक्षण करने जा रहा था कि अंगदजी महाराज पुराने जीटी सब-स्टेशन की ओर से आते हुए दीख पड़े। मैंने अपनी गाड़ी रोकी और प्रयोजन जानने से पहले मानस की भाषा में उनसे पूछा-

कठिन भूमि कोमल पदगामी।
कवन हेतु बन बिचरहु स्वामी॥

अंगद जी महाराज ने बताया कि पिछले दिन ठेकेदार के लिए जो पर्ची दी थी वही उसे देने के लिए वह सब-स्टेशन गए थे। मैंने उनसे कहा कि अब आपको कहीं जाने की जरूरत नहीं। शाम को उनके शिविर में बिजली आ गई। अंगदजी महाराज

रामकथा को इतने रोचक ढंग से सुनाते थे कि सुनने से जी ही नहीं भरता था। तीन-चार घंटे लगातार खड़े हो कर वह मानस के विभिन्न प्रसंगों की व्याख्या करते तो लगता कि अरे, इस चौपाई को मैंने तो कभी इस रूप में सोचा ही नहीं था।

अब अंगदजी महाराज की रामकथा सुनना मेरी दिनचर्या का एक अनिवार्य भाग बन गया। पूरी मेलावधि में मैं उनका नियमित श्रोता रहा। अक्सर काम की व्यस्तता के कारण मैं कथा में प्रारंभ से नहीं पहुंच पाता। बीच में पहुंचता तो उनकी निगाहों को अपने को खोजते हुए पाता। वह मुझे मंच पर अपने साथ बैठने का आग्रह करते लेकिन मुझे उनके श्रीचरणों में ही बैठने में सुख मिलता। काम अधिक होने के कारण मुझे कभी भी बीच में उठ कर जाना पड़ सकता था, ऐसे में मैं कथा में रसाघात नहीं करना चाहता था।

बाद में यही अंगदजी महाराज मेरी प्रेरणा और आध्यात्मिक गुरु बने। उन्होंने ही मेरी इस पुस्तक को शीर्षक दिया और लिखने की प्रेरणा दी।

मेले के दौरान एक महत्वपूर्ण घटना यह हुई कि मेरा चयन अधिशासी अभियंता से अधीक्षण अभियंता के पद पर हो गया। इसमें मुझसे कई वरिष्ठ अधिकारी पीछे छूट गए जो मेरे ही बैच के थे लेकिन उनकी मूल वरिष्ठता मुझसे ऊपर थी। उसका कारण यह था कि अधिशासी अभियंता से अधीक्षण अभियंता के पद पर चयन का आधार वरिष्ठता न हो कर श्रेष्ठता (मेरिट) थी। जब पद के चयन के लिए पात्रता सूची बन रही थी तब उस सूची के सभी अधिशासी अभियंताओं के श्रेष्ठता मापन के लिए यह प्रक्रिया अपनाई गई कि सभी की दस वर्षों की वार्षिक गोपनीय आख्याओं का मूल्यांकन किया जाए और एक वर्ष के लिए यदि किसी व्यक्ति के प्रतिवेदक (रिपोर्टिंग ऑफिसर), समीक्षक (रिव्यूइंग ऑफिसर) और अंतिम अधिकारी (फाइनल अथॉरिटी) ने उत्कृष्ट रिपोर्ट दी है तो उसे दस में दस अंक मिलेंगे। इसी तरह यदि उत्कृष्ट से नीचे की ग्रेडिंग (अति उत्तम, उत्तम या संतोषजनक) मिलती है तो उसी के अनुरूप अंकों में कमी आती जाएगी। इस तरह दस साल का अधिकतम मूल्यांकन 200 अंकों में किया गया। जिस अधिकारी को 180 या उससे ऊपर के अंक मिले उसकी श्रेणी-एक में गणना करते हुए उसे उपलब्ध रिक्तियों के विरुद्ध सबसे पहले चयनित कर लिया जाता। तदंतर शेष रिक्तियां उन अधिकारियों से भरी जातीं जो 180 से कम अंक पाते थे। उनको पारस्परिक वरिष्ठताक्रम में चयनित किया जाता था। मेरे अंकों की जब गणना की गई तो वह 192.3 निकले जो श्रेणी-एक के लिए निर्धारित 180 अंक से कहीं अधिक थे। संभवत: तब 100 अधिकारियों का चयन किया गया जिसके लिए 300 अधिकारियों की पात्रता सूची बनाई गई थी। इस सूची में श्रेणी-एक में चयनित होने वाले केवल दो अधिकारी थे-एक मैं और दूसरे श्री सूर्य नारायण वाजपेयी। श्री वाजपेयी मूल वरिष्ठताक्रम में मुझसे दो नाम ऊपर थे।

उस समय के नियमों के अंतर्गत यह व्यवस्था थी कि श्रेणी-एक के अधिकारियों को भले ही उपलब्ध रिक्तियों के विरुद्ध सबसे पहले चयनित कर लिया जाए लेकिन चयन के बाद श्रेणी-एक और दो में चयनित अधिकारियों की सूची उनके मूल वरिष्ठताक्रम (जब से वह नौकरी में आए हों) के अनुसार पुनर्व्यवस्थित कर दी जाए और उसी के अनुसार उनकी नियुक्तियों के आदेश जारी किए जाएं। इसका फल यह निकला कि मेरा चयन तो उपलब्ध रिक्तियों में दूसरे नंबर पर हो गया लेकिन सूची के पुनर्व्यवस्थित हो जाने के कारण मैं और श्री वाजपेयी दोनों उस सूची में क्रमश: 89वें और 90वें क्रमांक पर जा पहुंचे।

सब कुछ ठीक चलता तो मेरी प्रोन्नति 1 जुलाई, 2007 को अधीक्षण अभियंता के पद पर हो जाती लेकिन तभी 6 दिसंबर, 2006 को अधिवर्षता आयु 58 वर्ष से बढ़ा कर 60 वर्ष कर दी गई। इसका सीधा मतलब यह था कि दिसंबर और उससे आगे कोई रिक्ति उपलब्ध नहीं होती क्योंकि अगले दो वर्षों तक कोई रिटायर नहीं होने वाला था। मैंने मन ही मन अनुमान लगाया कि यह प्रमोशन खटाई में पड़ गया जिसकी मैं कितने दिनों से आस लगाए था। जो लोग सरकारी सेवा में हैं वह जानते हैं कि प्रमोशन का क्या अर्थ है और उसके इस तरह रुक जाने के क्या अर्थ होते हैं। जब पदोन्नति का अवसर दूर जाता दिखाई देता है तो निराश व्यक्ति तरह-तरह से कोई राह निकालने की कोशिश करता है और लोगों को अपने पक्ष में करने के प्रयास करता है। मैंने सोचा कि यदि चयनित सूची को रिटायरमेंट उम्र के बढ़ने के परिप्रेक्ष्य में पुनरीक्षित कर दिया जाए यानी 30 सितंबर, 2006 तक जो उपलब्ध रिक्तियां हैं उस संख्या की दोगुनी पात्रता सूची बनाई जाए तो मैं उस सूची में भी आ जाऊंगा और श्रेणी-एक होने के कारण मेरी नियुक्ति अंतिम उपलब्ध पद पर हो जाएगी। यह मेरे अपने दिमाग की उपज थी जो विभागीय कानूनी दांव-पेच में परवान नहीं चढ़ सकी। मैंने कुंभ के दौरान ही पावर कॉरपोरेशन के चेयरमैन श्री अशोक खुराना और प्रबंध निदेशक श्री अवनीश अवस्थी से एकाधिक बार अनुरोध किया लेकिन उन पर मेरे अनुरोध का कोई असर नहीं हुआ। मैंने इस बारे में अपने तमाम मित्रों से राय-मशवरा किया और अंत में यह विचार बना कि न्याय पाने के लिए हाईकोर्ट में एक याचिका दाखिल कर देनी चाहिए। मैंने ऐसा ही किया। उच्च न्यायालय की लखनऊ खंडपीठ में याचिका दाखिल कर दी।

मेरे वकील मेरे वर्षों के मित्र इलाहाबाद के सीनियर एडवोकेट श्री पी.पी. श्रीवास्तव थे। मुकदमा जस्टिस प्रदीप कांत की बेंच के पास गया और बहस शुरू हुई। मैं पूरे समय कोर्ट में दम साधे बहस सुनता रहा। कॉरपोरेशन का मत था कि उसने जो कुछ भी किया, नियम के अंतर्गत किया और मान्य परंपराओं का पालन करते हुए किया। लेकिन जस्टिस प्रदीप कांत के इस सवाल का कोई जवाब

कॉरपोरेशन के वकील के पास नहीं था कि श्रेणी-वन में चयनित व्यक्ति को जिसकी नियुक्ति उपलब्ध रिक्तियों में उपलब्ध पहले और दूसरे पद के लिए की गई हो, उसे आप प्रोन्नति से वंचित कैसे कर सकते हैं? कॉरपोरेशन का वकील बार-बार यही दोहरा रहा था कि कॉरपोरेशन ने नियमों के अंतर्गत ए.पी. मिश्र का चयन तो कर ही लिया था लेकिन अधिवर्षता आयु के बढ़ जाने के कारण दिसंबर 2006 और जून 2007 के बीच में उपलब्ध होने वाली रिक्तियां उपलब्ध नहीं हो पा रही हैं अन्यथा इन्हें प्रोन्नत करने में कोई कठिनाई ही नहीं होती।

बहस अंतिम रूप लेती तभी जस्टिस प्रदीप कांत ने मेरे वकील से मजाकिया लहजे में पूछा-'आपने वकालत की पढ़ाई कहां से की है?' मेरे वकील श्रीवास्तव जी अचकचा गए। वह कुछ कहते उससे पहले जस्टिस प्रदीप कांत ने कहा-'आप अपने मुवक्किल का नुकसान क्यों कराना चाहते हैं? जब वह श्रेणी-वन में चयनित हुआ है तो क्यों आप उसे सबसे पहले प्रोन्नति दिए जाने की मांग नहीं कर रहे हैं? आप यह क्यों कह रहे हैं कि अब उसकी नियुक्ति कर दी जाए? क्या इससे उसकी वरिष्ठता प्रभावित नहीं होगी?' मेरे वकील श्री श्रीवास्तव ने संकेत को समझा और कहा-'मैं कल अनुपूरक शपथ-पत्र देकर अपने द्वारा मांगी गई 'रिलीफ' प्रस्तुत करूंगा।' बहस अगले दिन के लिए टल गई।

अगले दिन कोर्ट बंद होने से कुछ देर पहले मेरा नंबर आया। आधे घंटे बहस चली। जस्टिस प्रदीप कांत ने चार पेज का फैसला कोर्ट में ही लिखवाया। फैसले का लुब्बेलुबाब यह था कि ए.पी. मिश्र को वैसे तो दूसरे नंबर पर प्रोन्नत किया जाना चाहिए लेकिन चूंकि वरिष्ठताक्रम में उनसे पहले श्री वाजपेयी हैं इसलिए उन्हें ए.पी. मिश्र से पहले नंबर पर प्रोन्नत किया जाए। चूंकि प्रमोशन हो चुके हैं इसलिए उस लिस्ट को छेड़ना ठीक नहीं होगा क्योंकि उनमें से कोई भी व्यक्ति पार्टी नहीं है और उन्हें सुने बिना एकपक्षीय फैसला नहीं किया जा सकता। अतः न्यायालय यह आदेश देती है कि भविष्य में जैसे ही दो रिक्तियां हो जाएं तत्काल श्री वाजपेयी और श्री मिश्र को प्रोन्नत कर दिया जाए।

मैं विजयी भाव से कोर्ट के बाहर निकला और औपचारिक फैसला आने की प्रतीक्षा करने लगा। प्रतीक्षा के दिन बढ़ते गए और फैसला लगभग उस समय आया जिस दिन उच्च न्यायालय का ग्रीष्मकालीन अवकाश शुरू होना था। मैंने तत्काल कोर्ट के फैसले की सत्यापित प्रतिलिपि ली और उसको संलग्न करते हुए आवेदन दिया कि मुझे कॉरपोरेशन में उपलब्ध दो रिक्तियों के विरुद्ध प्रमोट कर दिया जाए। ये रिक्तियां दो अधिशासी अभियंताओं श्री व्रज किशोर अग्रवाल और श्री अरुण जी द्वारा स्वैच्छिक सेवानिवृत्ति लिये जाने के कारण हुई थीं।

शक्ति भवन के उस ढीले-ढाले तंत्र का पता मुझे तब हुआ जब मैं स्वयं प्रबंध

निदेशक बना। फाइलें किस तरह कच्छप गति से चलती हैं उसका अंदाजा मुझे तब नहीं था जब मेरी अपनी फाइल चल नहीं रेंग रही थी। मैं नोएडा में रहते हुए रोज अपनी फाइल की प्रगति की जानकारी लेता रहता था। एक दिन अचानक शाम को निदेशक (कार्मिक) के सचिवालय से एक फोन आया। उसका नंबर देखते ही मैंने अनुमान लगाया कि शायद मेरी फाइल चेयरमैन से अनुमोदित हो कर वापस आ गई है और उसी की सूचना देने के लिए यह फोन किया गया होगा। लेकिन फोन करने वाले ने जो कुछ बताया उसे सुन कर मेरे पैरों के नीचे से जैसे जमीन ही खिसक गई। फोन करने वाले ने मुझसे पूछा–'क्या आपने अपनी प्रोन्नति के बारे में चेयरमैन से किसी से बात नहीं कराई थी?' उसने एक ही सांस में बताया–'फाइल 'निगेटिव' हो कर वापस आ गई है। चेयरमैन का आदेश है कि हाई कोर्ट का आदेश कॉरपोरेशन लागू नहीं कर सकता, उच्चतम न्यायालय में इसके विरुद्ध एस.एल.पी. (विशेष अनुमति याचिका) दाखिल की जाए। मुझे यह समाचार सुन कर गहरा सदमा लगा। इतना कि इससे पहले उतना गहरा सदमा मैंने कभी महसूस नहीं किया था। युवा पुत्र और पिता के निधन का सदमा भी वैसा नहीं लगा था क्योंकि दोनों की बीमारी ने मुझे उस सदमे को सहने की ताकत पहले ही दे दी थी, लेकिन यह तो अचानक हमले जैसा था, जो कि असह्य था।

पत्रावली पर यह आदेश करने वाले श्री गोपबंधु पटनायक थे जिन्होंने श्री अशोक खुराना के केंद्र में अतिरिक्त सचिव ऊर्जा के पद पर प्रतिनियुक्ति पर चले जाने के बाद पावर कॉरपोरेशन के चेयरमैन का पदभार संभाला था। मैं नहीं समझ पा रहा था कि श्री पटनायक के इस आदेश के पीछे किस व्यक्ति की भूमिका और दिमाग था। यों मेरे कई शुभेच्छुओं ने बताया कि फाइल को अस्वीकृत कराने के पीछे उन कई लोगों का हाथ था जो मेरे कोर्ट के आदेश से बारी से पहले प्रोन्नत किए जाने को लेकर मेरे प्रति ईर्ष्यालु हो उठे थे।

कॉरपोरेशन प्रबंधन ने तत्काल एक टीम दिल्ली भेजी और एक लॉ–फर्म से एस.एल.पी. की तैयारी करने को कहा गया। लेकिन लॉ–फर्म ने कॉरपोरेशन को राय दी कि एस.एल.पी. का मामला नहीं बनता इसलिए उसको दाखिल करना उचित नहीं होगा। शक्ति भवन के जो लोग लॉ–फर्म से मिलने गए थे उन्होंने उसकी राय लिखित में ले ली और लखनऊ आ कर शक्ति भवन के सचिवालय में प्रस्तुत कर दी।

यह प्रकरण जब श्री पटनायक के समक्ष विचार के लिए लाया गया तो उन्होंने लॉ–फर्म की राय पर नाराजगी प्रकट करते हुए कहा–'उनसे कहिए कि वह खुद फैसला न करें। हम फीस देते हैं, वह मुकदमा लड़ें। हम जीतें या हारें।' अंततोगत्वा उस लॉ–फर्म से नहीं बल्कि उच्चतम न्यायालय के एक अन्य वकील के माध्यम से एस.एल.पी. दाखिल करवा दी गई और वह याचिका सुनवाई के

लिए प्रस्तुत हो गई। श्री पटनायक ने यह भी आदेश दिया कि इसमें सुप्रीम कोर्ट के सीनियर एडवोकेट श्री पी.पी. राव को वकील रखा जाए जिनकी एक पेशी की फीस लगभग पांच लाख रुपए थी।

कॉरपोरेशन का यह कृत्य ऐसा था जैसे वह मुझसे कोई पुरानी दुश्मनी निकाल रहा हो। मैं उसके इस व्यवहार पर हतप्रभ था। मुझे विश्वास नहीं हो रहा था कि यह वही कॉरपोरेशन था जिसका नाम ऊंचा रखने के लिए मैंने दिन को दिन और रात को रात नहीं समझा था। मैं अपने आप को धिक्कारता कि मैं इसी संस्थान के लिए प्राण दे रहा था जो आज मेरे साथ किसी दुश्मन की तरह पेश आ रहा था? मेरे लिए यह किसी हादसे से कम नहीं था कि विषम से विषम परिस्थिति में भी जिस व्यक्ति ने अपने पूरे सेवाकाल में रविवार सहित एक दिन का भी अवकाश न लिया हो, किसी त्योहार की रंगीनी और मस्ती न जान पाया हो और 'कर्म ही पूजा है' के सूत्र-वाक्य को अपने जीवन में वास्तव में उतार लिया हो, उसके साथ उसका विभाग यह कैसा व्यवहार कर रहा है? पिछले जिन दस वर्षों की मेरिट के आधार पर मेरा चयन हुआ था उस अवधि में कम से कम पच्चीस अधिकारियों ने मेरा मूल्यांकन करते हुए सभी ने मुझे उत्कृष्ट श्रेणी की रिपोर्ट दी थी और पदोन्नति पाना मेरा अधिकार था, मेरा प्राप्य था। कॉरपोरेशन ने न केवल एस.एल.पी. दाखिल कर दी बल्कि एक बहुत महंगे वकील को मेरे सामने खड़ा कर एक और चुनौती मेरे सामने रख दी। मैंने अपने आप को ग्लानि, दुःख और सदमे की भंवर से बाहर निकाला। मुझे याद आया कि महाभारत में अर्जुन ने दो प्रतिज्ञाएं की थीं– 'न दैन्यं न पलायनम्।' न दीन बनूंगा और न संघर्ष से भागूंगा। मैंने गीता के अगले श्लोक को अपना ध्येय बनाया–'तस्मात् उत्तिष्ठ कौन्तेया: युद्धाय कृत निश्चय:' मैंने भी अपनी सामर्थ्य से कहीं ज्यादा बाहर जाकर अपनी पैरवी के लिए उच्चतम न्यायालय के वरिष्ठ अधिवक्ता राकेश द्विवेदी को रखा।

एस.एल.पी. कॉरपोरेशन की तरफ से दाखिल किए जाने के कारण सुनवाई शुरू होने पर अपना पक्ष रखने का पहला मौका कॉरपोरेशन के वकील पी.पी. राव को मिला। उन्होंने लगभग चीखते हुए कहा कि सैकड़ों बिजली इंजीनियर ए.पी. मिश्र की प्रोन्नति के बाद सुपरसीड हो जाएंगे। एक संगठन ऐसा कैसे होने दे सकता है कि उसके तमाम लोग एक व्यक्ति को संतुष्ट करने के बदले में असंतुष्ट हो जाएं। चल रही बहस के दौरान मैं लगातार सोच रहा था कि उच्चतम न्यायालय में जिस तरह नब्बे प्रतिशत एस.एल.पी. खारिज हो जाती हैं, कॉरपोरेशन की याचिका भी खारिज हो जाएगी। खुद कानून का विद्यार्थी रह चुकने के कारण मैं कानून की यह मोटी बात जानता था कि कि 'सुप्रीम कोर्ट इज कोर्ट ऑफ लॉ एंड नॉट द कोर्ट ऑफ फैक्ट।' इसमें कानून की व्याख्या जैसी कोई बात नहीं थी इसलिए यह एस.एल.पी. तो खारिज हो ही जाएगी।

माननीय न्यायमूर्ति सी.के. ठक्कर ने उच्च न्यायालय के आदेश पर स्थगनादेश देने से तो मना कर दिया लेकिन यह कहा कि इस मामले को सुन लेते हैं और 'इश्यू नोटिस' कर दिया। मुझे लगा कि प्रोन्नति के लिए अभी और प्रतीक्षा करनी पड़ेगी, लेकिन यह बात सिर्फ मन को समझाने जैसी थी। सचाई तो यह थी कि इस निर्णय से मैं गहरी निराशा में डूब गया।

उच्चतम न्यायालय में सुनवाई पूरी होने में तीन-चार तारीखें और कई महीने बीते गए। अंत में जब फैसला आया तो उसने मुझे तोड़ कर रख दिया। उच्चतम न्यायालय ने एस.एल.पी. में 'लीव ग्रांट' कर दी। मेरे वकील की अनुनय-विनय पर इतना और जोड़ दिया कि इसकी सुनवाई जल्दी कर ली जाए। जो लोग कानूनी प्रक्रिया से अवगत होंगे, वह जानते होंगे कि लीव ग्रांट का क्या मतलब होता है। इसका मतलब होता है-मामले को तीन-चार वर्षों के लिए ठंडे बस्ते में डाला जाता है और उस तारीख में जो लंबित मुकदमे हैं उन सबको सुन लेने के बाद इसकी सुनवाई की जाए। मैं बोझिल मन से नोएडा वापस लौट गया। अब तीन-चार वर्षों तक मुझे न्याय मिलने की कोई संभावना दीख नहीं पड़ती थी। मैंने हिसाब लगाया कि जब इस मामले की सुनवाई का समय आएगा तब तक मेरे रिटायर होने का समय आ चुका होगा।

वह समय मेरे लिए बेहद कठिन था क्योंकि मैं लड़ाई हार गया था और सामने कोई रास्ता दिखाई नहीं देता था जिस पर चल कर मैं अपने आप को फिर से उठा कर खड़ा कर सकूं। लेकिन मैं हार मानने को तैयार नहीं था। तभी मिली एक सूचना के आधार पर मैंने तीन-चार महीने बाद उच्च न्यायालय में 'अर्ली हियरिंग' की याचिका दाखिल की जिसमें प्रार्थना की कि कुछ ही दिनों में कॉरपोरेशन चार अलग-अलग वितरण कंपनियों में विभाजित हो जाएगा और तब मेरा चयन प्रभावी नहीं रह जाएगा क्योंकि तब जिस कॉरपोरेशन ने मेरा चयन किया है उसका वैधानिक अस्तित्व ही समाप्त हो जाएगा (यह और बात है कि राज्य सरकार आज तक कंपनियों को कॉमन काडर के तहत ही बनाए हुए है)। मैंने उच्चतम न्यायालय के जाने माने वरिष्ठ एडवोकेट पी.एच. पारिख को अपना वकील रखा। भारत के मुख्य न्यायाधीश ने मेरे मुकदमे को 2008 की गर्मी की छुट्टियों में अंतिम सुनवाई के लिए स्वीकार कर लिया। मुकदमे के अपने अंतिम पड़ाव पर पहुंच जाने के कारण एक तरफ मुझे लग रहा था कि मंजिल धीरे-धीरे मेरे करीब आ रही है और वहीं दूसरी ओर लग रहा था कि अब या तो मुझे न्याय मिल जाएगा या यह प्रकरण हमेशा के लिए सभाप्त हो जाएगा।

गर्मी की छुट्टियों में उच्चतम न्यायालय में संभवतः बारी-बारी से एक समय में दो बेंच बैठती हैं। मेरा मुकदमा पहले ही दिन लग गया। मुकदमे में सबसे बड़ा संकट अपने लिए वकील खोजने का था क्योंकि 'समर वैकेशन' में उच्चतम

न्यायालय के किसी नामी-गिरामी एडवोकट को पा जाना बहुत मुश्किल काम होता है। आमतौर पर छह महीने काम करने के बाद ये एडवोकेट पहाड़ों या विदेशों का रुख कर लेते हैं। इस बारे में मेरी मदद कॉरपोरेशन के उच्चतम न्यायालय के वकील और ए.ओ.आर. (एडवोकेट ऑन रिकॉर्ड) श्री प्रदीप मिश्र कर रहे थे। ये वही प्रदीप मिश्र थे जिन्होंने मेरी निकटता का हवाला देते हुए कॉरपोरेशन से स्पष्ट कह दिया था कि चूंकि वे मुझे जानते हैं इसलिए मेरे विरुद्ध पावर कॉरपोरेशन के वकील नहीं रह सकेंगे। उच्चतम न्यायालय के सीनियर एडवोकट श्री मुकुल रोहतगी, श्री रंजीत कुमार और श्री रोहिंगटन नारीमन आदि से उन्होंने संपर्क किया लेकिन कोई भी उपलब्ध नहीं हो सका। खोज जाकर यू.यू. ललित पर खत्म हुई जिन्हें उच्चतम न्यायालय ने कई मामलों में अपना 'एमाइकस क्यूरी' बनाया था। कॉरपोरेशन ने इस बार मुझ पर रहम किया कि पी.पी. राव जैसे किसी नामी-गिरामी वकील को मेरे विरुद्ध खड़ा नहीं किया। हो सकता है कि गर्मी की छुट्टियों के कारण वकील का जो संकट मेरे सामने था वही संकट कॉरपोरेशन के सामने भी रहा हो। पावर कॉरपोरेशन के कई लोग मुझे बताते रहते कि अमुक-अमुक वकील मेरे विरुद्ध खड़े किए जा सकते हैं। मुझे एक बात की तारीफ करनी पड़ेगी कि जो भी अधिकारी और कर्मचारी मेरे विरुद्ध पैरवी कर रहे थे, जिनमें से अधिकतर मेरे प्रबंध निदेशक हो जाने के बाद मेरे अधीन तैनात हुए, उन्होंने पूरी तरह से 'प्रोफेशनल ईमानदारी' बरती और पावर कॉरपोरेशन से मिल सकने वाली किसी भी सूचना को मुझसे साझा नहीं किया। उनकी निष्ठा कॉरपोरेशन के साथ बंधी थी जिसे उन्होंने कभी बदला नहीं।

मुकदमे की सुनवाई शुरू हुई। मेरे वकील ने बहस की शुरुआत की। श्री ललित ने धाराप्रवाह लगभग डेढ़ घंटे तक बोलते हुए सिलसिलेवार मेरा पक्ष रखा। मैं उस दिन स्वयं कोर्ट में मौजूद था और लगातार श्री ललित के तर्कों पर ध्यान दे रहा था। एक आशंका जो मेरे मन में बार-बार उठ रही थी वह यह थी कि श्री ललित का जवाब देने के लिए कॉरपोरेशन की ओर से कौन वकील खड़ा होगा? मैं अंत तक नहीं जान सका था कि मेरे विरुद्ध कौन वकील पैरवी करेगा। जब श्री यू.यू. ललित की बहस का जवाब देने के लिए कॉरपोरेशन के वकीलों के पैनल में से एक श्री पी.सी. शर्मा खड़े हुए तो मैंने राहत की सांस ली। बहस के दौरान मैं देख रहा था कि श्री शर्मा की बहस में कोई धार नहीं थी। मुझे तब और भी संतोष मिला जब राज्य सरकार के वकील खड़े हुए और उन्होंने कहा-'हमें भी कुछ कहना है।' बेंच के वरिष्ठ न्यायाधीश न्यायमूर्ति सी.के. ठक्कर ने उनसे पूछा-'क्या आपने हाई कोर्ट में अपना पक्ष रखा था?' वकील के न कहने पर श्री ठक्कर ने उन्हें बैठ जाने का इशारा किया और कोई बात नहीं की। अंत में श्री शर्मा की बातों का जवाब देने के लिए श्री ललित एक बार फिर खड़े हुए और उन्होंने आधे

घंटे में मामले को समेट दिया। बहस पूरी हो गई। न्यायमूर्तिद्वय श्री सी.के. ठक्कर और श्री लोकेश्वर सिंह पंटा ने फैसला सुरक्षित कर लिया। श्री ललित बाहर निकले। मैंने हाथ जोड़ कर उन्हें धन्यवाद दिया और कहा–'मैं मुकदमा जीतूं या हारूं, मैं पूरी तरह से संतुष्ट हूं। यदि मुझे खुद अपना पक्ष प्रस्तुत करना होता तो वह मैं आपसे बेहतर नहीं कर सकता था।'

मैं प्रसन्न और संतुष्ट मन से नोएडा वापस लौट आया। मन में आश्वस्ति का भाव था कि कचहरी से पिंड छूटा क्योंकि उच्चतम न्यायालय की आवाजाही ने मुझे आर्थिक, मानसिक और शारीरिक रूप से तोड़ कर रख दिया था। उस दिन इलाहाबाद में अपने मित्र एस.के. मिश्र से, अपने प्रिय मित्र और बहुत आत्मीय रहे कवि स्वर्गीय कैलाश गौतम की कविता सुनी–

भले डांट घर में तू बीवी की खाना
भले जैसे तैसे गिरस्ती चलाना
भले जा के जंगल में धूनी रमाना
मगर मेरे बेटे कचहरी न जाना
कचहरी न जाना...

नोएडा में अपनी तैनाती के दौरान जब मैं कुंभ से लौट कर दोबारा वहां गया तो दो उल्लेखनीय बातें हुईं। एक तो अंगद जी महाराज ने सात दिन तक मेरे आवास पर रामकथा सुनाई और दूसरी, मेरा झुकाव कवियों और शायरों की तरफ बढ़ गया। मेरे नोएडा प्रवास के दौरान अन्तर्राष्ट्रीय ख्यातिप्राप्त शायर मुनव्वर राना जब भी एन.सी.आर. क्षेत्र में होते तो मेरे व्यक्तिगत अतिथि होते। कई बार वो मेरे घर पर ठहरते और कई बार नोएडा के बिजली विभाग के गेस्ट हाउस में। मुनव्वर राना से मेरा परिचय सन् 2001 का है। तब तक प्रयाग कुंभ की पूरी तरह से शुरुआत नहीं हुई थी। जाड़े के दिन थे। मन मे आया कि क्यों न मेला क्षेत्र में एक नशिस्त आयोजित की जाए। अपने मित्र एस.के. मिश्र को मैंने सामइन और शोरएकराम का इंतजाम दोनों की जिम्मेदारी सौंपी। हिंदू हॉस्टल के बगल में जो मेरा कुंभ मेले का किराए का ऑफिस था उसके लॉन में आयोजन रखा गया। उस आयोजन में श्रोता के रूप में अन्य कई लोगों के साथ ही इलाहाबाद उच्च न्यायालय के रजिस्ट्रार (प्रोटोकाल) श्री गिरीश वर्मा भी थे जिन्होंने अपनी उपस्थिति से पूरी महफिल को रौनक बख्शी। नशिस्त में मुनव्वर राना तो आकर्षण का मुख्य केंद्र थे ही, उनके साथ स्वर्गीय यश मालवीय और कैलाश गौतम जैसे हिंदी के कवि भी थे जिनको सुनने के लिए बड़ी संख्या में लोग वहां उपस्थित हुए। नशिस्त के बाद सब को भोजन कराया गया और लिफाफे

भेंट किए गए। पहली मुलाकात होने के बावजूद मुनव्वर राना ने लिफाफा स्वीकार नहीं किया। हां जहां उन्हें ठहराने का इंतजाम किया गया था वहां मैंने उन्हें कोई भुगतान नहीं करने दिया। वो दिन था और आज का दिन, मैं कह सकता हूं कि मुनव्वर राना का इतना बड़ा परिचय-संसार है लेकिन उसमें अगर ग्रेडिंग की जाए तो मैं उनके निकटस्थ लोगों में पहले नंबर पर हूंगा या हद से हद दसवें नम्बर पर लेकिन उससे नीचे नहीं। उनका यह शेर मुझे बराबर याद रहता है–

बुलंदी देर तक किस शख्स के हिस्से में रहती है,
बहुत ऊंची इमारत हर समय खतरे में रहती है।

उनका एक और शेर बराबर जेहन में रहता है–

ये दबदबा ये हुकूमत ये नशाए-दौलत,
सब किराएदार हैं घर बदलते रहते हैं।

इसलिए

वजारत के लिए हम दोस्तों का साथ मत छोड़ो,
इधर इकबाल आता है उधर इकबाल जाता है।

नोएडा प्रवास के दौरान मुझे अनेक नामी-गिरामी शायरों के साथ उठने-बैठने का मौका मिला। ऐसे ही एक शायर हैं निदा फाजली। मैंने उन्हें एक शायर से ज्यादा एक दार्शनिक पाया और मुझे कई बार उनके साथ लंबी गुफ्तगू और उनका कलाम सुनने का मौका मिला। उनका एक दोहा है–

सारे दिन भगवान के, क्या मंगल क्या पीर।
जिस दिन सोए देर तक भूखा रहे फकीर॥

यह दोहा मेरे निकट इसलिए भी है क्योंकि अड़तीस वर्षों के सेवाकाल में जब भी मेरा ट्रांसफर हुआ मैंने ज्वाइन करने से पहले कभी नहीं देखा कि कौन सा दिन है, कब दिशाशूल है या कौन सा शुभ मुहूर्त है। एक और दोहा जिसे मैं हमेशा जीता रहता हूं, वो है–

छोटा करके देखिए जीवन का विस्तार।
आंखों भर आकाश है बाँहों भर संसार॥

'सहारा समय' में वरिष्ठ पत्रकार राजकुमार पांडेय कई बार अपने साथ शायर राहत इंदौरी को ले के आए। उनको सुनने के बाद मुझको लगा कि वो शायर कम चित्रकार ज्यादा हैं। क्योंकि उनके शब्दों और उनकी अदायगी ऐसी होती है जैसे वह कोई सृजन कर्म कर रहे हों। 'सहारा समय' उर्दू में कार्यरत शायर हसन काजमी भी मेरे बहुत अजीज हैं जो तरन्नुम में गजल सुनाने की महारत रखते हैं! नोएडा प्रवास के दौरान वो मेरे प्रतिदिन के साथी बन गए थे। उन्हीं दिनों मेरी मुलाकात एक और शायर से हुई जिनका नाम है मलिकजादा जावेद जो बाजाब्ता खुद एक बहुत अच्छे शायर हैं और यह विरसा उन्हें अपने पिता मलिकजादा मंजूर

साहब से मिला है। हर ईद और बकरीद में मेरा उनके यहां जाना होता था और जावेद की पत्नी की मेहमाननवाजी मुझे हमेशा याद रहती है।

पिता के न रहने के बाद मां नियमित रूप से मेरे साथ लखनऊ में रहने लगीं। इस बीच मैं नोएडा में तैनात था और बैठक में भाग लेने के लिए लखनऊ आया हुआ था। मैंने बाल कटाए थे और मां से परिहास करने के भाव से पूछा–'आज बाल कटाए हैं। बताओ भला कितना पैसा दिया होगा?' उन्होंने अवधी में कहा–'का जानी भइया।' मैंने उन्हें बताया कि बाल कटाने के छह सौ रुपए दिए हैं। मां ने कहा–'ओ भइया, अब तू लोग कमात हो हमैं का मालूम कि कितना दिहौ होइ।' मैं उनके चेहरे के भाव पढ़ रहा था। वह सहसा इस बात को आत्मसात् नहीं कर पा रही थीं कि इस काम के लिए कोई इतने रुपए खर्च कर सकता है क्योंकि इनके द्वारा लेन-देन का काम शायद ही कभी एक बार में दस रुपए से अधिक हुआ हो। मैंने पूछा–'तुम्हें याद है कि दरोगा नाऊ को बंगला काटने (अवधी में बाल छोटे कराने को बंगला कटाना कहते हैं) के कितने पैसे देती थी?' उन्होंने हंसते हुए बताया–'भइया, दुइ पइसा देत रहन।'

मुझे बहुत कम समय मिलता था जब मैं मां के सामने बैठ कर उनसे बातें कर सकूं। उनके सबसे निकट मेरी पत्नी थी जिनके साथ वो पिछले 40-41 वर्षों से रह रही थीं। जब से मैंने होश संभाला उन्हें गठिया की समस्या से जूझता ही पाया, अन्यथा वह स्वस्थ रहती थीं। कभी-कभी वो सीने में धड़कन महसूस होने की शिकायत करती थीं। कई बार डॉक्टरों को दिखाया गया जिन्होंने एंजियोप्लास्टी की सलाह दी थी लेकिन वह ऐसे किसी भी इलाज के लिए राजी नहीं हुईं।

19 अप्रैल, 2007 को मैं नोएडा में था और सेक्टर 18 के एक रेस्तरां में रात के खाने के लिए गया हुआ था। अचानक लखनऊ से फोन आया कि मां गम्भीर रूप से बीमार है और उन्हें नीरा नर्सिंग होम में भर्ती कराया गया है। जिस समय फोन मिला तब तक लखनऊ मेल जा चुकी थी। मैंने निर्णय लिया कि सवेरे सबसे पहले उपलब्ध जहाज से लखनऊ जाऊंगा। बगैर खाना खाए घर वापस लौट आया और पूरी रात मां को याद करता रहा और उनके बारे में सोचता रहा। पहला जहाज सबेरे नौ बजे था। मुझे रास्ते में बताया गया कि मां नहीं रहीं। अचानक मुझे लगा कि मैं एकदम से बड़ा हो गया हूं। सिर पर आशीष वाला जो हाथ था वो हट गया है। रास्ता खारे पानी में डूबता-सा महसूस हो रहा था। मां अब केवल मेरी स्मृतियों में ही जीवित रह गई थीं। एयरपोर्ट से निकलकर सीधे गांव के लिए रवाना हो गया क्योंकि तब तक उनका शव गांव ले जाया जा चुका था। यह 20 अप्रैल, 2007 की अवसादपूर्ण सुबह थी।

पंद्रहवीं लोकसभा के चुनाव एकदम नजदीक आ गए थे। प्रदेश के तत्कालीन ऊर्जा मंत्री श्री रामवीर उपाध्याय की पत्नी फतेहपुर सीकरी से बहुजन समाज पार्टी की प्रत्याशी घोषित हो गई थीं। श्री उपाध्याय को आगरा में स्टोर में एक ऐसे अधीक्षण अभियंता की आवश्यकता थी जो सामग्री का कुशल प्रबंधन कर सके जिससे उनकी पत्नी के निवार्चन क्षेत्र में कराए जाने वाले कामों में किसी तरह की कठिनाई न हो। मुझे उस समय के शक्ति भवन के सचिवालय के अधिकारियों ने बताया कि श्री उपाध्याय ने आपको आगरा में अधीक्षण अभियंता (स्टोर) के पद पर तैनात करने के लिए कॉरपोरेशन के प्रबंधन को निर्देश दिए हैं। जब मुझे यह बात पता लगी तो मैंने आगरा जाने में अनिच्छा जाहिर की और पावर कॉरपोरेशन के प्रबंध निदेशक श्री अवनीश अवस्थी से कहा कि गाजियाबाद में तैनात अधीक्षण अभियंता श्री एम.ए. खान के रिटायर हो जाने के कारण गाजियाबाद में अधीक्षण अभियंता का पद खाली है, क्यों न मुझे वहां तैनात कर दिया जाए! जब यह प्रस्ताव श्री उपाध्याय को बताया गया तो वह अड़ गए कि ए.पी. मिश्र को आगरा जाना ही होगा और चुनाव के बाद वह जहां चाहेंगे उन्हें तैनात करने के अनुरोध पर विचार किया जाएगा। कॉरपोरेशन ने तत्काल आगरा के भंडार मंडल के अधीक्षण अभियंता से संबद्ध अधिशासी अभियंता के रूप में मेरी तैनाती के आदेश जारी कर दिए और उसी आदेश में इस बात का उल्लेख भी कर दिया कि मैं अधीक्षण अभियंता (भंडार) आगरा का भी काम देखूंगा।

जब मेरे आदेश हुए उन दिनों श्री अंगदजी महाराज मुझे सवेरे और शाम दोनों वक्त दो-दो घंटे रामकथा सुनाया करते थे। अध्यात्म में मेरे घर का संपूर्ण वातावरण डूबा रहता। उस कथा में मां अपर्णा भारती, मेरे इलाहाबाद के मित्र एस.के. मिश्र, कभी-कभी मौका मिलने पर सहारा समय के पत्रकार राजकुमार पांडेय और उन्हीं दिनों नोएडा में पढ़ रहे अपने बेटे के पास आई हुई कुमुद सिंह भी शामिल रहती थीं। रामकथा को प्रारंभ हुए अभी चार ही दिन हुए थे और मैंने अपना कार्यभार श्री राजेश कुमार, जो वितरण मंडल नोएडा के अधिशासी अभियंता (संबद्ध) थे, को सौंपा और आगरा के लिए प्रस्थान कर गया।

आगरा में उस समय कृपाल सिंह दक्षिणांचल के प्रबंध निदेशक थे। उन्होंने मेरे पहुंचने पर मेरा अच्छा स्वागत किया। उनका व्यवहार लोगों द्वारा बताई गई उस बात के एकदम विपरीत जान पड़ा कि वह सामने कुछ कहते हैं और पीठ पीछे कुछ और। वैसे कुछ दिनों में किसी के बारे में क्या कहा जा सकता था। मेरे और उनके बीच काम को लेकर कभी किसी टकराव की नौबत नहीं आई। मैंने कृपाल सिंह जी से बहुत कुछ सीखा। मैं कॉरपोरेशन में जिन चार-पांच अधिकारियों का स्नेह-पात्र रहा उनमें श्री कृपाल सिंह भी एक थे। उनसे मैंने सबसे बड़ी बात जो सीखी

वह थी उनके द्वारा फोन पर त्वरित गति से मामले निपटाने की कला। वह शत-प्रतिशत फोन बगैर नंबर देखे और रात-बिरात कभी भी उठाते थे। उनको मैंने एक ही समय में दो मोबाइल और एक लैंडलाइन के टेलीफोन तीन लोगों से बातें करते देखा है। कृपाल सिंह जी ने मेरी कार्यशैली से प्रभावित हो कर मुझे अधीक्षण अभियंता (भंडार) के अलावा अधीक्षण अभियंता (वर्कशॉप) और अधीक्षण अभियंता (पोल इकाई) का काम सौंप दिया जो एक वर्ष तक मेरे स्थानांतरण तक चलता रहा।

श्री कृपाल सिंह ने मेरे प्रति जो विश्वास प्रदर्शित किया था उसे मैंने कम नहीं होने दिया। कार्यशाला में क्षतिग्रस्त हो चुके ट्रांसफार्मरों की मरम्मत का काम होने लगा और सत्तर प्रतिशत ट्रांसफार्मर विभागीय कार्यशालाओं में ही बनने लगे जिससे बाहरी एजेंसियों को होने वाले भुगतान में भारी कमी आ गई और ट्रांसफार्मरों की उपलब्धता भी सुधर गई। श्री रामवीर उपाध्याय मुझे जिस उद्देश्य से वहां ले गए थे वह पूरा होता हुआ दिखाई पड़ने लगा था। अकेले फतेहपुर सीकरी ही नहीं पूरे दक्षिणांचल में सामग्रियों की प्रचुर उपलब्धता सुनिश्चित हो गई।

कुछ समय से मैं महसूस कर रहा था कि सवेरे टहलते समय मेरे बाएं हाथ में दर्द होने लगता है लेकिन जब मैं टहल लेता हूं तो वह दर्द समाप्त हो जाता है। मैंने सोचा कि हो सकता है कि मैं बाईं करवट बांह का तकिया लगा कर लेटता हूं, यह दर्द उस वजह से होता हो। मित्रों की सलाह पर मैंने एक बार डॉक्टर को दिखा लेना ठीक समझा। मेरा टी.एम.टी. (ट्रेड मिल टेस्ट) कराया गया जो पॉजिटिव निकला। डॉक्टरों ने सलाह दी कि मुझे तुरंत एंजियोप्लास्टी करानी चाहिए क्योंकि हृदय की धमनियों में कहीं रुकावट है। मैंने 7 मई, 2009 को अपने अधीन तैनात अधिशासी अभियंता एस.के. अग्रवाल को साथ लिया और इलाहाबाद के अपने मित्र एस.के. मिश्र को तत्काल बुलवाया। इन दोनों को लेकर मैं 8 मई को नोएडा चला गया जो मेरी शादी की वर्षगांठ का दिन था। जिस दिन मुझे अपने घर-परिवार के साथ होना था, उस परिवार को पता ही नहीं था कि मैं नोएडा के मेट्रो अस्पताल में भर्ती हूं। मैंने अपना मोबाइल बंद कर रखा था।

मेट्रो अस्पताल के मालिक और हृदय रोग के ख्यातिलब्ध सर्जन डॉक्टर पुरुषोत्तम लाल ने मेरी एंजियोग्राफी की। डॉक्टर पुरुषोत्तम लाल के चिकित्सकीय कौशल की ख्याति का अंदाजा इसी बात से लगाया जा सकता है कि देश के तीनों पद्म पुरस्कार (पद्मश्री, पद्मभूषण और पद्मविभूषण) उनके नाम हैं। जिस ऑपरेशन को लेकर मन आशंकाओं से भरा हुआ था, वह इतनी आसानी से निपट जाएगा कल्पना भी नहीं की थी। देर रात जब पत्नी और बेटा विपुल मुझसे संपर्क करने में विफल रहे तो उन्होंने एस.के. अग्रवाल से संपर्क किया और तब उन लोगों को

असलियत का पता चला कि मैं अस्पताल में हूं और मेरी एंजियोग्राफी हुई है। अगले दिन पत्नी और बेटा नोएडा पहुंच गए। मुझको अगले दिन अस्पताल से छुट्टी दे दी गई। एक दिन रुक कर मैं आगरा वापस आ गया।

आगरा तैनाती के दौरान मेरे कार्यक्षेत्र में दक्षिणांचल के 22 जिले आते थे। मैं सभी जिलों का दौरा सड़क मार्ग से ही करता था क्योंकि ऐसा करने से प्रकृति से सीधा तालमेल बना रहता था। इसी तरह एक दिन जब मैं दिन में ग्यारह बजे मथुरा पहुंच रहा था तो मेरे मामले में ए.ओ.आर. रहे श्री वी.पी. सिंह का फोन आया। उन्होंने बताया कि पावर कॉरपोरेशन की एस.एल.पी. डिसमिस हो गई है और न्यायालय ने कॉरपोरेशन पर पच्चीस हजार रुपए का जुर्माना भी ठोंक दिया है। फैसले को विस्तार से बताते हुए उन्होंने कहा कि उच्चतम न्यायालय ने कहा है कि ए.पी. मिश्र को 28 जुलाई, 2000 से प्रोन्नत माना जाए और चयनित लोगों में जो मुझसे पहले प्रोन्नत हो चुके हैं उनमें मेरी वरिष्ठता ऐसे 'फिक्स' की जाए कि मैं उनसे हमेशा वरिष्ठ रहूं। यह फैसला मेरे जीवन की सबसे बड़ी खुशी ले कर आया था। मैं उन क्षणों को आज भी याद करता हूं तो सिवाय इसके कि मैं परमात्मा की अशेष कृपा के सम्मुख नतशिर हो जाऊं, और कुछ नहीं कर पाता।

अब तक पावर कॉरपोरेशन का प्रबंधतंत्र उच्च न्यायालय के मेरे प्रोन्नति के आदेश को यह मान कर लागू नहीं कर रहा था कि एस.एल.पी. अभी उच्चतम न्यायालय में विचाराधीन है। लेकिन अब एस.एल.पी. के खारिज हो जाने के बाद उसके सामने और कोई रास्ता नहीं बचा था, उसे मुझे प्रोन्नत करना ही था। मैंने अगले ही दिन फैसले की सत्यापित प्रतिलिपि मंगवाई और अपना आवेदन कॉरपोरेशन को भेज दिया। शक्ति भवन जो अपनी ढीली-ढाली कार्यप्रणाली के लिए विख्यात है भला मेरे मामले में जल्दी कोई कार्रवाई क्यों करता? श्री प्रदीप शुक्ल से मैं मिलने गया। मैंने उनको नए सिरे से अपना सारा मामला समझाया लेकिन उन्होंने तत्काल मेरी कोई मदद करने की हामी नहीं भरी।

मैं निराश मन से वापस लौट रहा था। अभी मैं दूरदर्शन केंद्र के सामने पहुंचा हूंगा कि मेरा मोबाइल बजा।

'आप कहां हैं?' तत्कालीन निदेशक (कार्मिक एवं प्रशासन) श्री हरिश्चंद्र सिंह पूछ रहे थे।

'मैं लखनऊ में हूं और चेयरमैन से मिल कर लौट रहा हूं,' मैंने बताया।

'लौट आइए और मुझसे मिलिए,' उन्होंने कहा तो में वापस लौट पड़ा।

श्री हरिश्चंद्र सिंह ने जो कुछ मुझसे कहा उसका मतलब यह था कि अगर मैं कॉरपोरेशन के खिलाफ अवमानना की याचिका दाखिल कर दूं तो मुझे तैनात करने में उन्हें सुविधा होगी।

चेयरमैन जो बात मुझसे खुद नहीं कह पा रहे थे वह उन्होंने श्री सिंह के

माध्यम से मुझ तक पहुंचाई थी। नौकरशाही की यह कार्यप्रणाली मुझे बड़ी अजीब लगी। मैं श्री सिंह की बात सुन कर वापस लौट आया। मुझे यकीन था कि मेरे दिए हुए प्रत्यावेदन के साथ उच्चतम न्यायालय का जो आदेश नत्थी है उसे कॉरपोरेशन के स्तर पर पचा जाना संभव नहीं होगा।

कुछ ही दिन बीते होंगे कि कॉरपोरेशन ने उच्चतम न्यायालय द्वारा लगाए गए 25 हजार रुपए कर राशि का मुझे भुगतान कर दिया और मुझे 'नोशनल प्रमोशन' देते हुए मेरे चयनित होने की तारीख (पूर्वगामी 28 जुलाई, 2000) से मुझे प्रोन्नत कर दिया। कॉरपोरेशन ने यह बंदिश अवश्य लगाई कि मुझे इस अवधि का कोई वित्तीय लाभ देय नहीं होगा लेकिन मेरी वरिष्ठता मेरे चयन की तिथि से मानी जाएगी।

आगे चल कर यही आदेश मेरे पूरे कैरियर में मील का पत्थर साबित हुआ। मेरी वरिष्ठता न केवल अपने बैच में चयनित 542 लोगों में सबसे ऊपर हो गई बल्कि 75 बैच के कुछ अभियंता मुझसे नीचे हो गए जो 28 जुलाई, 2000 को ही चयनित हुए थे लेकिन वे श्रेणी-दो में थे और मैं श्रेणी-एक में। उच्चतम न्यायालय की नई व्याख्या के अनुसार मेरी वरिष्ठता उनसे ऊपर हो गई।

उच्चतम न्यायालय के आदेश में जो-जो बिन्दु अनुपालन के लिए निर्देशित थे उसके आधार पर औपचारिक आदेश जारी कर दिए गए। मेरा ऑपरेशन चूंकि नोएडा में हुआ था इसलिए मेरी इच्छा थी कि यदि मेरी तैनाती नोएडा में ही हो जाए तो मेरे स्वास्थ्य की देखभाल अच्छे ढंग से हो सकेगी। यह मुश्किल भी नहीं था क्योंकि 31 जुलाई, 2007 को नोएडा में तैनात अधीक्षण अभियंता श्री के.जी. पुरी रिटायर हो रहे थे। मैंने अपना अनुरोध तत्कालीन ऊर्जा मंत्री के पास पहुंचाया और निवेदन किया कि आगरा में मेरी तैनाती का एक वर्ष पूरा हो गया है और नोएडा के डॉक्टरों की सलाह है कि एंजियोप्लास्टी के बाद मुझे कुछ समय डॉक्टर की देखरेख में रहना उचित होगा। ऊर्जा मंत्री श्री रामवीर उपाध्याय मुझे इस शर्त पर छोड़ने पर सहमत हो गए कि तुम्हारी जगह कोई तुम्हारे जैसा ही आदमी मिल जाए।

उन्हीं दिनों अभियंताओं और कर्मचारियों की छठे वेतनमान को लागू करने को लेकर आंदोलन की स्थिति पैदा हो गई। प्रदेश सरकार ने श्री प्रदीप शुक्ल को अध्यक्ष और श्री अवनीश अवस्थी को प्रबंध निदेशक के पद से हटा दिया। इन दोनों के स्थान पर एक आई.ए.एस. नवनीत सहगल को कॉरपोरेशन के अध्यक्ष और प्रबंध निदेशक दोनों पदों का कार्यभार सौंप दिया। श्री सहगल की गिनती उस समय के बेहद ताकतवर नौकरशाहों में होती थी। कहा जाता था कि उनकी इजाजत के बगैर विभाग में पत्ता भी नहीं खड़कता था। सी.एम.डी. श्री सहगल से मेरा कोई व्यक्तिगत परिचय नहीं था। बाद में जब मैं श्री सहगल के निकट आया तो जाना

कि श्री सहगल एक अद्भुत मेधा के मालिक हैं। वह किसी भी कागज को देख कर एक से डेढ़ मिनट में सारा मामला जान लेते हैं और उससे भी कम समय लेते हैं उस पर निर्णय लेने में। नोएडा में तैनाती के लिए भले ही ऊर्जा मंत्री श्री उपाध्याय ने सहमति प्रकट कर दी थी लेकिन अब श्री सहगल की अनुमति उससे भी ज्यादा जरूरी हो गई थी। मैंने अपने 'मेंटर और गाइड' श्री एस.के. अग्रवाल निदेशक (वित्त) को अपनी समस्या बताई। उन्होंने कहा कि मैं सहगल से बात कर लूंगा, आपकी तैनाती नोएडा में ही होगी। एक बार आप श्री सहगल से मिल लें।

मैं आगरा से लखनऊ आया। मैं जिस समय शक्ति भवन गया उस समय श्री अग्रवाल श्री सहगल के पास ही बैठे हुए थे। मैंने पर्ची भिजवाई और मुझे तुरंत बुलवा लिया गया। श्री अग्रवाल ने मेरा औपचारिक परिचय श्री सहगल को दिया और कुंभ में मेरे कार्यों की प्रशंसा की। श्री सहगल ने एक छोटा-सा सवाल किया-'शक्ति सिंह भी तो वहां तैनात था?' मैंने बताया-'जी सर। जब मैं कुंभ का नोडल अधिकारी था तब वह अधीक्षण अभियंता थे।' बातचीत खत्म हो गई और मैं कमरे से बाहर आ गया। मुझे उस समय यह बिलकुल नहीं लगा था कि मेरा काम इतनी आसानी से हो सकता है। मैं आगरा लौट गया। बाद में पता लगा कि श्री सहगल ने निदेशक (कार्मिक एवं प्रबंधन) को उसी दिन निर्देश दे दिया कि तैनाती आदेश जारी कर दिए जाएं।

तब तक आगरा में भी बहुत जोर लगाने के बावजूद श्री कृपाल सिंह 62 वर्ष पूरे हो जाने के बाद अपना कार्यकाल बढ़वाने में सफल नहीं हो पाए। उनके स्थान पर एक आई.ए.एस. श्री संजय प्रसाद की प्रबंध निदेशक आगरा के पद पर तैनाती कर दी गई। जिस दिन श्री पुरी अवकाश ग्रहण कर रहे थे, मैं दम साधे अपने स्थानांतरण आदेश की प्रतीक्षा कर रहा था। देर शाम तक मेरे आदेश जारी नहीं हुए। इस बीच वरिष्ठताक्रम मुझसे काफी जूनियर अधिशासी अभियंता श्री लाल सिंह राकेश ने तत्कालीन मुख्यमंत्री के ओ.एस.डी. श्री टम्टा से दबाव डलवा कर प्रबंध निदेशक मेरठ से यह आदेश करवा लिए कि श्री पुरी के रिटायर होने के बाद अग्रिम आदेशों तक श्री राकेश को नोएडा के अधीक्षण अभियंता का कार्यभार संभालने के आदेश जारी कर दिए जाएं।

श्री नवदीप रिनवा ने मेरठ से ऐसा ही आदेश जारी कर दिया। इस बीच लगभग उसी समय 31 जुलाई की देर शाम मेरे भी आदेश नोएडा के अधीक्षण अभियंता के लिए जारी हो गए। नोएडा के अधिकारियों के बीच में ऊहापोह की स्थिति थी क्योंकि वे नोएडा में मेरी तैनाती मान कर चल रहे थे लेकिन श्री राकेश के लिए हुए आदेश ने भ्रम की स्थिति पैदा कर दी थी। मेरा फोन लगातार बज रहा था। लोग परेशान थे क्योंकि जो अधिशासी अभियंता नोएडा में तैनात थे वे श्री

राकेश से काफी वरिष्ठ थे और उन्हें इस तैनाती में अपना अपमान दिखाई दे रहा था। सरकार में यह वह समय था जब न केवल पदोन्नति में आरक्षण था बल्कि परिणामी ज्येष्ठता में भी उसे लाभ मिलता था और वह मूल ज्येष्ठता के हिसाब से बेहद वरिष्ठ लोगों को नीचे ढकेल कर वरिष्ठ पद प्राप्त कर लेता था।

ये वही राकेश जी थे जिन्होंने तीन साल पहले मेरी कुंभ की तैनाती के विरोध में उच्च न्यायालय में दो याचिकाएं दाखिल की थीं। इस बीच श्री पुरी इस विवाद में पड़ने के बजाय कि वह कार्यभार किसे सौंपें उन्होंने 'निल' को सौंप कर मुक्ति पा ली और कार्यमुक्त हो गए। क्योंकि मैं रेगुलर अधीक्षण अभियंता था और श्री राकेश अधिशासी अभियंता थे इसलिए जब शक्ति भवन से मेरे आदेश हो गए तब मेरठ द्वारा श्री राकेश के पक्ष में जारी आदेश स्वतः निष्प्रभावी हो गए। मैंने अगले दिन अपना कार्यभार संभाल लिया और तब नोएडा के अधिकारियों ने चैन की सांस ली। मैं पहले भी नोएडा में अधिशासी अभियंता रह चुका था इसलिए इस उच्च पद पर मुझे किसी प्रकार की कोई दिक्कत होने का सवाल ही नहीं था। मैं सबके लिए एक परिचित चेहरा था चाहे वह 'फोनरवा' थी या उद्यमियों की प्रतिनिधि संस्था एन.ई.ए. (नोएडा इन्टरप्रेनोर एसोसिएशन)।

इस बीच गाजियाबाद में तैनात अधीक्षण अभियंता के रिटायर हो जाने के बाद मेरठ के प्रबंध निदेशक ने वहां के अधीक्षण अभियंता का कार्यभार भी मुझे ही सौंप दिया। ये तो बाद में पता लगा कि ऐसा उन्होंने सी.एम.डी. श्री नवनीत सहगल के निर्देश पर किया था। मेरी गिनती श्री सहगल के विश्वस्त अधिकारियों में होने लगी। कुछ अधिकारियों की दलील थी कि अगर इस राज में भी उनकी तैनाती नोएडा में नहीं होती है तो कब होगी? यह एक श्री नवनीत सहगल थे जिनको मुझ पर भरोसा था और उन्होंने ऐसे हर प्रयास को निस्तेज कर दिया। मेरी व्यस्तता दो-दो पदों पर तैनाती के कारण बहुत बढ़ गई क्योंकि दोनों पद वितरण के थे। मैं गाजियाबाद में ज्यादा समय देने लगा क्योंकि वहां चुनौतियां ज्यादा थीं और वहां मेरी तैनाती पहली बार हुई थी।

गाजियाबाद बेहद संवेदनशील और राजस्व के मामले में बहुत चुनौतीपूर्ण माना जाता है। इसी बात को ध्यान में रखते हुए वहां मुख्य अभियंता का पद सृजित किया गया जिसमें गाजियाबाद और बुलंदशहर जिले शामिल किए गए। इस पद के लिए भी श्री सहगल को मेरा ही नाम उपयुक्त लगा हालांकि मैं नियमित मुख्य अभियंता नहीं था।

उस दिन मैं उज्जैन में महाकालेश्वर के चरणों में था जब मेरठ के प्रबंध निदेशक ने मेरे मुख्य अभियंता पद पर तैनाती के आदेश जारी किए। मेरे साथ मेरे मित्रों की एक पूरी टीम थी। समाचार सुनने के बाद श्री अंगद जी महाराज की त्वरित प्रतिक्रिया थी-'यह महाकाल के दर्शनों का सद्यःफल है।' मैंने अगले ही

दिन गाजियाबाद के मुख्य अभियंता का पदभार ग्रहण कर लिया। मेरे सामने कठिनाई यह थी कि मैं अधिशासी अभियंता के दो पदों पर पहले ही तैनात था। व्यावहारिक रूप से और नैतिक दृष्टि से मुझे यह उचित नहीं लग रहा था कि मैं गाजियाबाद के अधीक्षण अभियंता का पद अपने पास रखूं क्योंकि यह पद गाजियाबाद के मुख्य अभियप्ता के अधीन आता था। यानी मैं ही मुख्य अभियंता और अपने अधीन मैं ही अधीक्षण अभियंता। मैंने श्री सहगल से अनुरोध किया कि जितनी जल्दी हो सके मुझे गाजियाबाद के अधीक्षण अभियंता के पद से मुक्त कर दिया जाए। मेरा अनुरोध स्वीकार हो गया और अगले ही दिन श्री डी.पी. सिंह की गाजियाबाद में अधीक्षण अभियंता के पद पर तैनाती हो गई।

गाजियाबाद में मुख्य अभियंता के पद के सृजन का सबसे ज्यादा फायदा उद्यमियों को हुआ और मेरठ तक की उनकी भाग-दौड़ समाप्त हो गई। जोन बनने से पहले यह क्षेत्र मेरठ के मुख्य अभियंता के अधीन आता था। कुछ ही दिनों में मैंने प्रणाली सुधार के कई काम शुरू किए और कुछ को अंतिम रूप देकर उद्यमियों का विश्वास जीत लिया और वे सब मुझे बहुत स्नेह और सम्मान देने लगे।

इस बीच पावर कॉरपोरेशन में निदेशकों के पद विज्ञापित हुए, इनमें पावर कॉरपोरेशन के दो पद थे-एक वाणिज्य का और दूसरा कॉरपोरेट प्लानिंग का। विज्ञापन की खास बात यह थी इसमें निदेशक के पद की अर्हता में बड़ा परिवर्तन हुआ था। निदेशक के पद के लिए जो न्यूनतम अर्हता स्तर-एक का मुख्य अभियंता थी उसे घटा कर तीन वर्ष का अनुभव रखने वाले अधीक्षण अभियंता को भी पद के लिए अर्ह बना दिया गया था। संभवत: इसका बड़ा कारण यह था कि पिछले कई वर्षों से कोर्ट-कचहरी के चक्कर में पूरी प्रोन्नति की प्रक्रिया ठप थी और चार वर्षों से डी.पी.सी. नहीं हुई थी। अर्हता में यह बदलाव न किया जाता तो सामान्य श्रेणी का कोई भी अभियंता निदेशक न बन पाता। यह विज्ञापन मुझे निदेशक के पद के लिए अर्ह बना रहा था, मैंने भी आवेदन कर दिया। शासन के मुख्य सचिव के सामने मेरा साक्षात्कार हुआ। साक्षात्कार के बाद मैं नोएडा वापस लौट गया। अब मेरी प्रतीक्षा करने की बारी थी। अन्ततोगत्वा चयनित निदेशकों की सूची मुख्यमंत्री के पास अनुमोदन के लिए उनके कैबिनेट सचिव शशांक शेखर सिंह के पास भेज दी गई जो वहां कई दिनों तक लंबित रही। आखिरकार 24 नवंबर, 2011 को मुख्यमंत्री की ओर से पत्रावली अनुमोदित हो कर आ गई। मुझे उसी दिन पावर कॉरपोरेशन में निदेशक (वाणिज्य) के पद पर तैनात कर दिया गया। अब मैं कॉरपोरेशन का नहीं राज्य सरकार का अधिकारी हो गया था।

नोएडा और गाजियाबाद में मेरे अनेक शुभेच्छु थे जो मुझे एन.सी.आर. में ही रखने के पक्ष में थे। इनमें इलेक्ट्रॉनिक मीडिया के एक बड़े पत्रकार थे जो श्री सहगल के मित्र थे। यह पता लगने पर कि मैं निदेशक हो गया हूं उन्होंने

श्री सहगल को फोन किया। मैं सहगल साहब के सामने ही बैठा था। बातचीत से मैं समझ गया कि मेरे बारे में ही बात हो रही है। शायद श्री सहगल को भी यह उचित लगा होगा, उन्होंने मुझे मेरठ डिस्काम के निदेशक (तकनीकी) के पद का अतिरिक्त काम देखने का निर्देश दे दिया। मैंने अगले दिन मेरठ जाकर कार्यभार संभाल लिया। जिस कमरे में मुझे नोएडा के अधीक्षण अभियंता या गाजियाबाद के मुख्य अभियंता रहते हुए घुसने में संकोच का अनुभव हुआ करता था, मैं अब उसी कमरे में बैठने के लिए अधिकृत था। मेरे पास कुछ समय तक निदेशक (तकनीकी) के साथ-साथ अधीक्षण अभियंता नोएडा और गाजियाबाद के मुख्य अभियंता का अतिरिक्त पदभार रहा लेकिन बाद में मैंने एक-एक करके स्वयं प्रस्ताव देकर क्रमशः श्री डी.पी. सिंह और श्री योगेश कुमार की तैनाती करवा दी। अब मैं पूरी तरह से मेरठ में निदेशक (तकनीकी) हो गया था। निदेशक (वाणिज्य) अब मेरे लिए मात्र औपचारिक और कागजी पद रह गया था। श्री सहगल ने मेरे स्थायी रूप से मेरठ में रहने के कारण मेरी निदेशक वाणिज्य की सारी कार्यकारी शक्तियां निदेशक (कार्मिक एवं प्रशासन) श्री नंदलाल को सौंप दी थीं।

मैं स्वतंत्र रूप से मेरठ में निदेशक (तकनीकी) के पद पर कार्य कर रहा था। उसी अवधि में एक आई.ए.एस. श्री मनोज सिंह मेरठ के प्रबंध निदेशक बन कर आए। श्री सिंह सहगल साहब के पारिवारिक मित्र थे। कुछ ही दिनों में मैं श्री सिंह का सबसे भरोसेमंद अधिकारी हो गया। उनके आदेशानुसार उनके पास जाने से पहले सारे कागज मेरे पास आते। इस आशय का उन्होंने एक कार्यालय आदेश जारी कर दिया। आदेश में कहा गया था कि केवल वित्तीय पत्रावलियों को छोड़ कर सारी पत्रावलियां मेरे माध्यम से ही प्रस्तुत की जाएं। उनके सलाहकार श्री ए.के. वर्मा को यह बात नागवार गुजरी कि उनकी पत्रावली भी मेरे माध्यम से आगे जाए। उन्होंने इस बारे में आदेश में संशोधन करवाया और उसके बाद सलाहकार की पत्रावलियां मेरे माध्यम से नहीं बल्कि सीधे प्रबंध निदेशक के पास जाने लगीं। इस पर पूरे मेरठ डिस्कॉम में कड़ी प्रतिक्रिया हुई। श्री वर्मा को उनके पूरे सेवाकाल में एक बेहद नकारात्मक अधिकारी के रूप में जाना जाता था लेकिन ऊपर के अधिकारियों की चाटुकारिता के बल पर वह रिटायर होने के बाद दो वर्ष तक सलाहकार के पद पर काम करते रहे। मैंने इस मामले को तूल देना ठीक नहीं समझा और अपने काम में लगा रहा।

मुझे मेरठ में रहने के लिए जो बंगला मिला था वैसे आवास की तो मैंने कभी सपने में भी कल्पना नहीं की थी। उसको देख कर कोई भी मेरे भाग्य से रश्क कर सकता था। उस मकान के कई कमरों में तो कभी जा भी नहीं पाया क्योंकि मैंने नवम्बर 2011 में वहां कार्यभार ग्रहण किया था। जाड़े का मौसम होने के कारण

उसके लंबे-चौड़े लॉन और उसमें लगी फूलों की क्यारियों की स्मृतियां मेरे मन में आज तक ताजा हैं। दोनों तरफ फैले हुए लॉन के अलावा बंगले के पिछवाड़े इतनी जमीन थी कि कोई खेती कर ले।

31

दिसंबर, 2011 साल का अंतिम दिन। मैं मेरठ से नोएडा लौट रहा था। नोएडा में मेरे दोस्त-अहबाब इंतजार कर रहे थे क्योंकि उन्होंने नए साल की आखिरी रात मेरे साथ मनाने का कार्यक्रम बनाया था। मैं निदेशक 24 नवंबर को बना था और उस समय वे कोई उत्सव नहीं मना सके थे इसलिए नए वर्ष की पूर्वसंध्या पर उस उत्सव का आयोजन किया गया था। उसी दिन मैंने विभाग के एक अवकाश-प्राप्त अधिकारी श्री बी.एन. शर्मा के भतीजे को मेरठ से नोएडा स्थानांतरित किए जाने के आदेश जारी किए थे जिसके प्रति आभार प्रकट करने के लिए शर्माजी ने मेरे मोबाइल पर रामचरितमानस की एक चौपाई भेजी-

प्रति उपकार करौं का तोरा।
सन्मुख होइ न सकै मन मोरा॥

मैं खरखौंदा और हापुड़ के बीच कहीं था। मैंने अंगद जी महाराज को फोन मिलाया और उनको सारी बात बता कर पूछा कि इस चौपाई का क्या संदर्भ है? मुझे पता था कि महाराज इस समय बिहार के भागलपुर में हैं। उन्होंने मुझे बताया कि माता सीता का पता लगाने में भक्त हनुमानजी ने जो अथक परिश्रम किया था और उनके अशोक वाटिका में होने का जो समाचार दिया था उसके प्रति आभार प्रकट करते हुए यह बात भगवान श्रीराम ने हनुमानजी से कही थी। अंगद जी महाराज ने कहा कि भगवान श्री रामचंद्र जी हनुमान जी से कहते हैं कि तुमने यह जो मेरे ऊपर उपकार किया है, मैं समझ नहीं पा रहा हूं कि उसके बदले में मैं तुम्हारे लिए क्या करूं? तुम्हारे इस कार्य से मैं तुम्हारा इतना आभारी हो गया हूं कि मेरा सिर जैसे तुम्हारे सामने उठ नहीं रहा है। भगवान श्रीराम ने हनुमान जी से कहा कि जाओ, मैं तुम्हें पुत्रऋण से उऋण करता हूं। अंगद जी महाराज ने कहा कि यों तो पुत्र ऋण जैसा कुछ नहीं होता है लेकिन भक्तवत्सल प्रभु श्रीराम हनुमान जी को पुत्रवत् स्नेह करते हैं और स्थापित करना चाहते हैं कि जिसके हनुमान जी जैसा पुत्र हो उस पिता को अपने पुत्र का ऋणी होना चाहिए।

खरखौंदा से गाजियाबाद तक का पैंतालीस मिनट का रास्ता कब कट गया पता ही नहीं चला। महाराज अंगद जी किसी संदर्भ की व्याख्या करते थे तो अपने साथ बहा ले जाते थे। मन करता था कि उनको सुनते ही रहें और प्रसंग कभी समाप्त न हो। बातचीत समाप्त होने से पहले मैंने उनसे पूछा-'आप उज्जैन कब पहुंच जाएंगे? उन्होंने बताया, भागलपुर से पहले वह दिल्ली आएंगे, मुझसे मिलेंगे

और उसके बाद उज्जैन वापस जाएंगे।'

' 'सिफर से शिखर तक' किताब का क्या हुआ? लिखना शुरू किया या नहीं?' अचानक ही उन्होंने पूछ लिया।

'मेरे मन में एक संकोच है महाराज जी! इस किताब का औचित्य क्या है? मेरे जीवन में ऐसा क्या विशेष है जिसको लोगों के लिए जानना जरूरी हो? इसको न लिखने से समाज की क्या हानि होने वाली है या लिख देने से क्या लाभ होने वाला है?' मेरे मन में जो बात बहुत दिनों से चल रही थी, मैंने श्री अंगद जी महाराज के सामने रखी।

'देखिए मिश्र जी, आपको किताब लिख कर उसकी रॉयल्टी से पैसा तो कमाना नहीं है। यह किताब इसलिए जरूरी है क्योंकि समाज के ऐसे लोग जो आपकी जैसी पृष्ठभूमि से आते हैं उनको प्रेरणा मिल सके कि अपने श्रम के बल पर कोई भी व्यक्ति समाज में कुछ भी प्राप्त कर सकता है। यह किताब उन लोगों के मनोबल को ऊंचा उठाने में मददगार साबित होगी और उन्हें किसी भी तरह की हीनभावना का शिकार होने से बचाएगी।' उन्होंने कहा और दोहराया–'किताब को जल्दी शुरू कीजिए।'

'महाराज जी, सर्दी बहुत है। आपके पास ओढ़ने की पर्याप्त व्यवस्था है न,' मैंने उनसे पूछा।

'निश्चिंत रहिए, सब व्यवस्था है,' महाराज जी ने कहा और बातचीत समाप्त हो गई।

नए साल की पार्टी देर तक चली थी। बारह बजने के बाद 'हैप्पी न्यू ईयर' की शुभकामनाओं के आदान-प्रदान के साथ लोग विदा हुए। मैं रात करीब एक बजे सेक्टर 16 के अपने आवास पर आ कर सो गया। ना जाने कितने बजे मेरे मोबाइल की घंटी बजी। देखा तो स्क्रीन पर 'अंगदजी-2' लिखा हुआ था। टाइम देखा। सवेरे के चार बजे थे। मैं चौंका। अंगदजी महाराज, जो मेरे स्वास्थ्य कारणों को जानते थे मेरी सुख-सुविधा का हमेशा बहुत ध्यान रखते थे। उन्होंने असमय क्यों फोन किया होगा? मन चिंतित हो उठा।

फोन पर रेलवे स्टेशन पर की जाने वाली उद्घोषणाएं सुनाई दे रही थीं। इतना तो तय हुआ कि फोन रेलवे प्लेटफॉर्म से किया गया है।

'आप बाबाजी को जानते हैं?' किसी अपरिचित आवाज ने मुझसे पूछा।

मैंने अनुमान लगाया कि महाराज जी का फोन कहीं खो गया रहा हो इसलिए किसी व्यक्ति को मिले हुए फोन से मुझे फोन करना पड़ा है। मेरे नाम का पहला अक्षर 'ए' से होने के कारण मेरा नाम ही सबसे पहले निगाह में आया होगा।

'महाराज जी कहां हैं?' मैंने भीतर से उबली पड़ रही उत्सुकता से पूछा।

'बाबाजी मर गए।'

'चुप,' मैंने जोर से डांटा। मुझे लगा कि कोई शरारत कर रहा है। मैंने सोचा कि यह इसी तरह मुझे फोन कर-कर के परेशान करता रहेगा इसलिए मैंने मोबाइल 'ऑफ' कर दिया। मोबाइल ऑफ कर देने से मन में समा गई दुश्चिंता तो समाप्त नहीं हो गई। मन जो चाहता है या जो नहीं चाहता है उसके पक्ष में अपने को समझाने के तर्क गढ़ लेता है। जिस व्यक्ति से पिछली शाम इतनी देर तक बातें हुई हों उसके न रहने की बात तो सोची भी नहीं जा सकती थी।

सवेरे छह बजे जैसे ही मोबाइल 'ऑन' किया, अंगद जी महाराज के पुत्र श्री अंशुमान का फोन आया और उसने फफकते हुए बताया-'महाराज जी चले गए।' जैसे खदबदाता हुआ गर्म लावा मेरे कानों में आ पड़ा।

मेरे आध्यात्मिक संसार का अंत हो गया था। जैसे मां के न रहने पर मायका उजड़ जाता है, अंगदजी महाराज के चले जाने से मेरे लिए उज्जैन उजड़ गया था। मैं दूसरी बार अनाथ हो गया था। पिता ने रामचरित की जो लौ मेरे मन में जगाई थी उसको और अधिक जाज्वल्यमान बनाने का काम अंगद जी महाराज अपने स्नेह स्पर्श से करते रहे थे। अब किसके सामने अपनी जिज्ञासाएं रखूंगा और कौन होगा जो मुझे प्रेमपूर्वक अपने पास बैठा कर मानस के संदर्भों की व्याख्या करके मुझे समृद्ध बनाएगा? मन अवसन्न सा सोचता रहा। लेकिन फिर यह संसार है इसने अपनी गति भला कब बदली है! वह फिर अपनी चाल से चल निकला लेकिन मुझे तो अंगद जी महाराज के न रहने के बाद उसकी चाल में एक तरह की लंगड़ाहट सी महसूस होती है।

अंगद जी महाराज के सुपुत्र श्री अंशुमान जी अब अपने पिता का स्थान ले रहे हैं। रामकथा सुनाना ही अब उनका जीवन है। बी.टेक. और एम.बी.ए. कर चुके श्री अंशुमान जी कोई बहुत से पैसे देने वाली नौकरी पकड़ सकते थे लेकिन उन्होंने चुना अपने स्वर्गीय पिता का रास्ता। उनको मैं रोज सुबह शाम सुनता हूं। मोबाइल की 'कांफ्रेंसिंग' के जरिए कई लोग एकजुट हो जाते हैं और अंशुमान जी से रामकथा का आस्वादन करते हैं। उनको सुनते हुए अक्सर ऐसा लगा है कि यह अंशुमान जी नहीं अंगद महाराज जी हैं, जो बोल रहे हैं। अंशुमान जी को सुनते हुए लगता रहता है कि अंगदजी महाराज कहीं गए नहीं हैं वह हमारे आसपास ही कहीं हैं।

फरवरी 2012 में उत्तर प्रदेश विधानसभा चुनाव की घोषणा हो गई। मैं भी अपनी स्थिति को लेकर आशंकित होने लगा कि यदि सरकार बदली तो मेरी स्थिति में भी हेरफेर हो सकता है। लोग चर्चा करने लगे थे कि इस बार वोट बदलाव के लिए डाले जाएंगे। मेरे एक बड़े शुभेच्छु आई.ए.एस.

अधिकारी ने, जो उस समय दिल्ली में वनवास काट रहे थे, मुझे संदेश भेज कर दिल्ली स्थित अपने आवास पर बुलवाया। मिलने पर उन्होंने कहा–'नई सरकार की सोच है कि पावर कॉरपोरेशन का प्रबंधन किसी तकनीकी व्यक्ति को सौंपा जाए ताकि लोगों में सरकार का अच्छा संदेश जाए। मैंने आपका नाम पार्टी स्तर पर सुझा दिया है। बेहतर हो कि आप अखिलेश यादव से मिल कर चर्चा कर लें।' तकनीकी व्यक्ति को प्रबंधन सौंपे जाने का क्या अर्थ होता है इस बात को सोचते ही कुछ क्षणों के लिए मैं अवाक्-सा रह गया। जो मंजिल दिखाई जा रही थी उस तक पहुंचने के लिए अभी परों को तोलने का समय नहीं आया था लेकिन मेरे शुभेच्छु ने उड़ान के लिए कल्पना के दो पंख मुझे दे दिए थे।

मार्च 2012 को पोलिंग का आखिरी दिन था। मैंने जहाज पकड़ा और लखनऊ में सीधे 4, विक्रमादित्य मार्ग पहुंचा जो उस समय माननीय मुलायम सिंह यादव का सरकारी आवास था। मुझे श्री अखिलेश यादव जी से मिलाने की व्यवस्था पहले ही हो चुकी थी। मैं नेताजी की कोठी के एक कमरे में जाकर बैठ गया। जरा देर में अखिलेश जी आए और उनके साथ ऊर्जा क्षेत्र में सुधार पर चर्चा होने लगी। मैंने उन्हें लगभग आधे घंटे तक विभाग के क्रियाकलापों की जानकारी दी। बातचीत खत्म होती, उससे पहले कमरे में उनका कोई सहायक आया और उसने बताया कि टी.वी. पर अभी-अभी एग्जिट पोल के नतीजों में कहा जा रहा है कि सपा को बहुमत मिल सकता है। अखिलेश जी ने पूछा–'किसका एग्जिट पोल है?' उसने बताया–'योगेन्द्र यादव ने किया है।' अखिलेश जी ने आह्लादित स्वर में कहा–'फिर तो हो गया फैसला।' 'देखें, सरकार का क्या स्वरूप बनता है? किसकी सरकार बनती है,' कहते हुए अखिलेश जी ने मुझे विदा कर दिया। मैं नोएडा लौट गया।

चुनाव परिणाम आए और समाजवादी पार्टी की स्पष्ट बहुमत की सरकार बन गई। सरकार बनने के अगले ही दिन से कयास लगाए जाने लगे कि श्री नवनीत सहगल कभी भी हटाए जा सकते हैं, और हुआ भी ऐसा ही। पंद्रह दिन बीतते-बीतते श्री सहगल को हटा दिया गया और पावर कॉरपोरेशन के अध्यक्ष और प्रबंध निदेशक की कमान श्री अवनीश अवस्थी को सौंप दी गई।

पहली अप्रैल 2012 को मैं एक विभागीय बैठक में भाग लेने के लिए लखनऊ गया हुआ था। शिष्टाचारवश मैं श्री अवस्थी से मिलने उनके घर गया और पूछा–'मेरे लिए क्या निर्देश है?' उन्होंने कहा–'अब आप लौट कर मेरठ नहीं जाएंगे, यहीं रहेंगे।' वह शायद इस बात को पचा नहीं पा रहे थे कि जिस बोर्ड में वह, एक आई.ए.एस., सी.एम.डी. हैं उसमें मेरे जैसा एक अदना-सा आदमी निदेशक के रूप में काम करे। मुझे ऐसा लगा जैसे श्रेष्ठता-ग्रन्थि ने उनकी नाक के नुकीलेपन को और भी धारदार बना दिया है। मेरठ का निदेशक (तकनीकी)

का पद वैसे भी ज्यादा प्रतिष्ठापूर्ण माना जाता है। श्री अवस्थी मुझे यह भी संदेश देना चाहते थे कि मुझे दोनों पदों में से एक से हटा कर उन्होंने मेरा कद छोटा कर दिया है। मैं अगले दिन से शक्ति भवन के छठे तल पर निदेशक (वाणिज्य) को आवंटित कमरे में बैठने लगा। मैं अपना सामान लेने भी मेरठ नहीं गया क्योंकि निदेशक (तकनीकी) के पद से हटाए जाने पर तमाम लोग सांत्वना प्रकट कर रहे थे जो मुझे जरा भी सह्य नहीं था। हालांकि अब तक मैं अच्छी तरह से जान चुका था कि यह सब राजनीति की बिसात पर खेले जाने वाले खेल का एक छोटा-सा हिस्सा है। जो इन खेलों के अभ्यस्त होते हैं वह पदनाम में होने वाले परिवर्तनों को खेल भावना से लेते हैं, लेकिन मुझे उनके जैसा बनने में अभी समय था, इसलिए मैंने मेरठ जाना उचित नहीं समझा। मेरा सामान पैक करके मेरा निजी सेवक मनोज लखनऊ लेकर आ गया।

इस बीच 30 अप्रैल को कॉरपोरेशन के निदेशक (कार्मिक एवं प्रबंधन) श्री नंदलाल रिटायर हो रहे थे। मैंने मन ही मन सोचा कि इस पद का मैं स्वाभाविक उत्तराधिकारी हूंगा क्योंकि पावर कॉरपोरेशन में मात्र दो ही तो निदेशक थे। उत्तर प्रदेश में जो राजनीतिक बदलाव हुआ था उसमें यह अनुमान लगाना मुश्किल नहीं था कि श्री एस.के. प्रसाद को दोहरा कार्यभार सौंपा जाएगा अत: मैं अकेला व्यक्ति ाचता था जिसे वह पद सौंपा जा सकता था। एक दिन मैं और श्री अवनीश अवस्था लखनऊ के होटल ताज में उच्चतम न्यायालय द्वारा गठित कमेटी की एक बैठक में विभिन्न मामलों में कॉरपोरेशन का पक्ष प्रस्तुत करने के लिए गए हुए थे। बैठक की समाप्ति के बाद हम दोनों एक साथ निकले। मैंने उनसे अनुरोध किया-'निदेशक (वाणिज्य) के रूप में मेरे पास इतना काम नहीं होगा कि मेरी पूरी क्षमता का उपयोग हो सके, इसलिए नंदलाल के रिटायर होने पर नए निदेशक के चयन तक कार्मिक और प्रबंधन के निदेशक का कार्यभार भी मुझे सौंप दिया जाए।' अनेक अवसरों पर अपने बारे में लगाए गए अनुमान के आधार पर मैं कह सकता था कि वे मेरे अनुरोध को स्वीकार नहीं करने वाले हैं लेकिन फिर भी मैंने उनसे अनुरोध किया क्योंकि मैं उनसे बाद में यह नहीं सुनना चाहता था कि आपने इस बारे में कोई इच्छा ही जाहिर नहीं की। और हुआ भी ऐसा ही। 30 अप्रैल को श्री नंदलाल के रिटायर होने पर श्री अवस्थी ने ट्रांसमिशन कॉरपोरेशन के निदेशक (वाणिज्य) श्री ओ.पी. जैन को पावर कॉरपोरेशन के निदेशक कार्मिक और प्रबंधन का अतिरिक्त कार्यभार सौंपे जाने के आदेश कर दिए। उनके इस निर्णय से मुझे कोई हैरत नहीं हुई क्योंकि उनसे बातचीत के बाद इतना तो तय था कि वह मुझे तो अतिरिक्त कार्यभार नहीं देंगे लेकिन किसी और कॉरपोरेशन के निदेशक को अतिरिक्त कार्यभार दे देंगे, यह मेरी सोच में भी नहीं था।

30 मई, 2012 को मैं, सी.एम.डी. श्री अवनीश अवस्थी और प्रमुख सचिव,

(ऊर्जा) श्री ए.के. गुप्ता अवमानना के एक मामले में एक साथ इलाहाबाद गए थे। मामला निपट जाने के बाद वे दोनों तुरंत लखनऊ वापस लौट गए लेकिन मैं अपने एक ज्योतिषी मित्र से मिलने के बाद देर शाम को लौटा। मैं रायबरेली और लखनऊ के बीच था तभी प्रमुख सचिव, श्री गुप्ता का फोन आया। उन्होंने कहा– 'कल सवेरे आठ बजे आपको मुख्यमंत्री जी ने अपने विक्रमादित्य मार्ग के आवास पर बुलाया है।' मैंने कारण पूछा तो उन्होंने गोलमोल कुछ कहा और टाल गए। उन्होंने मेरी बात का सीधा जवाब देने के बजाय बस इतना और जोड़ा कि मुख्यमंत्री आवास पर मुझे कौन–सा आदमी मिलेगा जो मेरी उनसे भेंट कराएगा और उसका मोबाइल नंबर क्या है। थोड़ी ही देर बाद सी.एम.डी. श्री अवस्थी का फोन आया। उन्होंने सीधे ही पूछ लिया -'क्या तुम पूर्वांचल के एम.डी. बनना चाहते हो?' मैं क्या जवाब देता! मैं सोचने लगा कि क्या मनुष्य अपने चाहने से ही कुछ बन जाता है? क्या श्री अवस्थी अपने चाहने से ही सी.एम.डी. बन गए हैं? यह तो परमात्मा ही जानते हैं कि वह किसे क्या बनाएंगे। 'देख लो, चीजें इतनी आसान नहीं हैं,' श्री अवस्थी की आवाज आई। मैं उनकी किसी बात का कोई जवाब नहीं दे सका। मुझे उनकी खलबली से श्री गुप्ता की बात के निहितार्थ खोलने में आसानी हुई। मुझे आकलन करने में देर नहीं लगी कि बनारस में एम.डी. के लिए किसी की खोज हो रही है और संभावित लोगों में मैं भी शामिल हो सकता हूं। पूर्वांचल के एम.डी. श्री विजय विश्वास पंत के मैनपुरी के कलेक्टर हो जाने के बाद यह पद रिक्त हो गया था।

मैं अगले दिन सशंकित मन से 4 विक्रमादित्य मार्ग पहुंचा और उस व्यक्ति से संपर्क किया जिसका मोबाइल नंबर श्री गुप्ता ने दिया था। मुझे कोठी के निकास द्वार के पास बने एक कमरे में बैठा दिया गया। थोड़ी ही देर में मैं प्रदेश के मुख्यमंत्री श्री अखिलेश यादव से मुखातिब था। बातचीत का सिलसिला एकतरफा ही था। उन्होंने अपना निर्णय–सा सुनाते हुए कहा, मैं जानता हूं कि आप पश्चिम जाना चाहते हैं लेकिन अभी नहीं। फिलहाल हम आपको पूर्वांचल का एम.डी. बनाएंगे। प्रदेश में कुछ ही दिनों में प्रयाग में कुंभ मेले का आयोजन हो रहा है जो प्रदेश के लिए बहुत प्रतिष्ठापूर्ण है। बनारस के एम.डी. के अधीन ही यह मेला होगा। आप पिछले कुंभ मेलों का कार्य बहुत अच्छी तरह से संपन्न करा चुके हैं। कल रात नेताजी भी कह रहे थे कि इस कार्य को आप ही बखूबी निभा सकते हैं। जाइये और सरकार के इस प्रतिष्ठापूर्ण आयोजन को सफल बनाइए। मैं कृतज्ञता का भाव लिये कमरे से बाहर आ गया।

अभी कार्यालय खुलने में एक–डेढ़ घंटे का समय था। मैं बगैर नाश्ता किए ही घर से निकल आया था। मैंने हजरतगंज में नाश्ता किया और साढ़े दस बजे प्रमुख सचिव, श्री ए.के. गुप्ता के कार्यालय में पहले से निर्धारित एक मीटिंग में भाग लेने

के लिए सचिवालय एनेक्सी पहुंच गया। जरा देर बाद श्री गुप्ता और श्री अवस्थी एक साथ वहां पहुंचे। मुझे देखते ही श्री गुप्ता ने कहा–'अवनीश, ए.पी. मिश्र बनारस ज्वायन करने के लिए क्यों नहीं गए? श्री अवस्थी ने जवाब दिया–'सर, अभी आपके आर्डर्स कहां हैं?' श्री गुप्ता ने कहा–'जब सारी बातें तय हो चुकी हैं तो ये वाराणसी पहुंचें, आर्डर्स फैक्स से भेज दिए जाएंगे।' अवनीश ने छूटते ही मुझसे कहा,'वाराणसी के लिए 12 बजे एक जहाज जाता है, आप तुरंत जहाज से बनारस पहुंचिए।' उस समय दिन के 11 बज रहे थे, मुझे घर पहुंच कर कुछ कपड़े और अन्य जरूरी सामान रखना था, टिकट की व्यवस्था करनी थी, मैं भला 12 बजे का जहाज कैसे पकड़ सकता था? मैं बैठक से उठ गया और सारे इन्तजाम करने के बाद मैंने दिल्ली का जहाज पकड़ा और दिल्ली से वाराणसी पहुंच गया।

ई टीवी ने पट्टी चला कर यह समाचार सब जगह फैला दिया कि मैंने पूर्वांचल विद्युत वितरण निगम के प्रबंध निदेशक का पदभार संभाल लिया है। जितनी देर विमान में रहा उतनी अवधि को छोड़ कर सारे समय मेरा मोबाइल बजता रहा। बधाइयों का तांता लगा रहा। एयरपोर्ट पर मेरा स्वागत करने के लिए लोगों का हुजूम मौजूद था जिन्होंने मुझे फूलमालाओं से लाद दिया। निश्चय ही मैं आह्लादित था और सोच रहा था कि यह मेरे पिता और मेरी माता के पुण्यों का प्रताप है कि मैं आज उस स्थान पर हूं जहां पहुंचने की मैंने कभी कल्पना भी नहीं की थी।

मैंने अपना कार्यभार संभाला, अपने सहयोगियों से जरूरी जानकारी एकत्र की और अपने काम में जुट गया। मैंने अपना पूरा ध्यान कुंभ पर केन्द्रित किया और अगले ही दिन व्यवस्था समझने के लिए इलाहाबाद चला गया। मैंने पाया कि वहां तैनात मुख्य अभियंता ने निविदा आमंत्रित करने की प्रक्रिया में बेहद गड़बड़ियां कर रखी थीं। मैंने निविदा आमंत्रित किए जाने की प्रक्रिया को अधिक पारदर्शी बनाया और प्रारंभ से लेकर अंत तक सारे कार्यों को कराए जाने की प्रक्रिया और उनके लिए समयावधि निर्धारित कर दी। कुंभ का काम तेजी से चलने लगा और मुझे भी भरोसा हो गया कि अब सारा काम सुचारु रूप से संपन्न हो जाएगा।

कुंभ के मेलाधिकारी श्री मणि प्रसाद मिश्र तब तक मेरे बारे में सारी जानकारी ले चुके थे। मुझसे मिलने पर उन्होंने कहा कि आपके आने के बाद मैं इस विभाग की ओर से निश्चिंत हो गया हूं। हालांकि मैं अब प्रबंध निदेशक था जिसका मेले से कोई सीधा संबंध नहीं था लेकिन हर छोटे-बड़े काम के लिए उत्तर प्रदेश शासन, पावर कॉरपोरेशन या कुंभ मेला प्रशासन से संवाद का मुख्य केंद्र बिंदु मैं ही था।

2012 की जुलाई का महीना था। मैं किसी काम से नोएडा गया हुआ था। मुझे प्रदेश के एक वरिष्ठ नौकरशाह ने फोन किया और कहा–'मुख्यमंत्री आपसे मिलना चाहते हैं, आज ही मिल लें।' 'मैं आज नोएडा में हूं, आज तो देर हो

जाएगी,' मैंने कहा। 'तो कल सवेरे का आपका समय तय करा देते हैं,' उन्होंने कहा और बात खत्म हो गई। मैं अगले दिन मुख्यमंत्री श्री अखिलेश यादव से मिला। उन्होंने मुझसे प्रदेश में बिजली के हाल पर बात की और पूछा कि इसमें और सुधार कैसे किया जा सकता है। मैंने अपने आकलन के हिसाब से जो संभव था, उन्हें बताया। मैं चलने को हुआ कि उन्होंने कहा–'हम आपको बड़ी जिम्मेदारी देना चाहते हैं।' मैं समझ नहीं पाया क्योंकि निदेशक (वाणिज्य) के पद पर रहते हुए एम.डी. वाराणसी के पद पर काम कर रहा था, यह क्या कोई कम बड़ी जिम्मेदारी थी! मैं वाराणसी लौट गया।

31 जुलाई, 2012 को उत्तरी भारत की ग्रिड फेल हो गई। वर्षों बाद हुई यह एक असामान्य और असाधारण घटना थी जिसने पूरे प्रदेश की सारी हलचल रोक दी थी। पूरा राज्य अंधेरे में डूब गया, ट्रेनें जहां-तहां ठहर गईं। सारा जीवन रुक गया। देर शाम को ग्रिड धीरे-धीरे बहाल होने लगी। रात के दस बजे मैंने ऑफिस में अपना काम समेटा और रात की 'वॉक' के लिए डी.एल.डब्ल्यू. कॉलोनी में पहुंचता तभी प्रमुख सचिव (ऊर्जा) श्री ए.के. गुप्ता का फोन आया–'एमडी साहब, बधाई। आपको पावर कॉरपोरेशन का एम.डी. नियुक्त किया गया है। आपके आदेश वाराणसी मुख्यालय पर फैक्स कर दिए गए हैं। बेहतर होगा कि इस संकट के समय आप तुरंत चल दें जिससे ग्रिड फेल होने के बाद जो हालात पैदा हुए हैं उस पर नियंत्रण किया जा सके।' श्री गुप्ता की सारी बात सुनने के बाद मैंने मोबाइल से अपने निजी सहायक को फैक्स लेकर घर आने को कहा।

मैं 'वॉक' के लिए अपनी कार से उतरता तभी मोबाइल पर बधाइयों का तांता लग गया। संभवतः टीवी पर इस बारे में समाचार प्रसारित हो गया था जिसके बाद मुझे लोगों की बधाइयां मिलना शुरू हो गई थीं। एक के बाद एक फोन आने का सिलसिला कुछ ऐसा हो गया कि मैं अगर किसी को फोन करने के लिए नंबर खोजना चाहता तो आने वाले फोन मुझे इतनी भी मोहलत नहीं दे रहे थे। फोन पर मेरे स्नेहियों और शुभचिंतकों की शुभकामनाएं बरस रही थीं और मैं भीग रहा था। फोन करने वालों के चेहरे उनकी आवाज के साथ मेरे मन में उभर रहे थे। उनके साथ बने संबंधों की खुशबू मेरे आस-पास बिखर रही थी। मैं सोचने लगा कि इतना प्यार कैसे बटोर पाऊंगा और अगर बटोर भी लिया तो संजो कर रखूंगा कहां? मैंने 'थैंक यू, थैंक यू वेरी मच' कहते-कहते अपनी 'वॉक' पूरी की और घर लौट कर अपने आदेश का फैक्स देखा।

रात के 11 बजे थे। पता करने पर मालूम हुआ कि एक ट्रेन रात 1 बजे हैं। मैं स्टेशन रवाना हो गया। पता चला कि ट्रेन 1 घंटा लेट हैं। मेरे ड्राइवर ने सुझाव दिया कि उचित होगा कि हम लोग सुल्तानपुर चल कर रुक जाएं और बड़े सवेरे लखनऊ के लिए चलें। मैंने वैसा ही किया। देर रात जौनपुर होते हुए सुल्तानपुर

पहुंचा, ट्रांसमिशन के गेस्ट हाउस में रात बिताई और सवेरे 'वॉक' करने के बाद लखनऊ के लिए निकल गया। करीब 11 बजे शक्ति भवन पहुंचा जहां प्रांगण में एक बड़ा हुजूम मेरे स्वागत के लिए खड़ा था।

मैं अपने लिए निधारित कमरे में पहुंचा। इसी कमरे में पावर कॉरपोरेशन के प्रबंध निदेशक श्री अवनीश अवस्थी बैठा करते थे। कमरे में इलेक्ट्रॉनिक और प्रिंट मीडिया के तमाम पत्रकार भरे हुए थे, फ्लैश लाइट से आंखें चौधिया रही थीं और सबकी जुबान पर एक ही सवाल था कि ग्रिड फेल होने के बाद अब प्रदेश में बिजली की बहाली कितने समय में हो जाएगी। 'पहले मुझे हालात का जाएजा लेने दीजिए,' कहते हुए मैं शक्ति भवन के 5वें तल पर चला गया जहां सिस्टम कंट्रोल रूम है। यह वो जगह है जहां उपलब्ध बिजली का प्रदेश में किस तरह बंटवारा किया जाए, इसका नियंत्रण किया जाता है। मैं पहले मुख्य अभियंता (प्रणाली) के कमरे में गया जहां बैठकर शान्तिपूर्ण वातावरण में बात की जा सकती थी। कट्रोंल रूम में तो आपाधापी का महौल था। अभी वहां मुझे पहुंचे हुए मुश्किल से पांच मिनट हुए होंगे कि कमरे में लगे ट्यूब रॉड धीरे-धीरे करके बुझ गए। मेरे मुंह से बेसाख्ता निकला कि 'क्या फिर ग्रिड फेल हो गया?' मेरे साथ के लोगों ने इसे लोकल प्राब्लम बताया लेकिन सच यह था कि प्रदेश की ग्रिड 24 घंटे में दोबारा फेल हो गई थी।

अब मेरे ऊपर प्रदेश की बिजली की व्यवस्था को जल्द से जल्द बहाल करने का गुरुतर दायित्व आ गया था। प्रदेश का जीवन एक बार फिर ठहर गया था। मैंने पूरी रात कंट्रोल रूम में बिताई। इस दौरान प्राथमिकताएं तय की, बीच रास्तों में खड़ी हो गई गाड़ियों को बिजली दी, पेयजल के लिए पम्पिंग स्टेशनों को ऊर्जित किया और उसके बाद क्रमश: कबाल टाउंस, छोटे शहरों और उसके बाद कस्बों को बिजली दी गई। मेरे मामले में यह सर मुड़ाते ही ओले पड़ने जैसी बात हो गई थी क्योंकि पावर कॉरपोरेशन का एम.डी. बनते ही मेरे सामने एक बड़ी परीक्षा की घड़ी आ उपस्थित हुई थी जिसमें परमात्मा की कृपा से मैं सफल रहा।

इस अवधि में जो सबसे उल्लेखनीय बात रही वो यह कि प्रमुख सचिव (ऊर्जा) और पावर कॉरपोरेशन के अध्यक्ष के रूप में काम कर रहे श्री ए.के. गुप्ता का मुझे निष्कंप विश्वास मिला। काम करने की मुझे पूरी छूट मिली और एक तरह से कहा जाए तो श्री गुप्ता ने अपनी सारी शक्तियां मुझे प्रतिनिधायित (डेलीगेट) करदीं जिससे मैं पूरी स्वतंत्रता से काम कर सका। अभी तीन महीने ही बीते थे कि 28 सितंबर को मध्यांचल वितरण कंपनी लखनऊ के प्रबंध निदेशक श्री नीतिश्वर कुमार एक वर्ष की ट्रेनिंग पर विदेश चले गए। प्रमुख सचिव (ऊर्जा) श्री गुप्ता ने उसी दिन मुख्यमंत्री से चर्चा करके मध्यांचल वितरण कम्पनी के एम.डी. का अतिरिक्त कार्यभार भी मुझे सौप दिया जो आज भी जारी है।

माँ गंगा की कृपा और सहयोगियों के अथक परिश्रम से एक बार फिर कुंभ के विभिन्न विभागों की तुलना में पावर कॉरपोरेशन ने अपना लोहा मनवा लिया था। सभी निर्धारित कार्य 25 दिसंबर तक पूरे कर लिये गए। समाचारपत्रों में विभाग की छवि निखर रही थी तब तक पौष पूर्णिमा और मकर संक्रांति के दो स्नान संपन्न हो चुके थे।

मेले के मुख्य स्नान पर्व में कुछ ही दिन शेष थे। मैं इलाहाबाद में मुख्य सचिव की बैठक में भाग लेने के बाद वाराणसी लौट रहा था। रास्ते में मुझे पावर कॉरपोरेशन के अध्यक्ष और प्रमुख सचिव ऊर्जा, श्री संजीव मित्तल का फोन मिला। उन्होंने मुझसे कहा कि सभी डिस्कॉम (डिस्ट्रीब्यूशन कंपनी) में नए प्रबंध निदेशक तैनात हो गए हैं और आप अपना पूर्वांचल के एम.डी. का चार्ज नवनियुक्त एम.डी. को आज ही सौंप दें। पूर्वांचल के नए एम.डी. थे श्री आलोक कुमार तृतीय जो तब तक अलीगढ़ के जिलाधिकारी थे। श्री मित्तल ने आगे बताया कि श्री आलोक कुमार लखनऊ पहुंच गए हैं। मुझे आश्चर्य हुआ कि जिस उद्देश्य को लेकर मुझे एम.डी. के रूप में वहां तैनात किया गया था वह तो अभी पूरा हुआ नहीं। वह उद्देश्य था कुंभ मेले का मुख्य स्नान पर्व जो होना शेष था। मैं लखनऊ पहुंचा और उसी दिन मैंने श्री आलोक कुमार को कार्यभार सौंप दिया। मैं मध्यांचल और पावर कॉरपोरेशन का एम.डी. था अतः यह पता लगाने में व्यस्त हो गया कि कहीं इन दोनों स्थानों पर भी किसी आई.ए.एस. की तैनाती तो नहीं हो गई है! लेकिन पता लगा कि ऐसा नहीं हुआ है। उस एक ही दिन में दक्षिणांचल, पूर्वांचल और पश्चिमांचल में आई.ए.एस. अधिकारियों की एम.डी. के रूप में तैनाती कर दी गई।

मैंने अपना काम यथावत जारी रखा और अपने आप को लखनऊ पर ही केंद्रित कर दिया। श्री संजीव मित्तल जिन्हें सरकार ने श्री ए.के. गुप्ता के स्थान पर सी.एम.डी. बना कर भेजा था, इस बात को लेकर असहज रहते थे कि भला दोनों एम.डी. के पदों का काम मैं कैसे निपटा सकता हूं? उनका सुझाव था कि मैं मध्यांचल का एम.डी. बना रहूं और पावर कॉरपोरेशन के एम.डी का कार्यभार छोड़ दूं। मैंने भी सोचा कि जब सी.एम.डी. ऐसा ही चाहते हैं तो मुझे भी उसे मान लेने में कोई आपत्ति क्यों होनी चाहिए! श्री मित्तल को कहीं न कहीं आशंका रही होगी तभी उन्होंने सोचा कि अपने इस प्रस्ताव की राजनीतिक स्वीकृति भी ले ली जानी चाहिए। पहले चरण में वह मुझे मुख्य सचिव के पास ले गए और मुझसे कहा कि मैं प्रस्ताव के प्रति अपनी सहमति से उन्हें अवगत करा दूं। मैंने न केवल मुख्य सचिव को अपनी सहमति से अवगत करा दिया बल्कि प्रमुख सचिव ऊर्जा के समक्ष अपना यह अनुरोध लिखित रूप में प्रस्तुत कर दिया कि मुझे केवल मध्यांचल का एम.डी. रहने दिया जाए और पावर कॉरपोरेशन में एम.डी. के पद पर

किसी अन्य व्यक्ति को तैनात कर दिया जाए।

मैं पूर्वांचल के प्रबंध निदेशक पद से हट चुका था। मेरे पास एक सज्जन का फोन आया जिनका नाम शशिकांत अवस्थी था और उन्होंने बताया कि वह लंदन स्कूल ऑफ इकोनॉमिक्स में रिसर्च एसोसिएट हैं। उन्होंने बताया कि उनको उनके संगठन से निर्देश मिला है कि वह कुंभ मेले की उत्तम विद्युत व्यवस्था के बारे में शोध करें और यह पता लगाए कि छह महीने से भी कम समय में किस तरह बिजली आपूर्ति की ऐसी अचूक व्यवस्था की गई जिसमें न तो एक बार भी ट्रिपिंग हुई और न कोई ब्रेकडाउन हुआ। उनसे यह भी पता लगाने को कहा गया कि बिजली की यह व्यवस्था कैसे की गई जो अपने स्वरूप में तो अस्थायी थी लेकिन वह कारगर स्थायी से भी अधिक हुई। मैंने उनसे कहा कि कभी वह शक्ति भवन आकर मुझसे मिलें तो विस्तार से बातचीत हो सकती है। अगली बार जब वह आए तो उनके पास लंदन स्कूल ऑफ इकोनॉमिक्स के आदेश का एक प्रिंट था जिसमें उनकी कही हुई सारी बातों का उल्लेख था तब मुझे इस प्रकरण की गंभीरता का अहसास हुआ। उस प्रिंट में श्री अवस्थी को ऐसा शोध पत्र तैयार करने के निर्देश दिये गए थे जिसमें मेरे जीवन और कार्य से संबंधित तमाम जानकारियों को उपलब्ध कराए जाने की अपेक्षा की गई थी। श्री अवस्थी का शोध अभी पूरा नहीं हुआ है और उनका यह अभियान अभी जारी है। भेंट होने पर श्री अवस्थी ने मुझे बताया कि उनके इस शोध पत्र के प्रकाशित होने के बाद इसे दुनिया के कई मैनेजमेंट पाठ्यक्रमों में एक केस हिस्ट्री के रूप में शामिल किए जाने की योजना है। उन्होंने बताया कि इस तरह की प्रबंधन कुशलता की जानकारी लेने के लिए मेरे पास विश्व के कई देशों के प्रबंधन विश्वविद्यालयों के लोग आ सकते हैं।

यह मई 2012 के प्रारंभ की घटना है जब बिजली का संकट दिखाई पड़ने लगा क्योंकि बिजली प्रबंधन को लेकर कॉरपोरेशन के शीर्ष स्तर पर अनिर्णय की स्थिति होने के कारण यह स्थिति पैदा हुई थी। विधायकों के जत्थे के जत्थे शक्ति भवन पहुंचने लगे। मंत्रियों और विधायकों ने सरकार पर बिजली संकट को लेकर दबाव बढ़ा दिया। सरकार को भी लगने लगा कि शायद बिजली का जो संकट उत्पन्न हुआ है उसका प्रमुख कारण अनिर्णय ही है जिसका आरोप नेतागण लगा रहे हैं। शासन ने मई का दूसरा सप्ताह बीतते-बीतते श्री संजय अग्रवाल को प्रदेश के स्वास्थ्य और चिकित्सा के प्रमुख सचिव से हटा कर प्रमुख सचिव (ऊर्जा) और पावर कॉरपोरेशन के चेयरमैन पद पर तैनात कर दिया। श्री अग्रवाल ने उसी दिन कार्यभार संभाल लिया।

श्री संजय अग्रवाल नौकरशाही में एक ऐसा चेहरा हैं जिन्हें 'संकटमोचन' के रूप में देखा जाता है। श्री अग्रवाल को देख कर नहीं लगता कि वह काम को

लेकर किस कदर बेचैन व्यक्ति हैं। वह बहुत कम समय में बहुत कुछ कर डालना चाहते हैं और उनका यह स्वभाव प्रकट होता है उनके बहुत तेज बोलने से। वह थोड़े से समय में बहुत कुछ बता डालना चाहते हैं और उसी के अनुरूप काम हो, इसकी अपेक्षा रखते हैं। मुझे उनके साथ काम करने के दौरान जिन बातों ने गहरे प्रभावित किया उनमें उनकी समय की पाबंदी और किसी मामले में तत्काल निर्णय लेने की आदत प्रमुख हैं। उनके ये दो ऐसे गुण हैं जिनको मैंने अपनी साठ वर्ष की उम्र में अपने भीतर उतारने की कोशिश शुरू की है। कई बार ऐसा हुआ है कि अगर मुझे लगा है कि मैं बैठक में पांच मिनट देर से पहुंच पाऊंगा तो मैं उन्हें एसएमएस के जरिए सूचित करता और क्षण-भर में उनका जवाब आ जाता- 'ओके'। अपने अधीनस्थों का कैसे सम्मान किया जाता है यह कोई श्री संजय अग्रवाल से सीखे। उन्होंने अपने एक साल के कार्यकाल के दौरान कभी मुझे मेरा नाम लेकर नहीं बुलाया। सदैव मेरी उम्र का खयाल रखते हुए 'एमडी साहब' से इतर कभी संबोधित नहीं किया। कार्यशैली ऐसी कि न कभी खुद तनाव में रहते हैं और न किसी को तनाव देते हैं। जाने-अनजाने आपसे कोई गलती हो जाए तो उसका सारा दोष अपने सिर लेने वाले और मिली हुई सफलता का सारा श्रेय अपने अधीनस्थों में उदारतापूर्वक बांट देने वाले ऐसे अधिकारी खोजने से नहीं मिलते।

श्री अग्रवाल के पावर कॉरपोरेशन के सी.एम.डी. बनते ही पूरी कार्य संस्कृति में बदलाव आ गया। उन्होंने बिजली संकट को जादुई तरीके से हल कर दिया। खुले बाजार से बिजली खरीदी और एनर्जी एक्सचेंज के जरिए बाकी बिजली की आवश्यकता पूरी की। श्री अग्रवाल सामूहिक फैसले लेते जिसके लिए उत्पादन (जेनेरेशन), पारेषण (ट्रांसमिशन) और वितरण (डिस्ट्रीब्यूशन) के सभी लोगों को एक साथ बैठा कर विचार-विमर्श करते। उनके आने से पावर कॉरपोरेशन में सकारात्मक बदलाव दिखाई देने लगे।

जिन श्री आलोक कुमार को पूर्वांचल का एम.डी. बना कर फरवरी, 2013 में भेजा गया था वह अक्तूबर के पहले सप्ताह से अध्ययन-अवकाश पर विदेश जा रहे थे। विदेश जाने से दो दिन पहले वह लखनऊ आए और पूर्वांचल के बोर्ड ऑफ डाइरेक्टर्स की बैठक में भाग लिया। उनको अगले दिन विदेश के लिए रवाना होना था, इसलिए उन्होंने श्री संजय अग्रवाल से चर्चा की और जानना चाहा कि वह अपना कार्यभार किसे सौंपें? मैं उस बैठक में नहीं था लेकिन उसी दिन बाद में मेरे सामने एक पत्रावली आई जिसमें यह प्रस्तावित था कि श्री आलोक कुमार के विदेश जाने के बाद उनके स्थान पर अग्रिम व्यवस्था होने तक वाराणसी में तैनात निदेशक (तकनीकी) श्री एम.एल. शर्मा को एम.डी. का अतिरिक्त कार्यभार भी सौंप दिया जाए। मैंने पत्रावली पर हस्ताक्षर करने से पहले निदेशक

(कार्मिक एवं प्रबंधन) श्री राधेमोहन से पूछा कि इस पत्रावली को तैयार करने के निर्देश उन्हें कहां से मिले क्योंकि मैंने तो ऐसे किसी प्रस्ताव के लिए कहा नहीं था। उन्होंने बताया कि चेयरमैन साहब लंच पर जाते-जाते उन्हें इस आशय का निर्देश दे गए हैं कि यह पत्रावली आज ही शाम शासन को भेज दी जाए। मैंने हस्ताक्षर किए और पत्रावली राधेमोहन जी के पास भिजवा दी।

शाम को मेरे फोन पर शासन से फोन था कि प्रमुख सचिव (ऊर्जा) श्री संजय अग्रवाल बात करेंगे। कोई बातचीत शुरू होती उससे पहले ही श्री अग्रवाल ने कहा-'एमडी साहब आपको वाराणसी का अतिरिक्त चार्ज लेने में कोई दिक्कत है क्या?' कुछ देर के लिए मैं सोच में पड़ गया क्योंकि कुछ ही देर पहले मैंने श्री शर्मा का नाम प्रस्तावित करके भेजा था। उस दिन हुई बोर्ड की औपचारिक बैठक में यह प्रकरण आया था कि वहां 11 हजार ट्रांसफार्मर बदले जाने हैं। मैंने पूर्वांचल के एम.डी. का मामला श्री अग्रवाल पर ही छोड़ दिया। आधे घंटे बाद ही शासन से जो आदेश आया उसमें मुझे अपने कार्य के अतिरिक्त पूर्वांचल के एम.डी. का कार्यभार संभालने के आदेश थे।

इतनी बड़ी संख्या में ट्रांसफार्मर का बदलना एक बड़ी चुनौती थी। इसे नियोजित प्रयास करके दो माह से भी कम अवधि में पूरा किया गया। इनमें कई ट्रांसफार्मर तो ऐसे थे जो कई महीनों से फुंके पड़े थे। प्रदेश के मुख्यमंत्री ने अनेक अवसरों पर इस कार्य की सराहना की और रेखांकित किया कि यदि नियोजित तरीके से प्रयास किए जाएं तो उसके अच्छे परिणाम अवश्य मिलते हैं। पूर्वांचल डिस्कॉम की गाड़ी पटरी पर आ गई थी इसलिए मैंने प्रमुख सचिव, ऊर्जा श्री संजय अग्रवाल से अनुरोध किया कि किसी अन्य व्यक्ति को पूर्वांचल के एम.डी. के रूप में वराणसी में तैनात कर दिया जाए। उन्होंने मेरी बात को यह कह कर टाल दिया कि इस प्रकरण पर माननीय मुख्यमंत्री जी से परामर्श करके निर्णय लिया जाएगा। जब तक कोई निर्णय लिया जाता तब तक सोलहवीं लोकसभा चुनाव की दस्तक हो चुकी थी। पूर्वांचल के सभी माननीय जनप्रतिनिधियों की राय थी कि इस समय मुझे पूर्वांचल से न हटाया जाए। इस 'फीडबैक' पर प्रमुख सचिव श्री अग्रवाल ने भी अपनी सहमति देते हुए मुझे चुनाव तक पूर्वांचल में बने रहने के निर्देश दिए। मैंने पूर्वांचल में अपने काम को गति देने के क्रम में दिन-रात प्रयास करके वाराणसी डिस्कॉम की विद्युत व्यवस्था में गुणात्मक सुधार किए तथा राजस्व वसूली और उपभोक्ता सेवा में भी उल्लेखनीय सुधार किए।

मई, 2014 का दूसरा सप्ताह था। भारत सरकार के गैर-परंपरागत ऊर्जा मंत्रालय के निदेशक का फोन आया जिसने मेरे कानों में लालच उपजाने वाले कुछ वाक्य गिराए। निदेशक ने बताया कि सौर ऊर्जा के क्षेत्र में भारत और जर्मनी के सहयोग से 'रूफ टॉप' के नाम से अध्ययन का आयोजन जर्मनी में 02 जून से 07

जून तक किया जा रहा है। देश के 15 लोगों को इस अध्ययन दल में शामिल किया गया है। आपको पूर्वांचल डिस्कॉम के प्रबंध निदेशक होने के नाते इस अध्ययन दल में सम्मिलित करने का प्रस्ताव है। कृपया अपनी स्वीकृति तत्काल भेजें ताकि आपकी विदेश यात्रा की औपचारिकताएं समय से पूरी की जा सकें। इससे संबंधित बुलावा पत्र और यात्रा के कार्यक्रम का विस्तृत विवरण आपके ई-मेल पते पर भेज दिया गया है।

मैं उत्साह से भर उठा क्योंकि विदेश यात्रा का चाव मेरे भीतर भी स्वाभाविक रूप से था। मैंने तत्काल अपना ई-मेल खोला और सारे कागजात देखे। बहुत कम समय में मुझे पासपोर्ट संबंधी सारे काम पूरे कर लेने थे, जिसकी दिशा में मैंने कार्य करना शुरू कर दिया। आवश्यक दस्तावेज भारत सरकार के संबंधित विभाग को भेज दिए और अपने संपर्क सूत्रों का इस्तेमाल करते हुए उस पासपोर्ट का नवीकरण भी चार दिन में करवा लिया जिसकी अवधि मेरी लापरवाही के कारण समाप्त हो चुकी थी।

इधर विदेश यात्रा के लिए आवश्यक औपचारिकताएं पूरी करने की सरगर्मी थी और उधर तेज गर्मी को देखते हुए प्रदेश में बिजली की मांग तेजी से बढ़ने के संकेत मिलने लगे। स्थिति को नियंत्रण में रखने के लिए बहुत सतर्क रहने की आवश्यकता थी। मैंने सोचा कि ऐसे समय में जब प्रमुख सचिव, ऊर्जा और पावर कॉरपोरेशन के चेयरमैन श्री संजय अग्रवाल भी विदेश में हों तब मध्यांचल, पूर्वांचल और पावर कॉरपोरेशन के एम.डी. होने के नाते मेरी जिम्मेदारी बहुत अधिक बढ़ जाती है। जरा देर का आकर्षण पैदा करने के बाद विदेश यात्रा मेरे मन से धुल-पुंछ सी गई। मैंने तुरंत निर्णय लिया कि इस समय विदेश घूमने से ज्यादा जरूरी है उस काम को अंजाम देना जो इस समय की सर्वोच्च प्राथमिकता में आता है और मैं जिसके लिए जिम्मेदार हूं।

मेरी आशंका और पूर्वानुमान सच बनकर सामने खड़े थे। प्रदेश में भीषण गर्मी का दौर शुरू हो चुका था और जून का तापमान पिछले कई वर्षों का रिकॉर्ड तोड़ रहा था। पूरे प्रदेश में बिजली की खपत बढ़ रही थी। खपत के अनुसार बिजली की अधिकाधिक उपलब्धता सुनिश्चित कराए जाने के हरसंभव प्रयास किये जा रहे थे। केंद्र में सत्ता बदल गई थी और ऐसे अनेक लोग थे जो कह रहे थे कि लोकसभा चुनाव के बाद उत्तर प्रदेश सरकार ने बिजली की उपलब्धता में जान-बूझ कर कमी कर दी है जबकि वास्तविकता एकदम विपरीत थी। वास्तविकता यह थी कि मांग को पूरा करने के लिए और अधिक बिजली उपलब्ध करायी जा रही थी। यह अलग बात है कि लोग अपनी सीमित समझ और तंगनजरी के कारण यह आरोप इसलिए लगा रहे थे क्योंकि प्रदेश में समाजवादी पार्टी को लोकसभा की केवल 5 सीटों पर सफलता मिली थी और शेष सारी सीटें

भारतीय जनता पार्टी के पक्ष में गई थीं।

इस बीच यह बात संज्ञान में आई कि लैंको कंपनी द्वारा चलाई जा रही अनपरा-सी की तापीय विद्युत इकाई कोयले के अभाव में बंद हो गई है। प्रदेश में बढ़ती गर्मी और उसके अनुरूप बढ़ी हुई विद्युत मांग को पूरा करने का संकट और भी बढ़ गया क्योंकि इस तापीय इकाई के बंद हो जाने से 600 मेगावाट विद्युत की एकमुश्त कमी हो गई थी।

इस बीच प्रदेश शासन में एक और बड़ा बदलाव आया। राज्य की नौकरशाही में बड़ा फेरबदल करते हुए श्री जाव्रेद उस्मानी की जगह श्री आलोक रंजन को प्रदेश का नया मुख्य सचिव बना दिया गया। पदभार ग्रहण करने के अगले दिन रविवार था। श्री आलोक रंजन ने वरिष्ठ अधिकारियों की बैठक बुलाई। उन्होंने मुख्यमंत्री श्री अखिलेश यादव से बात करके तय करा दिया कि मैं और पावर कॉरपोरेशन के निदेशक (वित्त) श्री एस.के. अग्रवाल प्रदेश का हेलीकॉप्टर लेकर जितनी जल्दी हो सके, मध्य प्रदेश स्थित सिंगरौली मुख्यालय में नार्दर्न कोल फील्ड (एन.सी.एल.) जाएं और कोयला प्राप्ति के प्रकरण को इस तरह निस्तारित करें कि न सिर्फ लैंको की अनपरा-सी के लिए कोयला मिल जाए बल्कि उत्तर प्रदेश सरकार की अनपरा-ए और अनपरा-बी के लिए भी पर्याप्त मात्रा में कोयला उपलब्ध हो जाए। इसके अतिरिक्त मुख्य सचिव श्री आलोक रंजन ने भारत सरकार के कोयला सचिव को पत्र लिखकर कोयले की उपलब्धता पर चिंता प्रकट की और प्रदेश में बिजली उत्पादन में वृद्धि के लिए राज्य को पर्याप्त मात्रा में कोयला उपलब्ध कराने का अनुरोध किया।

निर्देश मिलने के अगले दिन मैं और श्री एस.के. अग्रवाल हेलीकॉप्टर से सिंगरौली के लिए रवाना हो गए। अब तक मैंने राजनेताओं को हेलीकॉप्टर में बैठकर बाढ़ प्रभावित इलाकों का दौरा करते हुए या जनसभा स्थल पर उतरते हुए टेलीविजन पर देखा था। मेरे जीवन की यह पहली हेलीकॉप्टर यात्रा थी जिसने मुझे रोमांच और आह्लाद से भर दिया। बगैर रन-वे पर दौड़े हेलीकॉप्टर ऊपर को उठने लगा और जब उसने एक दिशा में सीधे चलना शुरू किया तो मेरी सांसें ऊपर-नीचे होने लगीं। इसका मुख्य कारण यह था कि हेलीकॉप्टर चलते हुए दाएं-बाएं हल्के-हल्के डोल रहा था और वह बहुत कम ऊंचाई पर उड़ रहा था। हेलीकॉप्टर की दीवारें पारदर्शी थीं जिसकी वजह से मुझे अपने आस-पास का सबकुछ बहुत स्पष्ट दिखाई दे रहा था। वाराणसी तक की पूरी यात्रा के दौरान श्री अग्रवाल मेरे चेहरे के भाव अच्छी तरह से पढ़ पा रहे थे और मुझे लगातार आश्वस्त कर रहे थे कि चिंता की कोई बात नहीं है। हेलीकॉप्टर आवश्यकता पड़ने पर किसी भी खुले मैदान में सुरक्षित उतारा जा सकता है। बाद में पता लगा कि मेरे हेलीकॉप्टर के पायलट विंग कमांडर जी.एस. पाड्डा थे जिन्हें वायुसेना

का गैलेन्ट्री मेडल मिला था और सर्वोत्तम उड़ान के लिए उनका नाम लिम्का बुक ऑफ रिकॉर्ड में दर्ज है। यह बात विंग कमांडर पाड्डा ने तब बताई जब हम सिंगरौली से लौटकर वाराणसी एयरपोर्ट पर पेट्रोल भरवा रहे थे। वापसी की यात्रा में मेरा भय पूरी तरह से समाप्त हो चुका था और अनपरा से लखनऊ तक की यात्रा का मैंने खूब आनंद लिया।

अनपरा पहुंचने पर वहां के सारे अधिकारियों ने जिनमें वहां के सी.जी.एम. और सी.आई.एस.एफ. के कमांडेंट सहित छोटे-बड़े अनेक अधिकारी शामिल थे, मेरा स्वागत किया। हम सब सड़क मार्ग सिंगरौली जाते इससे पहले हम सी.जी.एम. अनपरा के अनुरोध पर वहां के गेस्ट हाउस गए। गाड़ी से उतरते ही सी.आई.एस.एफ. के कमांडेंट ने अनुरोध किया कि मेरे लिए गार्ड ऑफ ऑनर की व्यवस्था की गई है। मैं बेहद संकोच में घिर गया। मैं वहां कोयले की व्यवस्था करने गया था जो प्रबंध निदेशक होने के नाते मेरे काम का एक हिस्सा था, उसमें गार्ड ऑफ आनर जैसे सम्मान की कहां जगह थी! बहरहाल मैं उस स्थल की तरफ बढ़ा जहां यह सम्मान होना था।

मैदान जैसे एक स्थान पर कुछ ऊंचाई पर एक चौकी रखी थी। चौकी पर गहरे कत्थई रंग का साटन का चमकदार कपड़ा बिछा हुआ था जिस पर खड़े होकर मुझे सलामी लेनी थी। मैंने उस चौकी की तरफ देखा और संकोच में पड़ गया कि इतने सुंदर कपड़े पर खड़ा कैसे हुआ जा सकता है! मेरी हिचकिचाहट को समझते हुए कमांडेंट ने मुझे संकेत करके उस चौकी पर खड़े होने का अनुरोध किया। मेरा अगला संकोच यह था कि जब दस लोगों के आगे खड़ा व्यक्ति मुझे सलामी देगा तब मुझे क्या करना होगा। मेरी यह मुश्किल टेलीविजन पर कई बार देखे गार्ड ऑफ ऑनर के दृश्यों की स्मृति ने दूर कर दी कि गार्ड ऑफ ऑनर लेने वाले व्यक्ति यानी मुझे सलामी लेने की मुद्रा में तब तक खड़े रहना होगा जब तक कि सी.आई.एस.एफ. के जवान आराम की मुद्रा में न आ जाएं।

मैं चौकी पर खड़ा हो गया। बैगपाइपर्स ने पाइप बजाना शुरू किया और मैं उस अविश्वसनीय लेकिन सामने उपस्थित सत्य क्षणों के बीच पुकार रहा था-

अम्मा...बप्पा। देखो तुम्हारे आशीर्वाद की नसैनी से आज मैं कहा आ पहुंचा हूं। तुम दोनों जहां कहीं भी हो वहां से अपने "भैया" को देख पा रहे हो क्या? काश! अपने जीवन का यह शिखर मैं तुम्हारे साथ देख पाता...आपने किताब का शीर्षक कितना सटीक रखा था अंगद जी महाराज...यही या ऐसा ही कोई शिखर रहा होगा आपके मन में...या कौन जाने आपके सोचे के अनुसार अभी कोई और शिखर मेरी प्रतीक्षा में हो। मेरे अनुज-द्वय छोटू और नान्हू तुम दोनों को इस समय याद करते हुए जाने कैसे यह विचार आया है कि अगर हमारा एक भाई और होता तो राम, लक्ष्मण, भरत और शत्रुघ्न का परिवार पूरा हो जाता...खैर लक्ष्मण और

भरत जैसे तुम दो तो हो ही...जो है ही नहीं उसके बारे में क्या सोचना। मेरे कोचवा, इस अपूर्व अवसर पर आओ मैं तुम्हें अपनी बांहों में भर लूं...मैं तुम्हें कोई आज, इस समय इस अवसर पर ही याद नहीं कर रहा हूं...तुम तो मेरी स्मृति से कभी ओझल होते ही नहीं...हर पल कोई किसी को कैसे याद कर सकता है इसको कोई मेरे और तुम्हारे प्रेम को समझे बिना जान ही नहीं सकता...हर समय लगता रहता है कि मैं तुम्हारी धूल-मिट्टी में अंटा खड़ा हूं और तुम मुझे देखकर हंस रहे हो। मेरे गंगाप्रसाद मिश्रीलाल स्कूल और टॉमसन कॉलेज की दीवारो...क्या तुम्हें अपने अयोध्या की कुछ याद है? नहीं तुम नहीं भूल सकते क्योंकि मैंने तुम्हें कभी नहीं भुलाया। मेरे इंजीनियरिंग कॉलेज, तुम तो मेरे जीवन प्रस्थान-बिंदु ही हो...तुमने मुझे अपने साथ न रखा होता तो शिखर छूने की कौन कहे, सिफर से एक कदम भी आगे न बढ़ पाता। मेरे अभिन्न, मेरे अनन्य और अनुजसम अनिल पाण्डे तुम तो मेरी दाहिनी भुजा जैसे हो, मैं यहां तक जो आ सका हूं, वह हर कदम पर तुमसे मिलने वाली सहायता के बिना संभव नहीं हो पाता। और रानी...मेरी जीवनसंगिनी, जैसे जीवन-भर काम की अधिकता और काम के नशे ने तुम्हें मेरी प्राथमिकताओं की सूची में सबसे नीचे रखा है, देखो आज इस अवसर पर भी मैं तुम्हें सबसे बाद में याद कर रहा हूं...जानता हूं कि अगर घर-गृहस्थी का सारा का सारा बोझ तुमने अपने सर पर न उठा रखा होता तो मैं उपलब्धियों की एक भी सीढ़ी न चढ़ पाता...मेरे ऊपर सबका ऋण है और मैं यह सम्मान तुम सबकी ओर से स्वीकार कर रहा हूं।

सी.आई.एस.एफ. के जवानों ने जब अपनी बन्दूकें बाएं हाथ में उठा कर दाहिने हाथ की हथेली उन पर पटकी तब मैं विचार सरणि से बाहर निकला। मैंने जवानों से हाथ मिला कर अपना संक्षिप्त परिचय दिया और उनसे विदा ली। अब मुझे सिंगरौली पहुंचने की जल्दी थी।

अनपरा से कार द्वारा आधे घंटे की यात्रा करके मैं मध्य प्रदेश के सिंगरौली में पहुंचा जहां एन.सी.एल. का मुख्यालय है। दो घंटे से भी कम समय की बैठक में सारे मुद्दे इतनी आसानी से तय हो गए कि जैसे सारी चीजें पहले से ही निश्चित हो गई रही हों। एन.सी.एल. न केवल अनपरा ए, बी और सी के लिए निर्धारित मात्रा से अधिक कोयला देने पर सहमत हो गया बल्कि बीना की कोयला खदान से डेढ़ लाख टन कोयला अतिरिक्त देने पर राजी हो गया जिसका वर्षाकाल से पहले भंडारण किया जा सके। लिखित रूप में सारे समझौते हो गए। इस कार्य को संपन्न कराने में एन.सी.एल. की सी.एम.डी. सुश्री पुष्पलता साहू की सदाशयता ने मुझे उनका ऋणी बना दिया। उन्होंने अपने अधीन कार्यरत सारी कोयला खदानों के जी.एम. को सिंगरौली बुला रखा था जिनके साथ बाद में सुरुचिपूर्ण ढंग से आयोजित दोपहर का भोजन हुआ।

कोयले के मिल जाने से प्रदेश में 600 मेगावाट तापीय विद्युत में बढ़ोत्तरी होने वाली थी। इससे जलते हुए प्रदेश को राहत मिलने वाली थी, वहीं मेरे जीवन का एक अनिर्वचनीय सुख और संतोष मेरे साथ खड़ा था।

मैं और श्री एस.के. अग्रवाल सिंगरौली से अनपरा की वापसी यात्रा पर कार से चल दिये। हमें शाम 7 बजे तक लखनऊ पहुंचना था। हेलीकॉप्टर हम दोनों को लेकर लखनऊ की ओर उड़ चला। श्री अग्रवाल दिन-भर की गतिविधियों, कोयले की व्यवस्था हो जाने से बिजली की समस्या का समाधान हो जाने और विभाग से संबंधित तमाम विषयों पर बातें कर रहे थे। मैं उनकी बातों का जवाब तो दे रहा था लेकिन मेरा मन मेरे भीतर झांक रहा था जहां सवालों के जंगल उग आए थे।

मेरा मन मुझसे जानना चाहता था कि उपखंड अधिकारी से शुरुआत करके पूर्वांचल, मध्यांचल और पावर कॉरपोरेशन तीन-तीन डिस्काम का प्रबंध निदेशक बनना क्या सिर्फ पुरुषार्थ का सुफल है या इसमें भाग्य की भी कोई भूमिका है! क्योंकि एक ही व्यक्ति के चेयरमैन और प्रबंध निदेशक बनने की परंपरा जबसे शुरू हुई तबसे पावर कॉरपोरेशन का कोई भी अधिकारी पावर कॉरपोरेशन का प्रबंध निदेशक नहीं बना...यह मेरा पुरुषार्थ था या भाग्य की कृपा कि वह जैसे इतने वर्षों तक प्रतीक्षा करता रहा कि एक दिन ए.पी. मिश्र नाम का एक व्यक्ति आएगा और इस पद पर आसीन होगा। भीतर से ही किसी ने कहा कि भाग्य को फलीभूत होने के लिए पुरुषार्थ का आधार चाहिए होता है। मैंने फिर सवाल किया कि पुरुषार्थी तो बहुत से लोग होते हैं उन सबके जीवन में उत्कर्ष का यह क्षण क्यों नहीं आता? जवाब मिला कि प्रारब्ध परमात्मा के आशीर्वाद और लोगों की शुभेच्छाओं की वर्षा जिन पर होती है, भाग्य भी उन्हीं के साथ आ खड़ा होता है। सहसा अचानक न जाने कहां से पूर्व राष्ट्रपति डॉक्टर ए.पी.जे. अब्दुल कलाम की बात सामने आ खड़ी हुई–"अल्लाह से मांगना हो, तो हुनर नहीं किस्मत मांगना क्योंकि मैंने कई हुनरमन्दों को किस्मत वालों के यहां नौकरी करते देखा है।" एक अंतरिक्ष वैज्ञानिक के इन शब्दों ने गुत्थी और उलझा दी थी। बात फिर वहीं आकर टिक गई थी–भाग्य, किस्मत, होतव्यता। जब सबकुछ भाग्य से ही होना है तो मनुष्य के कर्मशील होने की क्या आवश्यकता है! लेकिन मन इस बात को भी स्वीकार नहीं कर पा रहा था क्योंकि बचपन में कभी संस्कृत की एक सूक्ति पढ़ी थी–

उद्यमेन हि सिध्यन्ति कार्याणि न मनोरथैः।
न हि सुप्तस्य सिंहस्य प्रविशन्ति मुखे मृगाः।

अर्थात् कार्य सिद्ध होते हैं उद्यम और परिश्रम से। केवल मनोरथ या इच्छा करने से वह पूरे नहीं होते। जैसे सोते हुए सिंह के मुख में हिरन अपने आप प्रवेश

नहीं करता। शेर को अपना पेट भरने के लिए परिश्रम करके हिरन का शिकार करना पड़ता है।

तभी अंगद महाराज जी की वाणी कानों में पड़ी कि ''परमात्मा द्वारा पुरुषार्थ के लिए किसी का चयन किया जाना भी उनकी कृपा का ही एक रूप है''। सफलता और असफलता में समभाव रखने और अपने आप को सांत्वना देने के लिए पंडित रामकिंकर जी महाराज एक सूत्र पहले ही पकड़ा गए हैं कि ''मन का सोचा हो जाए तो प्रभु कृपा और न हो तो प्रभु इच्छा।''

हेलीकॉप्टर लखनऊ के आकाश पर डोल रहा था। इमारतें, सड़कें और सड़कों पर दौड़ रही कारें और बसें दीख पड़ने लगी थीं। चाभी से चलने वाले खिलौनों जैसे मनुष्य अपने कद से बहुत छोटे दिखाई दे रहे थे। मेरे दृष्टिपथ में एक मेला बह रहा था। इस मेले में चकाचौंध कर देने वाली चमक थी, लालच पैदा करने वाले बाजार थे और सब कुछ पा लेने की हड़बड़ी थी। इस सारे दृश्य ने मुझे उस क्षण एक बच्चे में तब्दील कर दिया–

एक नन्हा सा लड़का था मैं जिन दिनों
एक मेले में पहुंचा हुमकता हुआ
दिल मचलता था एक-एक शय पर मगर
जेब खाली थी मैं कुछ ले न सका
लौट आया लिए हसरतें सैकड़ों
एक नन्हा सा लड़का था मैं जिन दिनों

खैर, महरूमियों[1] के वो दिन तो गए
आज मेला लगा है उसी शान से
आज चाहूं तो एक-एक दुकां मोल लूं
आज चाहूं तो सारा जहां मोल लूं
नारसाई[2] का दिल में अब धड़का कहां
पर वो नन्हा सा छोटा सा लड़का कहां???

●●●

1. वंचित होना, 2. पहुंच से बाहर